CONTABILIDADE DE CUSTOS

O GEN | Grupo Editorial Nacional – maior plataforma editorial brasileira no segmento científico, técnico e profissional – publica conteúdos nas áreas de ciências sociais aplicadas, exatas, humanas, jurídicas e da saúde, além de prover serviços direcionados à educação continuada e à preparação para concursos.

As editoras que integram o GEN, das mais respeitadas no mercado editorial, construíram catálogos inigualáveis, com obras decisivas para a formação acadêmica e o aperfeiçoamento de várias gerações de profissionais e estudantes, tendo se tornado sinônimo de qualidade e seriedade.

A missão do GEN e dos núcleos de conteúdo que o compõem é prover a melhor informação científica e distribuí-la de maneira flexível e conveniente, a preços justos, gerando benefícios e servindo a autores, docentes, livreiros, funcionários, colaboradores e acionistas.

Nosso comportamento ético incondicional e nossa responsabilidade social e ambiental são reforçados pela natureza educacional de nossa atividade e dão sustentabilidade ao crescimento contínuo e à rentabilidade do grupo.

SILVIO APARECIDO **CREPALDI**
GUILHERME SIMÕES **CREPALDI**

CONTABILIDADE DE CUSTOS

7ª EDIÇÃO

+ Casos práticos
+ Exercícios e questões

+ Atualizado com as Legislações Fiscal e Societária, IFRS, CPCs e NBC
+ Contempla o programa do Exame de Suficiência do CFC
+ Atende aos programas de concursos das áreas contábil e fiscal

 gen | atlas

- Direitos exclusivos para a língua portuguesa
Copyright © 2023 *by*
Editora Atlas Ltda.
Uma editora integrante do GEN | Grupo Editorial Nacional
Travessa do Ouvidor, 11
Rio de Janeiro – RJ – 20040-040
www.grupogen.com.br

- Capa: Manu | OFÁ Design

- Editoração eletrônica: LWO Produção Editorial

- Ficha catalográfica

CIP-BRASIL. CATALOGAÇÃO NA PUBLICAÇÃO
SINDICATO NACIONAL DOS EDITORES DE LIVROS, RJ

C938c
7. ed.

Crepaldi, Silvio Aparecido
Contabilidade de custos / Silvio Aparecido Crepaldi, Guilherme Simões Crepaldi. - 7. ed. - Barueri [SP] : Atlas, 2023.

Inclui bibliografia
ISBN 978-65-5977-501-9

1. Contabilidade gerencial. 2. Contabilidade de custo. I. Crepaldi, Guilherme Simões. II. Título.

| | CDD: 657.42 |
| 23-82677 | CDD: 657.4 |

Meri Gleice Rodrigues de Souza - Bibliotecária - CRB-7/6439

Respeite o direito autoral

Apresentação

A Contabilidade é uma ciência que utiliza uma série de técnicas para manter um controle permanente do patrimônio da empresa. Com ela, temos uma ferramenta eficiente para a geração de informações gerenciais, fiscais, econômicas e financeiras de uma entidade.

Em decorrência das normas contábeis e fiscais, as entidades com fins lucrativos, como indústria, comércio e serviços, precisam apurar os respectivos custos para então apurar o resultado.

A contabilização dos custos é realizada com o auxílio de informações extracontábeis, como controles de estoques, rateios de custos indiretos, controle de horas de produção etc. Todos esses elementos originam a Contabilidade de Custos, cuja finalidade é a solução de problemas de avaliação dos estoques das empresas. À medida que o tempo foi passando, as técnicas foram evoluindo e a Contabilidade de Custos passou a gerar informações para a tomada de decisões gerenciais.

Os principais objetivos deste livro são o ensino da Contabilidade de Custos e a orientação de profissionais do ramo. Assim, buscou-se preliminarmente dar sequência lógica às teorias utilizadas pela disciplina contábil, evoluindo de maneira gradativa e lenta, para que o leitor possa assimilar os ensinamentos sem sentir impactos de acréscimos de informações repentinas e extemporâneas, oriundas de pontos menos fáceis, que, se não forem bem dosados, muitas vezes resultam em fatores inibitórios à continuação da aprendizagem.

Reconhece-se que não é fácil assimilar e muito menos transmitir esses conhecimentos, que exigem esforço e boa didática no processo ensino-aprendizagem. Para alcançar esse objetivo, foram separadas em subitens as que se julgaram principais e as mais corriqueiras determinações da legislação, falando de sua influência na composição do patrimônio.

Ainda se cuidou de incluir no mínimo uma questão (didática) após um dos pontos desenvolvidos, o que propicia a oportunidade de correta verificação do efetivo ensino-aprendizagem.

Todos os exemplos aqui demonstrados são meramente ilustrativos. Em situações reais, deve-se verificar a adequação dos cálculos à efetiva realidade contábil da empresa.

Prefácio à 7ª edição

A **Contabilidade de Custos** é relevante quando se trata da organização da gestão financeira de uma empresa. Por isso, é preciso entender como ela funciona e como esse processo pode ser útil para o crescimento de seus negócios.

E, para entender **o que é Contabilidade de Custos** e quais são seus principais objetivos, é preciso saber que o gestor deve ter uma visão clara de todos os elementos de saída que compõem o custo de seus produtos ou serviços prestados e compará-los com as entradas, para, assim, administrar melhor a posição financeira da empresa.

A Contabilidade de Custos, portanto, serve para avaliar minuciosamente todas as possibilidades de uma empresa a partir de sua operação e garantir que as tomadas de decisão sejam sempre voltadas para o crescimento e as melhores práticas.

A Contabilidade de Custos faz parte da Contabilidade Gerencial e não está presa aos requisitos legais ou fiscais, nem a convenções padronizadas. Ao contador cabe registrar os fatos ocorridos, controlar as operações e os custos e solucionar problemas típicos ou específicos da empresa. A tarefa do registro dos fatos está ligada à Contabilidade Geral ou Financeira. O controle das operações e dos custos e a solução de problemas específicos estão ligados à Contabilidade Gerencial, que é um ponto de apoio fundamental para o administrador da empresa (CREPALDI, 2010).

Método de custeio é o método usado para a apropriação de custos. Há dois métodos de custeio básicos: custeio por absorção e custeio variável ou direto, que podem ser usados com qualquer sistema de acumulação de custos. A diferença básica entre os dois métodos está no tratamento dos custos fixos.

O custeio por absorção, também chamado **custeio integral** ou **custo integral**, é aquele que faz debitar ao custo dos produtos todos os custos da área de fabricação, definidos como custos diretos ou indiretos, fixos ou variáveis, de estrutura ou operacionais.

O próprio nome do critério é revelador dessa particularidade, ou seja, o procedimento é fazer com que cada produto ou produção (ou serviço) absorva uma parcela dos custos diretos e indiretos relacionados à fabricação (CREPALDI, S. A.; CREPALDI, G. S., 2017).

O método de custeio variável, também conhecido como **custeio direto**, é um tipo de custeamento que considera como custo de produção de um período apenas os custos variáveis incorridos, desprezando os custos fixos, os quais são tratados como despesas do período. Entenda que o termo **custos** engloba também as despesas variáveis. Nesse método, o custo unitário de produção do período será o total de custo variável dividido pela quantidade produzida, e o custo fixo será apropriado direto ao resultado do exercício, não passando pelo estoque. Fundamenta-se a separação dos gastos em gastos variáveis e gastos fixos, isto é, em gastos que oscilam proporcionalmente ao volume da produção/venda e gastos que se mantêm estáveis perante volumes de produção/venda oscilantes dentro de certos limites, respectivamente. No critério de custeio variável, só são apropriados aos produtos os custos variáveis, ficando os custos fixos separados e considerados como despesas do período (CREPALDI, S. A.; CREPALDI, G. S., 2017).

A escolha do método de custeio a ser utilizado pela empresa deve levar em consideração vários fatores, como: porte da empresa, faturamento, nível de informatização, quantidade e linhas de produto fabricado ou serviços prestados e, principalmente, seu planejamento. Em um mercado competitivo, a informação sobre os custos da empresa é fundamental para sua continuidade; por esse motivo, a atualização dos custos deve ser feita quase diariamente e sempre acompanhada pela gerência.

Os autores

Agradecimentos

Às nossas famílias, que sempre nos estimularam com amor, compreendendo as longas horas em que estivemos ausentes, mesmo quando estávamos no lar.

A todos os nossos alunos de graduação e pós-graduação, que testaram os originais e apontaram as falhas iniciais.

Vencer os outros não chega a ser uma grande vitória. Vitorioso é aquele que consegue vencer a si mesmo, o que é muito mais difícil. Isso requer mais coragem, mais disciplina e mais decisão. O simples fato de tentar de novo já será sua primeira vitória.

É dito que a mente pode ser sua melhor amiga ou sua pior inimiga. A cada segundo você tem a chance de escolher a companhia.

Os autores

Sumário

Conceitos, objetivos e finalidades da Contabilidade de Custos

1

- **Objetivos**
  - » Identificar e saber a natureza, os objetivos, a finalidade e a importância da Contabilidade de Custos.
  - » Analisar e justificar a integração da Contabilidade de Custos na Contabilidade Financeira, analisando suas implicações na produção de informações para subsidiar o processo decisório.
  - » Conhecer a aplicação das normas de contabilidade à Contabilidade de Custos.

1.1 Natureza, importância e finalidade

A Contabilidade de Custos faz parte da Contabilidade Gerencial e não está presa aos requisitos legais ou fiscais nem a convenções padronizadas. Ao contador cabe registrar os fatos ocorridos, controlar as operações e os custos e solucionar problemas típicos ou específicos da empresa. A tarefa do registro dos fatos está ligada à Contabilidade Geral ou Financeira. O controle das operações e dos custos e a solução de problemas específicos estão ligados à Contabilidade Gerencial, que é um ponto de apoio fundamental para o administrador da empresa (CREPALDI, 2010).

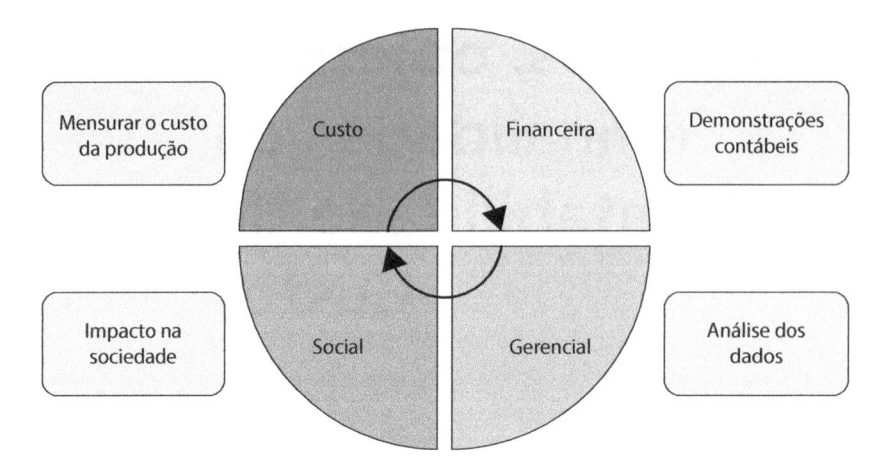

Figura 1.1 Separação da Contabilidade de Custos.
Fonte: Zorzo (2019).

A Contabilidade de Custos vem evoluindo e modernizando-se, deixando de ser mera auxiliar na apuração de custo, na avaliação dos estoques e dos lucros globais para tornar-se um importante instrumento de controle e suporte às tomadas de decisões.

Até a Revolução Industrial (século XVIII), praticamente existia apenas a Contabilidade Financeira, que, desenvolvida na Era Mercantilista, estava bem estruturada para atender às empresas comerciais.

A Contabilidade Financeira é voltada para o público externo, ou seja, é colocada à disposição de bancos, fornecedores, investidores e do público em geral. Em função disso, deve atender plenamente às normas contábeis. Segundo Pinon (2019), é com a sua utilização que, por exemplo, um banco pode avaliar se uma empresa gera lucros suficientes para pagar eventuais empréstimos concedidos.

Com o surgimento da indústria, tornou-se bastante complexa a tarefa de avaliar os estoques dos produtos existentes na empresa e por ela produzidos, pelo fato de os produtos incorporarem diversos fatores de produção utilizados para sua obtenção. Assim, a preocupação primeira dos contadores foi a de fazer da Contabilidade de Custos uma forma de resolver seus problemas de mensuração monetária dos estoques e do resultado, e não a de fazer dela um instrumento gerencial.

A Revolução Industrial, tendo como marco principal os avanços técnicos e científicos, caracteriza-se, até os tempos atuais, por pelo menos três fases distintas encadeadas.

A primeira fase aconteceu por volta de 1760 (século XVIII) na Inglaterra e destacou-se pelos inventos da máquina a vapor e do tear mecânico. A aplicação do ferro em substituição à madeira estimulou a siderurgia e a implantação de indústria pesada de máquinas.

A segunda fase iniciou-se a partir de 1870 (século XIX) com a industrialização da França, da Alemanha, da Itália, dos Estados Unidos e do Japão. Ocorreu nesse período o avanço da tecnologia e a descoberta de novas fontes de energia (eletricidade e petróleo), e produtos químicos, como o plástico, foram desenvolvidos.

A terceira fase ocorreu a partir da década de 1950, quando surgem complexos industriais e empresas multinacionais. As indústrias química e eletrônica desenvolveram-se complementadas pelos avanços da automação, da informática e da engenharia genética, agora incorporadas ao processo produtivo.

A evolução das três fases da Revolução Industrial obrigou a Contabilidade de Custos a desenvolver novas técnicas de acompanhamento e controle de custos.

Na primeira fase da Revolução Industrial, a Contabilidade de Custos preocupou-se fundamentalmente com a apuração dos custos e dos lucros. Nesse período, a mão de obra direta tinha uma participação considerável na composição dos custos.

Na segunda fase, continuou a preocupação com a apuração dos custos e dos lucros, porém já se verificava o emprego da mecanização, com a incorporação de novos elementos de custos nos meios de produção. A mão de obra direta já não era o único elemento de custos que chamava a atenção.

Já na terceira fase, a Contabilidade de Custos se viu obrigada a desenvolver métodos e metodologias para a gestão dos custos, visando à melhoria nos processos de produção, que assegurasse melhor resultado para as organizações.

Nas últimas décadas, a Contabilidade de Custos vem evoluindo e modernizando-se, deixando de ser mera auxiliar na avaliação de estoques e de lucros globais para tornar-se um importante instrumento de controle e de suporte às tomadas de decisão. Como instrumento de gestão, passou a ser utilizada em outros campos que não o industrial. Atualmente, é bastante comum encontrarmos bancos, financeiras, lojas comerciais, escritórios de consultoria, de auditoria etc. utilizando-se da Contabilidade de Custos.

A Contabilidade de Custos tem como função principal produzir informações para diversos níveis gerenciais de uma entidade, como o auxílio às funções de determinação de desempenho e de planejamento, controle das operações e tomada de decisões, bem como tornar possível a alocação mais criteriosamente possível dos custos de produção aos produtos, consoante Pinon (2019).

1.2 Objetivos da Contabilidade de Custos

A Contabilidade de Custos surgiu da necessidade de se conhecerem os custos dos produtos para avaliar estoques e apurar o resultado das indústrias, tornando-se esse o seu objetivo principal. No século XX, com a crescente complexidade do mundo empresarial, a Contabilidade de Custos tornou-se cada vez mais importante na área gerencial da empresa, passando a ser utilizada no planejamento, no controle de custos, na tomada de decisões e no atendimento a exigências fiscais e legais, conforme Atkinson, Banker, Kaplan e Young (2000).

Preocupa-se em resolver problemas mais complexos de estoque e em registrar detalhada e convenientemente as informações sobre as operações realizadas pela empresa, para oportuna composição dessas informações sob diversas formas, objetivando: 1) proceder à apuração detalhada dos resultados; 2) auxiliar o controle dos gastos; e 3) subsidiar as tomadas de decisão.

Um eficiente sistema de custos deve constituir-se em prioridade de qualquer administração, ter instrumentos que o auxiliem nos controles e nas tomadas de decisão (JOHNSON; KAPLAN, 1994).

A Contabilidade de Custos possibilita à empresa:

- apurar o custo dos produtos/serviços vendidos (no caso das empresas comerciais, o custo das mercadorias vendidas);
- ter dados para o estabelecimento de padrões, orçamentos e outras formas de previsão;
- acompanhar os gastos efetivamente ocorridos e compará-los com os valores anteriormente definidos;
- estabelecer preços de vendas compatíveis com o mercado em que atua;
- conhecer a lucratividade de cada produto;
- decidir sobre corte de produtos: opção de compra ou de fabricação;
- reduzir custos;
- determinar o Ponto de Equilíbrio;
- avaliar o desempenho.

Conhecer os custos da empresa é importante por várias razões. Entre elas, podem-se citar as tomadas de decisão adequadas para enfrentar a concorrência e o conhecimento do lucro (ou prejuízo) resultante das operações da empresa.

1.3 Conceito de Contabilidade de Custos

A Contabilidade de Custos é uma técnica utilizada para identificar, mensurar e informar os custos dos produtos e/ou serviços. Tem a função de gerar informações precisas e rápidas para a administração, para a tomada de decisão. É voltada para a análise de gastos da entidade no decorrer de suas operações. Planeja, classifica, aloca, acumula, organiza, registra, analisa, interpreta e relata os custos dos produtos fabricados e vendidos. Uma organização necessita ter uma Contabilidade de Custos bem-estruturada para acompanhar e atingir seus objetivos em um mercado dinâmico e globalizado.

Assim, é o conjunto de registros específicos, baseados em escrituração contábil, apoiados por elementos de suporte (planilhas, rateios, cálculos, controles) e utilizados para identificar, mensurar e informar os custos das vendas de produtos, mercadorias e serviços. Compreenderá, obrigatoriamente, os custos de locação, manutenção e reparos e os encargos de depreciação dos bens aplicados na produção.

De acordo com a Estrutura Conceitual estabelecida pela Resolução nº 1.121/2008, a tempestividade das informações é um fator limitante de algumas características qualitativas das demonstrações contábeis, que são relevância e confiabilidade.

Figura 1.2 Contabilidade de Custos.

Fonte: elaborada pelos autores.

1.4 Surgimento da Contabilidade de Custos

Surgiu da Contabilidade Geral, justamente pela necessidade de se ter um controle maior sobre os valores a serem atribuídos aos estoques de produtos e, também, pela necessidade de tomar decisões quanto ao quê, como e quando produzir.

A Contabilidade de Custos faz parte da Contabilidade Gerencial e dispõe de técnicas que são aplicadas não somente às empresas industriais, mas também a outras atividades, incluindo empresas públicas e entidades sem fins lucrativos, não estando restrita às formalidades legais da contabilidade. Auxilia na determinação dos custos dos fatores, dos custos dos fatores de produção, dos custos de determinado setor da empresa; no controle e observação dos desperdícios, horas ociosas de trabalho, equipamentos mal utilizados; na quantificação exata da matéria-prima utilizada, entre outros.

A Contabilidade Gerencial é mais voltada para a tomada de decisões dentro de uma empresa, ou seja, para o público interno desta. Em função disso, dispõe de mais liberdade em relação ao atendimento de Normas Contábeis, por exemplo. É por meio dela que sócios e gestores poderão ter base para tomar decisões, como adquirir uma nova máquina para a produção, investir mais em treinamentos de pessoal para aumentar a produtividade ou deixar de fabricar determinado produto, conforme Pinon (2019).

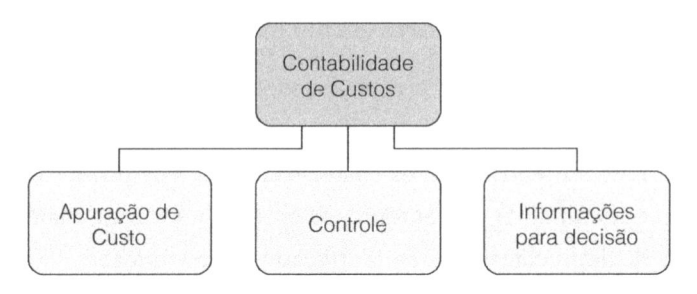

Figura 1.3 Objetivos da Contabilidade de Custos.
Fonte: elaborada pelos autores.

Desenvolveu-se com a Revolução Industrial e teve que se adaptar à nova realidade econômica, com o surgimento das máquinas e a consequente produção em grande escala. Tem como sua principal fonte a Contabilidade Financeira. O sistema de apuração de custos consistia em determinar os estoques no início do período, adicionando as compras do mesmo período e deduzindo o que ainda restaria no estoque. Resultava no custo das mercadorias vendidas. Até então, as empresas apenas compravam e revendiam mercadorias, ou seja, apenas se dedicavam ao comércio. Para apurar o resultado de suas operações com mercadorias, bastava calcular o Custo das Mercadorias Vendidas (CMV), que é apurado por meio da seguinte fórmula:

CMV = Estoque Inicial + Compras Líquidas – Estoque Final

Como as empresas industriais passaram a produzir em grande quantidade, graças ao uso de máquinas, a apuração do custo do produto vendido deveria incluir todos os elementos empregados na fabricação do produto.

Basicamente, os componentes do custo industrial podem ser resumidos em três elementos:

- MD: Material Direto aplicado (matéria-prima, material secundário e embalagem);
- MOD: Mão de Obra Direta empregada na fabricação do produto (incluindo o valor dos salários e encargos sociais);
- CIF: Custos Indiretos de Fabricação (e demais gastos fabris).

A forma de cálculo do Custo dos Produtos Vendidos (CPV) é derivada da fórmula usada para apurar o CMV de uma empresa comercial. A diferença está nas entradas; na empresa comercial, elas são representadas pelas compras líquidas, enquanto na empresa industrial elas são representadas pelo custo de produção. Essa diferença se deve às atividades que esses dois tipos de empresas desempenham: enquanto a empresa comercial se limita a revender mercadorias, a empresa industrial compra matéria-prima, transforma-a em um produto acabado e depois vende esse produto.

O fato de cada um desses dois tipos de empresa praticar atividades distintas faz com que suas demonstrações contábeis apresentem algumas diferenças. No entanto, devemos lembrar que a Lei das S.A. estabeleceu que toda sociedade anônima, qualquer que seja sua atividade, é uma empresa mercantil por definição legal e é por essa razão que no resultado de toda S.A. a expressão utilizada é Custo das Mercadorias Vendidas – CMV (art. 2º, § 1º, e art. 187, inciso II, da Lei das S.A. – Lei nº 6.404/1976).

1.5 Campos de aplicação

A) Na indústria

A Contabilidade de Custos vai determinar:

- o custo dos produtos vendidos;
- o estoque de produtos em elaboração (também chamados produtos em fabricação);
- o estoque de produtos acabados (ou prontos);
- o estoque de insumos (matérias-primas, materiais de embalagem, almoxarifado etc.).

B) No comércio

Aplica-se a Contabilidade de Custos no comércio?

Sim, pois suas premissas básicas são aplicáveis à formação do custo de mercadorias vendidas. Apesar de ser uma aplicação mais simples, "direta", sem as complexidades advindas das operações industriais ou de serviços, a Contabilidade de Custos no comércio vai determinar:

- o custo das mercadorias vendidas;
- o estoque de mercadorias;
- o estoque de bens não destinados à revenda (como materiais de consumo etc.).

C) Nas prestadoras de serviços

Possibilita determinar:

- o custo dos serviços vendidos;
- o estoque de serviços em andamento;
- o custo de materiais adquiridos e não incorporados a serviços em andamento.

D) Nas empresas extrativas de recursos naturais (minerais, florestais, pesqueiras, agropastoris etc.)

Podem-se calcular:

- o custo dos produtos extraídos/explorados;
- o estoque dos produtos extraídos ou de produção primária;
- o estoque de materiais ainda não utilizados na extração ou produção primária.

1.6 Normas de contabilidade aplicadas à Contabilidade de Custos

Apesar da revogação da Resolução nº 750/1993, os princípios de contabilidade não deixaram de existir; na verdade, eles não foram eliminados, e sim diluídos nos diversos Comitês de Pronunciamento Contábil (CPC).

As "práticas contábeis adotadas no Brasil" compreendem: a legislação societária brasileira; as Normas Brasileiras de Contabilidade, emitidas pelo Conselho Federal de Contabilidade (CFC); os pronunciamentos contábeis; as interpretações e as orientações emitidas pelo CPC e homologadas pelos órgãos reguladores; e as práticas, pelas entidades, em assuntos não regulados, desde que atendam à Estrutura Conceitual para a Elaboração e Apresentação das Demonstrações Contábeis emitidas pelo CFC e, por conseguinte, em consonância com as normas contábeis internacionais de contabilidade.

As normas de contabilidade, como disciplinadores, por meio da escrituração dos fatos e transações, na elaboração de demonstrativos, devem permitir aos demais usuários fixar padrões de comparabilidade e credibilidade, em função do conhecimento dos critérios adotados na elaboração dessas demonstrações (CREPALDI, 2013).

Esses princípios representam a essência das doutrinas e teorias relativas à ciência da contabilidade, consoante o entendimento predominante nos universos científico e profissional. Concernem à contabilidade no seu sentido mais amplo de ciência social, cujo objeto é o patrimônio das entidades.

As características qualitativas da informação contábil-financeira, como disciplinadoras, por meio da escrituração dos fatos e das transações, na elaboração de demonstrativos, devem permitir aos demais usuários fixar padrões de comparabilidade e credibilidade em função do conhecimento dos critérios adotados na elaboração dessas demonstrações, conforme CPCs 00 e 26.

1.6.1 Entidade

A entidade reconhece o patrimônio como objeto da contabilidade e afirma a autonomia patrimonial, a necessidade da diferenciação de um patrimônio particular no universo dos patrimônios existentes, independentemente de pertencer a uma pessoa, a um conjunto de pessoas, a uma sociedade ou a instituição de qualquer natureza ou finalidade, com ou sem fins lucrativos. Por consequência, nessa acepção, o patrimônio não se confunde com aquele de seus sócios ou proprietários, no caso de sociedade ou instituição.

O patrimônio pertence à entidade, mas a recíproca não é verdadeira. A soma ou agregação contábil de patrimônios autônomos não resulta em nova entidade, mas numa unidade de natureza econômica contábil. A escrita contábil está centrada em entidades. Uma **entidade** é uma unidade para a qual se coletam, registram e demonstram situações patrimoniais. Pode ser uma empresa, uma pessoa, ou um órgão dentro da empresa; pode ser um conjunto de empresas.

Há dois pontos cruciais para a compreensão e o uso correto do conceito de entidade:

1) uma vez definida uma entidade, não se devem misturar seus recursos, direitos e obrigações com os de outras entidades. Por exemplo: uma empresa e seus sócios são entidades distintas. Não se deve confundir o caixa do dono com o da empresa;

2) devem-se olhar todos os fenômenos patrimoniais do ponto de vista da entidade. Se uma empresa compra mercadorias de seu fornecedor, sua contabilidade vai registrar uma obrigação ou dívida a saldar; a do fornecedor, por outro lado, terá um direito ou crédito a receber. Cada uma terá, como se deduz, registros contábeis diferentes.

1.6.2 Continuidade

A continuidade pressupõe que a entidade continuará em operação no futuro e, portanto, a mensuração e a apresentação dos componentes do patrimônio levam em conta essa circunstância. A continuidade ou não da entidade, bem como sua vida estabelecida ou provável, deve ser considerada quando da classificação das mutações patrimoniais, quantitativas e qualitativas. Influencia o valor econômico dos ativos e, em muitos casos, o valor ou o vencimento dos passivos, especialmente quando a extinção da entidade tem prazo determinado, previsto ou previsível. A observância do princípio da continuidade é indispensável à correta aplicação do princípio da competência, por efeito de relacionar diretamente à quantificação dos componentes patrimoniais e à formação do resultado e de constituir dado importante para aferir a capacidade futura de geração de resultado.

Quando se faz a contabilidade de uma entidade, parte-se do pressuposto de que ela continuará existindo por tempo indeterminado. Uma empresa em processo de extinção é tratada, contabilmente, de forma distinta. Dessa forma, presume-se que a entidade não tenha a intenção nem a necessidade de entrar em liquidação, nem de reduzir materialmente a escala das suas operações; se tal intenção ou necessidade existir, as demonstrações contábeis têm que ser preparadas numa base diferente e, nesse caso, tal base deverá ser divulgada.

1.6.3 Oportunidade

A oportunidade refere-se ao processo de mensuração e apresentação dos componentes patrimoniais para produzir informações íntegras e tempestivas.

A falta de integridade e tempestividade na produção e na divulgação da informação contábil pode ocasionar a perda de sua relevância, por isso é necessário ponderar a relação entre a oportunidade e a confiabilidade da informação. Refere-se, simultaneamente, à tempestividade e à integridade do registro das mutações patrimoniais, determinando que este seja feito no tempo certo e com a extensão correta.

Como resultado da obrigatória observância do princípio da oportunidade, temos:

I – o registro do patrimônio e de suas posteriores mutações deve ser feito de imediato e de forma integral, independentemente das causas que as originaram;

II – desde que tecnicamente estimável, o registro das variações patrimoniais deve ser feito mesmo na hipótese de somente existir razoável certeza de ocorrência;

III – o registro compreende os elementos quantitativos e qualitativos, contemplando os aspectos físicos e monetários;

IV – o registro deve ensejar o conhecimento universal das variações ocorridas no patrimônio da Entidade, em um período de tempo determinado, base necessária para gerar informações úteis ao processo decisório da gestão.

1.6.4 *Registro pelo valor original*

O registro pelo valor original determina que os componentes do patrimônio devem ser inicialmente registrados pelos valores originais das transações, expressos em moeda nacional.

As seguintes bases de mensuração devem ser utilizadas em graus distintos e combinadas, ao longo do tempo, de diferentes formas:

I – Custo histórico. Os ativos são registrados pelos valores pagos ou a serem pagos em caixa ou equivalentes de caixa ou pelo valor justo dos recursos que são entregues para adquiri-los na data da aquisição. Os passivos são registrados pelos valores dos recursos que foram recebidos em troca da obrigação ou, em algumas circunstâncias, pelos valores em caixa ou equivalentes de caixa, os quais serão necessários para liquidar o passivo no curso normal das operações.

II – Variação do custo histórico. Uma vez integrado ao patrimônio, os componentes patrimoniais, ativos e passivos podem sofrer variações decorrentes dos seguintes fatores:

a) Custo corrente. Os ativos são reconhecidos pelos valores em caixa ou equivalentes de caixa, os quais teriam de ser pagos se esses ativos ou ativos equivalentes fossem adquiridos na data ou no período das demonstrações contábeis. Os passivos são reconhecidos pelos valores em caixa ou equivalentes de caixa, não descontados, que seriam necessários para liquidar a obrigação na data ou no período das demonstrações contábeis.

b) Valor realizável. Os ativos são mantidos pelos valores em caixa ou equivalentes de caixa, os quais poderiam ser obtidos pela venda em uma forma ordenada. Os passivos são mantidos pelos valores em caixa e equivalentes de caixa não descontados, que se espera seriam pagos para liquidar as correspondentes obrigações no curso normal das operações da entidade.

c) Valor presente. Os ativos são mantidos pelo valor presente, descontado do fluxo futuro de entrada líquida de caixa que se espera seja gerado pelo item no curso normal das operações da entidade. Os passivos são mantidos pelo valor presente, descontado do fluxo futuro de saída líquida de caixa que se espera seja necessário para liquidar o passivo no curso normal das operações da entidade.

d) Valor justo. É o valor pelo qual um ativo pode ser trocado, ou um passivo liquidado, entre partes conhecedoras, dispostas a isso, em uma transação sem favorecimentos.

e) Atualização monetária. Os efeitos da alteração do poder aquisitivo da moeda nacional devem ser reconhecidos nos registros contábeis mediante o ajustamento da expressão formal dos valores dos componentes patrimoniais.

São resultantes da adoção da atualização monetária:

I – a moeda, embora aceita universalmente como medida de valor, não representa unidade constante em termos do poder aquisitivo;

II – para que a avaliação do patrimônio possa manter os valores das transações originais, é necessário atualizar sua expressão formal em moeda nacional, a fim de que permaneçam substantivamente corretos os valores dos componentes patrimoniais e, por consequência, o do patrimônio líquido; e

III – a atualização monetária não representa nova avaliação, mas tão somente o ajustamento dos valores originais para determinada data, mediante a aplicação de indexadores ou outros elementos aptos a traduzir a variação do poder aquisitivo da moeda nacional em um dado período.

De acordo com as Resoluções nº 750/1993 e nº 774/1994 do CFC, depois de contabilizado, é correto afirmar que um bem deve ter seu valor modificado em caso de perda de valor econômico, isto é, quando o valor de mercado for menor.

1.6.5 Competência

A competência determina que os efeitos das transações e outros eventos sejam reconhecidos nos períodos a que se referem, independentemente do recebimento ou do pagamento. Pressupõe a simultaneidade da confrontação de receitas e de despesas correlatas. A fim de atingir seus objetivos, as demonstrações contábeis são preparadas conforme o princípio contábil de competência. Segundo esse regime, os efeitos das transações e outros eventos são reconhecidos quando ocorrem (e não quando o caixa ou outros recursos financeiros são recebidos ou pagos) e são lançados nos registros contábeis e reportados nas demonstrações contábeis dos períodos a que se referem. As demonstrações contábeis preparadas pelo regime de competência informam aos usuários não somente transações passadas envolvendo o pagamento e o recebimento de caixa ou outros recursos financeiros, mas também obrigações de pagamento no futuro e recursos que serão recebidos no futuro. Dessa forma, apresentam informações sobre transações passadas e outros eventos que sejam os mais úteis aos usuários nas tomadas de decisão econômicas. O regime de competência pressupõe a confrontação entre receitas e despesas.

O reconhecimento de receitas e despesas deve ocorrer nos períodos a que se referem, independentemente do recebimento ou do pagamento. As receitas e as despesas devem ser incluídas na apuração do resultado do período em que ocorrerem, sempre de maneira simultânea, quando se correlacionarem, independentemente de recebimento ou pagamento. O princípio da competência determina quando as alterações no ativo ou no passivo resultam em aumento ou diminuição no patrimônio líquido, estabelecendo diretrizes para classificação das mutações patrimoniais, resultantes da observância do princípio da oportunidade. O reconhecimento simultâneo das receitas e despesas, quando correlatas, é consequência natural do respeito ao período em que ocorrer sua geração.

As receitas consideram-se realizadas:

I – nas transações com terceiros, quando estes efetuarem o pagamento ou assumirem compromisso firme de efetivá-lo, quer pela investidura na propriedade de bens anteriormente pertencentes à entidade, quer pela fruição de serviços prestados;

II – quando do desaparecimento, parcial ou total, de um passivo, qualquer que seja o motivo;

III – pela geração natural de novos ativos independentemente da intervenção de terceiros.

Consideram-se incorridas as despesas:

I – quando deixar de existir o correspondente valor ativo, por transferência de sua propriedade para terceiros;

II – pela diminuição ou extinção do valor econômico de um ativo;

III – pelo surgimento de um passivo, sem o correspondente ativo.

As demonstrações financeiras preparadas sob o método de competência informam aos usuários não somente as transações passadas, que envolvem pagamentos e recebimentos de dinheiro, mas também as obrigações a serem pagas no futuro e dos recursos que representam dinheiro a ser recebido no futuro. Portanto, proporcionam o tipo de informações sobre transações passadas e outros eventos, que são de grande relevância aos usuários nas tomadas de decisão econômicas.

Para todos os efeitos, as Normas Brasileiras de Contabilidade elegem o regime de competência como único parâmetro válido, portanto, de utilização compulsória no meio empresarial. Segundo determinações da Lei nº 6.404/1976, art. 187, o resultado deverá ser apurado segundo o regime de competência, isto é, as receitas e os rendimentos ganhos no período deverão ser computados no resultado, independentemente de sua realização em moeda. Serão também computados custos, despesas, encargos e perdas, pagos ou incorridos, correspondentes a essas receitas e rendimentos. É de fundamental importância, quanto ao regime de competência, o princípio da competência.

1.6.5.1 Requisitos de viabilidade para o regime de competência

- As transações são voluntárias e recíprocas.
- Os clientes são identificáveis.
- Os clientes pagam preços individuais.
- Os clientes pagam por bens e serviços exclusivos (privados).
- **Vantagem:** com o regime de competência, você consegue visualizar se a estrutura financeira da sua empresa está correta e se o modelo de negócio vigente faz sentido, sem se deixar levar pelas flutuações de curto prazo.
- **Desvantagem:** como o demonstrativo de resultado de exercício não está preocupado com o que está ocorrendo de fato na empresa, você pode acabar ficando com pouco caixa e contrair dívidas desnecessárias. No caso de vantagem, por exemplo, isso teria acontecido.

O reconhecimento das receitas e gastos é um dos aspectos básicos da contabilidade que devem ser conhecidos para poder avaliar adequadamente as informações financeiras.

O regime de competência é um princípio contábil que deve ser, na prática, estendido a qualquer alteração patrimonial, independentemente de sua natureza e origem. Sob o método de competência, os efeitos financeiros das transações e eventos são reconhecidos nos períodos nos quais ocorrem, independentemente de terem sido recebidos ou pagos. Isso permite que as transações sejam registradas nos livros contábeis e sejam apresentadas nas demonstrações financeiras do período no qual os bens (ou serviços) foram entregues ou executados (ou recebidos). É apresentada, assim, uma associação entre as receitas e os gastos necessários para gerá-las.

1.6.5.2 Regime de caixa

É a forma de contabilizar e apropriar as receitas e despesas no período de seu recebimento ou pagamento, independentemente do momento em que são realizados, melhor dizendo, na hora do pagamento ou na hora do recebimento. É exercer a contabilização, utilizando como método a data que efetivou o pagamento dos fatos ocorridos no determinado período, enquanto o regime de competência corresponde a exercer a contabilização, utilizando como método a data em que ocorreu o registro do ato, ou seja, o documento oficial da contabilização em um determinado período em que se exige o fato ocorrido.

- **Vantagem:** a importância da visão do fluxo de caixa, que é justamente feito dentro do regime de competência, é a visualização do dinheiro que a empresa realmente possui em caixa, como o nome já diz. Isso é importante para gerenciar a liquidez (capacidade de pagar seus compromissos) do negócio, pois, muitas vezes, a empresa está com uma boa projeção de futuro, mas no curto prazo se encontra em situação financeira desfavorável.

- **Desvantagem:** o problema da visão de caixa é que você não consegue aferir o real resultado operacional da empresa. O que pode acontecer também é o caso oposto: o cliente ter pago tudo à vista, os gestores acharem que estão com muito caixa e gastar tudo sem visualizar que precisam desse dinheiro para viver por mais um semestre.

Sob o regime de caixa, os recebimentos e os pagamentos são reconhecidos unicamente quando se recebe ou se paga mediante dinheiro ou equivalente. Esse método é usado com frequência para a preparação de demonstrações financeiras de entidades públicas. Isso é devido ao fato de que o objetivo principal da contabilidade governamental é identificar os propósitos e fins para os quais se tenham recebido e utilizado os recursos e manter o controle orçamentário da citada atividade.

Alguns aspectos da legislação fiscal permitem a utilização do regime de caixa para fins tributários. Porém, de modo algum o regime de competência pode ser substituído pelo regime de caixa numa entidade empresarial, pois se estaria violando um princípio contábil. Se a legislação fiscal permite que determinadas operações sejam tributadas pelo regime de caixa, isso não significa que a contabilidade deva, obrigatoriamente, seguir seus ditames. Existem livros fiscais (como o Livro de Apuração do Lucro Real – LALUR) que permitem os ajustes necessários e controles de tal tributação, à margem da contabilidade.

O que não se pode nem se deve é submeter a contabilidade a uma distorção apenas para cumprir a necessidade de informação de um único organismo, como é o caso do Fisco.

1.6.6 Prudência

A prudência pressupõe o emprego de certo grau de precaução no exercício dos julgamentos necessários às estimativas em certas condições de incerteza, no sentido de que ativos e receitas não sejam superestimados e passivos e despesas não sejam subestimados, atribuindo maior confiabilidade ao processo de mensuração e apresentação dos componentes patrimoniais, segundo o Conselho Regional de Contabilidade de São Paulo (1992).

Determina a adoção do menor valor para os componentes do ativo e do maior para os do passivo, sempre que se apresentem alternativas igualmente válidas para a quantificação das mutações patrimoniais que alterem o patrimônio líquido. O princípio da prudência impõe a escolha da hipótese de que resulte o menor patrimônio líquido, quando apresentarem opções igualmente aceitáveis diante das demais normas de contabilidade.

Observadas as disposições quanto ao Princípio do Registro pelo Valor Original, o princípio da prudência somente se aplica às mutações posteriores, constituindo-se ordenamento indispensável à correta aplicação do princípio da competência. A aplicação do princípio da prudência ganha ênfase quando, para definição dos valores relativos às variações patrimoniais, devem ser feitas estimativas que envolvem incertezas de grau variável.

Considerações finais

Conhecer os custos da empresa é importante por várias razões. Entre elas, pode-se citar as tomadas de decisão adequadas para enfrentar a concorrência e o conhecimento do lucro (ou prejuízo) resultante das operações da empresa. O contador preocupa-se com a parte fiscal. Já os custos podem ser reduzidos ou modificados; por isso, cabe ao proprietário administrá-los.

A Contabilidade Gerencial foca a geração de informações mais oportunas para a empresa, dando menos ênfase à precisão dessas informações do que a Contabilidade Financeira. As demonstrações contábeis estão relacionadas à Contabilidade Financeira e objetivam mensurar e comunicar fenômenos econômicos. A Contabilidade Gerencial, ao não se restringir às informações de natureza econômica, apoia-se também nas de natureza física e de produtividade. Entre essas últimas, incluem-se as relações valor da produção e número de empregados, faturamento por cliente e lucro por quantidade produzida.

Dessa forma, quem domina os custos da empresa garante que suas operações estarão sempre adequadas ao tipo de negócio, mantém a produtividade em níveis aceitáveis e reage adequadamente aos fatores de riscos e de oportunidades em seu segmento.

Segundo o Decreto nº 9.580/2018, a empresa industrial que mantiver sistema de Contabilidade de Custos integrado e coordenado com o restante da escrituração poderá utilizar os custos apurados contabilmente para avaliação dos estoques de produtos acabados e em elaboração.

Questões de múltipla escolha

1) De acordo com a Estrutura Conceitual estabelecida pela Resolução nº 1.121/2008, a tempestividade das informações é um fator limitante de algumas características qualitativas das demonstrações contábeis.

    Assinale a alternativa que demonstra de maneira **CORRETA** quais características são limitadas pela tempestividade das informações contábeis.

    (A) Competência e confiabilidade.

    (B) Compreensibilidade e comparabilidade.

    (C) Relevância e confiabilidade.

    (D) Tempestividade e relevância.

2) A preocupação inicial de contadores, auditores e fiscais em relação à Contabilidade de Custos foi utilizá-la como uma forma de resolver seus problemas de:

    (A) mensuração monetária dos estoques;

    (B) determinação do custo dos produtos vendidos;

    (C) separação entre custos e despesas;

    (D) alocação dos custos variáveis aos produtos;

    (E) segregação entre custos diretos e indiretos.

3) Indique a opção que descreve registros que **NÃO** se relacionam ao processo de produção de uma empresa industrial.

    (A) Compras e vendas de sucatas.

    (B) Pagamentos de encargos sociais relacionados aos salários dos operários.

    (C) Despesas com manutenção de máquinas operatrizes.

(D) Vendas de produtos de fabricação própria e compras de matérias-primas.

(E) Pagamentos de ônibus para transporte dos operários para a fábrica.

4) A Empresa Campo Grande Ltda., que comercializa móveis, resolve ampliar seu mercado oferecendo seus produtos na cidade vizinha, situada a 100 quilômetros de distância, pelo mesmo preço praticado no local de sua sede. Considerando que a empresa vendedora é que vai assumir a responsabilidade pelo pagamento do frete, o gasto com esse frete será classificado como:

(A) obrigação a pagar;

(B) custo das mercadorias vendidas;

(C) despesa com vendas;

(D) despesa do exercício seguinte;

(E) despesa como dedução das vendas.

Exercícios propostos

1) A Empresa Botelhos Ltda. contratou assinatura de periódicos para o período de 12 meses, com vigência de 1º/8/2021 a 31/7/2021, por R$ 720,00 pagos à vista.

   Qual é o valor referente à despesa de assinatura de periódicos de 2021?

2) A Cia. Varginha S.A. contratou, em 1º/11, uma apólice de seguro anual para cobertura de incêndio avaliada em R$ 360.000,00, cuja vigência teve início na data da assinatura do contrato. O prêmio cobrado pela seguradora correspondeu a 15% do valor da apólice e foi pago em 30/11.

   Considerando o princípio contábil da competência de exercícios, no balanço patrimonial da Cia. Varginha S.A., apurado em 31/12, a conta Seguros a Vencer apresentou saldo atualizado de quanto?

Exercício para avaliação

1) A Transportadora Montes Claros Ltda. fez contrato de seguro para um de seus caminhões, cuja vigência é de 12 meses, com início em 1º/12/2021. O caminhão está avaliado em R$ 360.000,00.

   O prêmio total, pago à vista e em parcela única, foi de R$ 18.000,00. O valor da franquia será de R$ 15.000,00.

Considerando-se o regime de competência e com base nos dados informados, o montante a ser apropriado como despesa de seguros, em dezembro de 2021, é de:

(A) R$ 1.250,00.
(B) R$ 1.500,00.
(C) R$ 15.000,00.
(D) R$ 18.000,00.

Classificação e nomenclatura dos custos 2

- **Objetivos**
  - » Apresentar e justificar a classificação dos custos, pois existem vários tipos de custos, tantas quantas forem as necessidades para atender às diferentes finalidades da administração.
  - » Conhecer e saber empregar as terminologias de custos.
  - » Identificar a sua utilização nos sistemas de custos empresariais.

2.1 Conceitos básicos em custos

A Contabilidade de Custos utiliza terminologia própria, cujos termos muitas vezes são usados com diferentes significados. Assim, torna-se necessário definir o entendimento dessa terminologia de forma a permitir uma uniformização de conceitos.

2.1.1 Gastos

São os encargos financeiros efetuados por uma entidade com vista à obtenção de um produto ou serviço qualquer para a produção de um bem ou para a obtenção de uma receita. Representados por entrega ou promessa de entrega de ativos (geralmente dinheiro). Somente são considerados gastos no momento em que existe o reconhecimento contábil da dívida ou da redução do ativo dado em pagamento. Trata-se de um termo genérico que pode representar tanto um custo como uma despesa.

Exemplos: gastos com a compra de matérias-primas, gastos com salários, gastos com comissões sobre vendas.

O gasto de instituição financeira relativo à compra de terreno para a construção de uma agência somente se transformará em despesa quando de sua eventual venda.

Os gastos podem ser classificados em:

- investimentos;
- custos;
- despesas;
- perdas ou desperdícios.

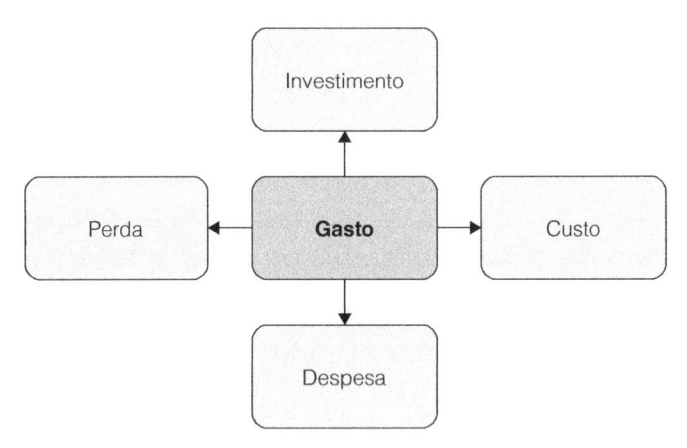

Figura 2.1 Terminologia de custos.
Fonte: Farias (s/d).

Em sua aquisição, a matéria-prima é um gasto que imediatamente se transforma em investimento; no momento de sua utilização, transforma-se em custo integrante do bem fabricado; quando o produto é vendido, transforma-se em despesa. Muitos gastos são automaticamente transformados em despesas; outros, por sua vez, passam, primeiramente, pela fase de custos; outros, ainda, passam pelas fases de investimento, custo, investimento (novamente) e, por fim, despesa.

2.1.2 Desembolso

É o pagamento resultante da aquisição ou produção de um bem, serviço ou despesa. Pode ocorrer antes, durante ou após a entrada da utilidade comprada. É a saída financeira da empresa, entrega de ativos. Pode ocorrer concomitantemente ao gasto (pagamento à vista) ou depois dele (pagamento a prazo). Exemplo: pagamento de uma fatura. Na compra a prazo, o gasto ocorre imediatamente, mas o desembolso só ocorre no pagamento.

2.1.3 *Investimentos*

São todos os gastos ativados em função da utilidade futura de bens ou serviços obtidos. É realizado na obtenção de um bem para o ativo da entidade, bem que é ativado em função de sua vida útil ou porque será atribuído a exercícios futuros. A matéria-prima é considerada um investimento no momento de sua aquisição e torna-se custo ao ser utilizada para a geração do produto.

Os investimentos em função da época do retorno se classificam em:

- circulantes: estoques de matérias-primas e produtos para revenda;
- permanentes: máquinas, equipamentos e instalações.

Pode-se concluir que todo custo é um investimento, mas nem todo investimento é um custo. Exemplos: matérias-primas, máquinas para a fábrica, ações de outras empresas.

Os gastos para a obtenção de bens que se destinem aos estoques da entidade são considerados investimentos.

2.1.4 *Custos*

Custos são os gastos relativos a bens ou serviços utilizados na produção de outros bens ou serviços, sejam eles desembolsados ou não. Só são reconhecidos como custos no momento da fabricação de um produto ou execução de um serviço. Os custos são gastos essenciais à produção, visto que os fatores produtivos são utilizados com o objetivo de adquirir novos produtos ou serviços. Correspondem aos valores gastos com a fabricação dos produtos. A classificação dos custos vai depender do enfoque que for atribuído a ela, podendo ser determinada quanto à natureza, à função, à contabilização, ao produto e à formação ou produção. Exemplos: matéria-prima, mão de obra direta utilizada na produção. Nesse contexto, verifica-se que a classificação dos custos em diretos e indiretos é feita quanto ao produto.

Parece simples determinar os custos no comércio, mas é preciso saber com precisão quanto dinheiro foi gasto e em quê. Isso vai exigir muita consciência e disciplina da parte do empresário. A grande tendência é a de afrouxar o controle dos custos quando as coisas vão muito bem. No processo de industrialização de determinado produto, todos os dispêndios incorridos para transformação da matéria-prima são registrados contabilmente como custos.

Cada componente que foi custo no processo de produção torna-se, na baixa, despesa; no resultado, existem receitas e despesas – às vezes ganhos e perdas, mas não custos.

2.1.5 Despesas

São gastos com bens e serviços não utilizados nas atividades produtivas e consumidos direta ou indiretamente para a obtenção de receitas, que provocam redução do patrimônio. Também podem ser definidas como valores gastos com a comercialização e a administração das atividades empresariais. Geralmente, são gastos mensais. Exemplos: comissões sobre as vendas, honorários de advogados.

Em uma empresa industrial, a conta de energia elétrica consumida na fábrica é um gasto classificado como custo, e a conta de energia elétrica utilizada pelo departamento de vendas é um gasto classificado como despesa. No fluxo de fabricação e venda de um produto, a aquisição de matéria-prima é um gasto que se transforma em custo no momento de sua utilização no processo produtivo, e em despesa, quando ocorre a venda do produto fabricado.

As despesas são efetuadas para a obtenção de bens e serviços aplicados na área administrativa, comercial ou financeira, visando, direta ou indiretamente, à obtenção de receitas. Compreendem as despesas:

- Despesas diretas: são as diretamente relacionadas ao faturamento, tais como comissões de vendas, impostos diretos sobre o faturamento, fretes de entrega, *royalties* por utilização de processos patenteados etc. No segmento comercial, podem-se incluir as despesas pagas às administradoras de cartão de crédito pela utilização do instrumento nas vendas etc.
- Despesas indiretas: são as que não dependem do faturamento, sendo necessárias às atividades de suporte administrativo, comercial e operacional geral, tais como salários e encargos sociais, prestadores de serviço diversos, tarifas públicas, aluguéis, condomínios, custos gerais e financeiros etc.

2.1.6 Classificação das despesas

As despesas são gastos com bens ou serviços não utilizados nas atividades produtivas e consumidos com a finalidade de obtenção de receitas. Noutras palavras, as despesas são itens que reduzem o Patrimônio Líquido (PL) e que possuem a característica de representar sacrifícios no processo de obtenção de receitas.

Surgem da necessidade da empresa de obter receitas ou simplesmente de funcionar. Desse modo, as despesas são classificadas em função das áreas onde ocorrem e podem variar ou não em função do volume de receitas do período, classificando-se, assim, em fixas e variáveis. São quatro os principais tipos de despesas operacionais:

- Administrativas: de modo geral, são relativas às áreas de apoio da empresa (administração geral, finanças, contabilidade, recursos humanos etc.).

- Comerciais: surgem pela necessidade de criar receitas, como propaganda e publicidade, telefone, ou em função de vendas já efetuadas, como comissões, fretes de entregas etc. Essas despesas correspondem aos gastos necessários para comercializar os produtos fabricados. Seus valores variam proporcionalmente ao volume de vendas. As despesas de comercialização são também conhecidas como despesas variáveis. Exemplos: impostos e comissões sobre as vendas.

- Financeiras: são decorrentes da insuficiência de capital de giro próprio da empresa, que é obrigada a buscar e a remunerar capitais de terceiros.

- Tributárias: encargos devidos à administração pública em relação aos impostos.

2.1.7 Diferença entre custo e despesa

Custo	Despesa
É o gasto com a fabricação do produto (processo produtivo). O custo só afetará o resultado da parcela do gasto que corresponde aos produtos vendidos.	É o gasto que não está relacionado ao processo produtivo. São todos os demais fatores identificáveis na administração, financeiros e relativos às vendas que reduzem a receita. A despesa afetará diretamente o resultado do exercício.

Fonte: Conselho Regional de Contabilidade de São Paulo (1993).

2.1.8 Perdas

São bens ou serviços consumidos de forma anormal e involuntária. Trata-se de gastos não intencionais decorrentes de fatores externos, fortuitos ou da atividade produtiva normal da empresa. Exemplos: o gasto com mão de obra durante um período de greve é uma perda, e não um custo de produção; perdas com estoques deteriorados; incêndios. Havendo danificação e perda de uma ordem de produção inteira ou em estado adiantado de produção, de valor relevante, o tratamento contábil mais adequado é a baixa direta para perda do período.

As perdas podem ser:

- Normais: são as perdas decorrentes do próprio processo de produção. São consideradas parte do custo dos produtos.

- Anormais: são perdas que não estão previstas no processo de produção. Não são custos, e sim despesas – vão diretamente para o resultado do período.

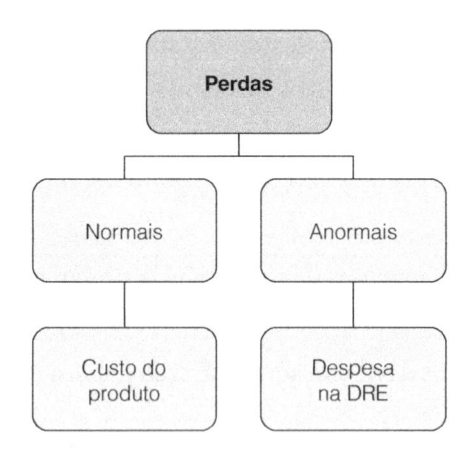

Figura 2.2 Perdas.
Fonte: elaborada pelos autores.

2.1.9 Desperdícios

São os gastos originados dos processos produtivos ou de geração de receitas que podem ser descartados sem prejuízo da qualidade ou quantidade de bens, serviços ou receitas geradas.

No mundo globalizado em que vivemos, manter desperdício é sinônimo de prejuízo, visto que ele não pode ser repassado para os preços. Exemplos: cargos intermediários de chefia e supervisão desnecessários, retrabalho decorrente de defeitos de fabricação, relatórios sem utilidade.

2.2 Classificação de custos

Como já explicado anteriormente, existem vários tipos de custos. Listamos alguns nas seções que seguem.

2.2.1 *Custos quanto a sua apropriação aos produtos*

a) Custos diretos: são os custos incorridos em determinado produto, identificando-se como parte do respectivo custo. São também os custos diretamente associados com o produto ou serviço que está sendo orçado, ou seja, o custo dos insumos que entram na execução do referido produto ou serviço. Podem ser diretamente (sem rateio) apropriados aos produtos, bastando existir para isso uma medida de consumo (quilos, horas de mão de obra ou de máquina, quantidade de força consumida etc.). De maneira geral, associam-se a produtos e variam proporcionalmente à quantidade produzida.

São gastos diretamente relacionados aos produtos e podem ser mensurados de maneira clara e objetiva, ou seja, referem-se às quantidades de materiais e serviços utilizados na produção de determinado produto, conforme o Conselho Regional de Contabilidade de São Paulo (1995).

Exemplos de custos diretos comuns na indústria: matérias-primas, materiais de acabamento, componentes e embalagens.

Para uma apropriação correta, basta uma mensuração precisa do consumo ou da utilização dos recursos. Os custos diretos obedecem, por isso, a condições objetivas.

Em alguns casos, a mão de obra aplicada na produção poderá ser considerada um custo direto. Para que isso ocorra, torna-se necessária a mensuração do tempo investido na fabricação do produto.

b) Custos indiretos: são os custos de natureza mais genérica, não sendo possível identificá-los imediatamente como parte do custo de determinado produto ou serviço. Para serem incorporados aos produtos ou serviços, necessitam da utilização de algum critério de rateio. Precisam ser rateados ou alocados entre departamentos ou centros de custo, portanto o custeio é realizado por meio de critérios subjetivos. Exemplos: aluguel, iluminação, depreciação, salário de supervisores etc.

São gastos não diretamente relacionados aos produtos ou serviços, portanto não são mensuráveis de maneira clara e objetiva. Nesse caso, torna-se necessário adotar um critério de rateio (distribuição) para alocar tais custos aos produtos fabricados ou serviços prestados, tais como aluguel, manutenção e supervisão da fábrica etc.

A classificação dos custos em diretos e indiretos tem como objetivo avaliar os estoques de produtos em elaboração e acabados (prontos para a venda).

Na prática, a separação de custos em diretos e indiretos, além de sua natureza, leva em conta a relevância e o grau de dificuldade de medição. Por exemplo, o gasto de energia elétrica (força) é, por sua natureza, um custo direto, porém, devido às dificuldades de medição do consumo por produto e ao fato de que o valor obtido por meio de rateio, em geral, pouco difere daquele que seria obtido com uma medição rigorosa, quase sempre é considerado como custo indireto de fabricação.

Os principais critérios de rateio dos CIFs são:

- quantidade produzida;
- consumo de materiais diretos;
- mão de obra direta aplicada;
- horas-máquina;
- receita de vendas.

O centro de custo é a menor fração de atividade ou área de responsabilidade para a qual é realizada a acumulação de custos. Pode coincidir com departamento ou não.

O rateio dos custos por **departamentos**, unidade mínima que concentra custos e desenvolve atividades homogêneas. Esse processo é conhecido como **departamentalização** e tem como principal objetivo tornar o critério de rateio mais preciso.

A departamentalização representa um critério eficaz para a apropriação de custos indiretos, na qual cada departamento é dividido em um ou mais centros de custos. É muito utilizada em indústrias cujo processo produtivo passa por algumas fases. Podemos citar como exemplo uma indústria de café, que tem como fases de produção a seleção de grãos, a torrefação, a moagem e a embalagem.

2.2.2 Custos quanto ao nível de atividades

Existem vários tipos de custos, tantas quantas forem as necessidades para atender às diferentes finalidades da administração. Os custos definidos em relação ao comportamento são os custos fixos, os custos variáveis, os custos semifixos ou semivariáveis e os custos periódicos.

a) **Custos fixos:** um custo que, em determinado período e volume de produção, não se altera em seu valor total, mas vai ficando cada vez menor em termos unitários com o aumento do volume de produção. O custo total não varia proporcionalmente ao volume produzido. Um aspecto importante a ressaltar é que os custos são fixos dentro de determinada faixa de produção e, em geral, nem sempre são fixos, podendo variar em função de grandes oscilações no volume de produção. Quanto mais se produzir, menor será o custo por unidade.

Exemplos: depreciação das máquinas de fábrica, salário de supervisores, aluguel e seguro de fábrica.

O custo fixo é fixo em relação ao volume total da produção, mas é variável em relação à unidade produzida. O custo fixo unitário decresce com o acréscimo da quantidade produzida. Os custos fixos totais mantêm-se estáveis qualquer que seja o volume de produção. São aqueles cujos valores têm pequena ou nenhuma relação com o volume de produção da empresa. Exemplos: aluguel de imóveis utilizados na produção de bens e serviços; MOI (supervisores e gerentes de produção); pró-labore do diretor de produção; honorários de vigilância das instalações produtivas etc.

Tais custos ocorrerão independentemente do nível de atividade.

b) **Custos variáveis:** custos que são uniformes por unidade, mas que variam no total na proporção direta das variações da atividade total ou do volume de produção relacionado. Exemplos: matéria-prima, embalagem. Custo variável é o custo cujo total apresenta variação diretamente proporcional ao volume de produção ou serviço; seu custo unitário é fixo. Já o custo fixo é o custo cujo total permanece constante, ou seja, que não varia proporcionalmente ao volume de produção ou serviço dentro de determinada capacidade instalada; seu custo unitário é variável.

O custo variável é variável em relação ao volume total da produção, mas é fixo em relação à unidade produzida. Os custos variáveis unitários são fixos ao longo do processo produtivo. Numa linha de produção, eles permanecem constantes, qualquer que seja o volume de produção. Os custos variáveis totais são aumentados ou diminuidos de acordo com o aumento ou diminuiçao da quantidade produzida. São aqueles cujos valores alteram-se em função do volume de produção ou atividades. Exemplos: matéria-prima consumida; serviços de terceiros remunerados por peça aplicada em unidades produzidas; material de embalagem nos produtos acabados.

Os custos variáveis aumentam à medida que aumenta a produção.

c) **Custos semivariáveis ou semifixos:** são os custos que variam em função do volume de produção ou venda, mas não exatamente nas mesmas proporções. São considerados fixos até determinada parcela e a partir desse ponto passam a ser variáveis. Exemplos: remuneração por meta de produtividade aos empregados; horas extras do controle de qualidade para lotes de produção que extrapolarem o limite de análise em período normal; manutenção preventiva para atender à demanda de utilização de horas de máquinas e equipamentos.

d) **Custos periódicos:** ocorrem em momentos específicos no tempo, tais como custos de manutenção.

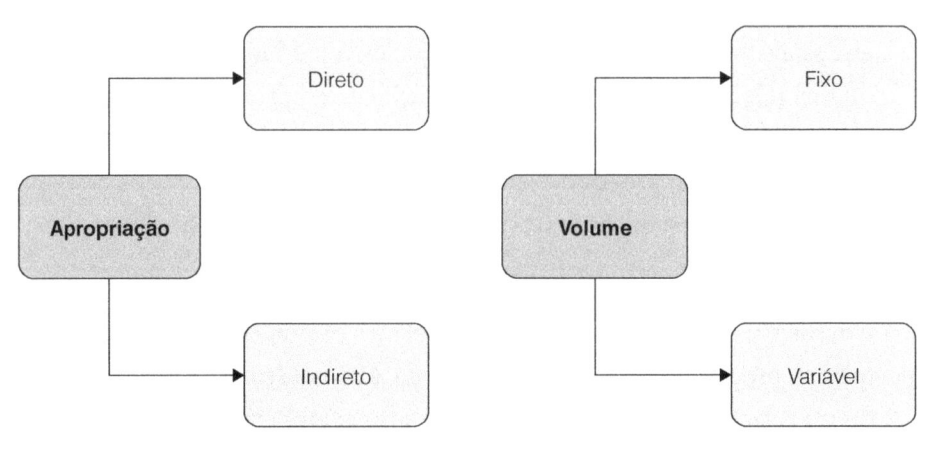

Figura 2.3 Custos periódicos.

Fonte: Farias (s/d).

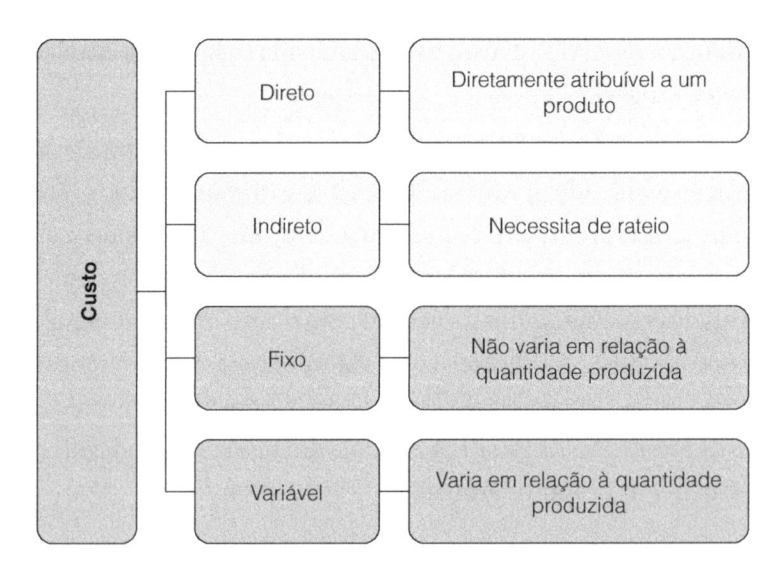

Figura 2.4 Classificação de custos.

Fonte: Farias (s/d).

2.3 Outros conceitos aplicados a custos

a) **Custos de transformação ou conversão:** representam o esforço empregado pela empresa no processo de fabricação de determinado produto (mão de obra direta e indireta, energia, horas de máquina etc.). Não incluem matéria-prima nem outros produtos adquiridos prontos para consumo ou industrialização.

Também chamados custos de conversão, compreendem a soma de todos os custos para transformar as matérias-primas em produtos acabados. Representam o valor do esforço da própria empresa no processo de elaboração de determinado produto.

Conforme o CPC 16 – Estoques, os custos de transformação de estoques incluem os custos diretamente relacionados com as unidades produzidas ou com as linhas de produção, como pode ser o caso da mão de obra direta. Também incluem a alocação sistemática de custos indiretos de produção, fixos e variáveis incorridos para transformar os materiais em produtos acabados. Os custos indiretos de produção fixos são os custos que permanecem relativamente constantes independentemente do volume de produção, tais como a depreciação e a manutenção de edifícios e instalações fabris, máquinas e equipamentos e os custos de administração da fábrica. Os custos indiretos de produção variáveis são os custos que variam diretamente – ou quase diretamente – com o volume de produção, tais como materiais indiretos e certos tipos de mão de obra indireta.

b) **Custos primários:** compreendem a soma da matéria-prima e da mão de obra direta e não incluem os demais custos diretos. Também não são iguais a custos diretos, uma vez que nos custos primários só estão incluídos aqueles dois itens. Assim, a embalagem é um custo direto, mas não é um custo primário.

c) **Custos comuns:** comumente encontrados na fabricação de produtos farmacêuticos, em que, durante o processo produtivo até uma determinada fase, os custos incorridos são os mesmos e, a partir de um ponto chamado ponto de segregação, tornam-se vários produtos acabados diferentes.

d) **Custos marginais:** são o acréscimo de custo em que a empresa incorre para produzir uma unidade adicional do produto. Relacionam-se apenas com os custos variáveis e ocorrem quando a empresa está operando com capacidade ociosa.

e) **Custos de oportunidade:** representam o quanto a empresa sacrificou de recursos em termos de remuneração por ter aplicado seus recursos numa alternativa em vez de outra, sendo denominados custo econômico ou custos não contábeis. Trata-se do valor associado à melhor alternativa não escolhida. Ao se fazer determinada escolha, deixam-se de lado as demais possibilidades, pois são excludentes. À alternativa escolhida associa-se como "custo de oportunidade" o maior benefício NÃO obtido dentre as possibilidades NÃO escolhidas, isto é, "a escolha de determinada opção impede o usufruto dos benefícios que as outras opções poderiam proporcionar". O mais alto valor associado aos benefícios não escolhidos pode ser entendido como um custo da opção escolhida, ou "custo de oportunidade".

f) **Custos controláveis:** custos uniformes por unidade, mas que variam no total na proporção direta das variações da atividade total ou do volume de produção relacionado.

g) **Materiais diretos:** são os materiais que se incorporam (se identificam) diretamente aos produtos. Exemplo: matéria-prima, embalagem, materiais auxiliares, tais como cola, tinta, parafuso, prego etc.

h) **Mão de obra direta:** representa custos relacionados com pessoal que trabalha diretamente na elaboração dos produtos, como, por exemplo, o empregado que opera um torno mecânico. Não deve ser confundida com a mão de obra de um operário que supervisiona um grupo de torneiros mecânicos.

Como regra prática, podemos adotar o seguinte critério: sempre que for possível medir a quantidade de mão de obra aplicada a determinado produto, será mão de obra direta; se houver necessidade de rateio, será mão de obra indireta. Na medição da mão de obra direta, podem surgir dificuldades e, principalmente, certos custos que levem as empresas a tratar gastos de mão de obra, que por sua natureza são diretos, como custos indiretos. Evidentemente, o custo dos produtos ficará distorcido, cabendo à empresa um estudo de custo-benefício para decidir qual é o tratamento mais adequado.

Há que se lembrar, ainda, que o cálculo do custo da hora de mão de obra (quer direta, quer indireta) deve levar em conta todos os tributos e encargos sociais, como INSS, FGTS, 13º salário etc., e também deve ser feito um ajuste para considerar as horas efetivamente trabalhadas e o tempo improdutivo decorrente de férias, fim de semana remunerado, feriados etc.

i) **Rateios:** representam a alocação de custos indiretos aos produtos em fabricação, segundo critérios racionais. Exemplo: depreciação de máquinas rateada segundo o tempo de utilização (HM) por produto. Contudo, dada a dificuldade de fixação de critérios de rateio, tais alocações carregam consigo certo grau de arbitrariedade.

A importância do critério de rateio está intimamente ligada à manutenção ou à uniformidade em sua aplicação. Devemos lembrar que a simples mudança de um critério de rateio afeta o custo de produção e, consequentemente, o resultado da empresa.

Algumas normas práticas, como as que apresentamos a seguir, podem reduzir os problemas decorrentes de rateio:

(i) gastos irrelevantes não necessitam ser rateados, porque podem não justificar o trabalho envolvido;

(ii) gastos cujo rateio seja extremamente arbitrário devem ser lançados diretamente contra o resultado do exercício.

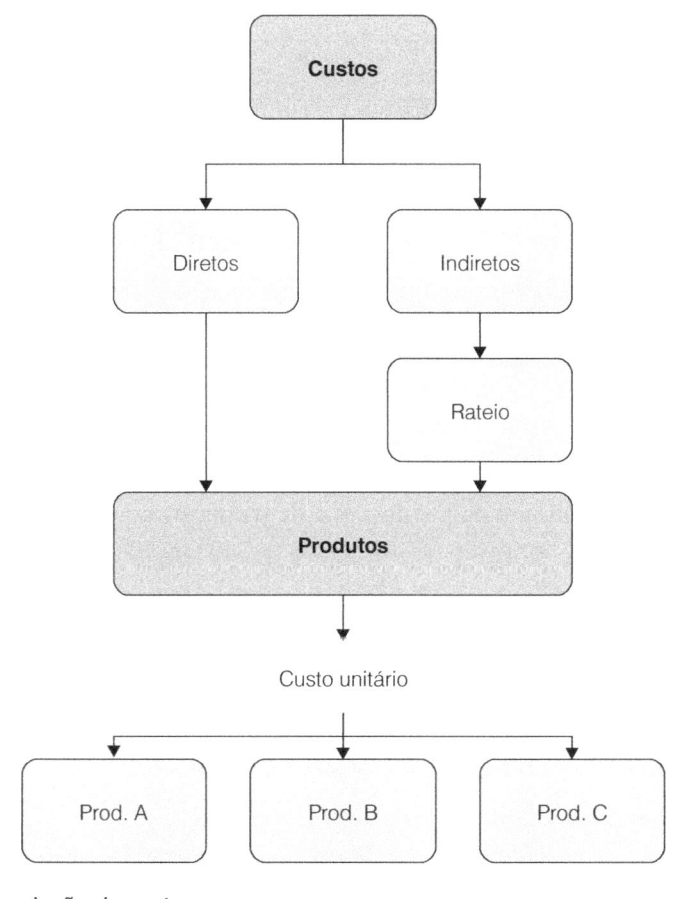

Figura 2.5 Apropriação de custos.

Fonte: Farias (s/d).

Considerações finais

Seja qual for o campo de atuação da empresa, produtos ou prestação de serviços, se não se souber gerenciar seu custo, corre-se grande risco de insucesso. Por isso, o gestor precisa conhecer e gerenciar os custos de sua empresa. Com a grande competitividade do mercado, a gestão dos custos torna-se um fator preponderante para o sucesso.

O gargalo compreende um ponto da estrutura organizacional ou um recurso que limita as atividades operacionais. Os custos do período são todos aqueles não incluídos nos custos do produto. De acordo com o regime de competência, esses custos são considerados despesas na demonstração de resultado do período em que eles ocorreram.

Entende-se que as estratégias de análise, que, em alguns casos, podem ser de verificação dos controles internos, contribuem com a gestão, possibilitando a redução de processos e, consequentemente, a redução de despesas e custos relacionados aos estoques.

Questões de múltipla escolha

1) Dentre as alternativas a seguir, qual é a que só apresenta custos fixos?

   (A) Materiais diretos, material de consumo, aluguel de fábrica.

   (B) Embalagens, salários de supervisão, depreciação da fábrica.

   (C) Energia elétrica, mão de obra indireta, materiais diretos.

   (D) Depreciação das máquinas de fábrica, salários de supervisor, aluguel de fábrica.

2) A matéria-prima utilizada na produção, a depreciação do prédio onde funciona a área de produção da fábrica e as comissões dos vendedores são classificadas, respectivamente, como:

   (A) custos fixos, custos variáveis e custos variáveis;

   (B) custos fixos, custos variáveis e despesas variáveis;

   (C) custos variáveis, custos fixos e custos variáveis;

   (D) custos variáveis, custos fixos e despesas variáveis.

3) Analise os eventos seguintes em relação à terminologia aplicável a custos:

   Investimento (I), Custo (C), Despesa (D) e Perda (P).

- Utilização de material de expediente na área de vendas da empresa.
- Aquisição de matéria-prima.
- Remuneração do supervisor de produção.
- Material utilizado em lote de produção destruído de forma acidental e imprevisível.
- Depreciação das instalações da fábrica.

Assinale a alternativa que apresenta a sequência **CORRETA** dos conceitos, de cima para baixo.

(A) I, I, C, P, I.

(B) C, I, C, C, D.

(C) D, C, C, P, D.

(D) D, I, C, P, C.

4) Em relação à apuração dos custos por produto, considerando-se determinada capacidade instalada, classifique os custos a seguir como fixos ou variáveis e, em seguida, assinale a opção **CORRETA**.

I. Custo com material de embalagem componente do produto.

II. Custo com depreciação das máquinas, apurado pelo método linear.

III. Custo com salário e encargos do supervisor da produção, a quem estão subordinadas as equipes responsáveis pela fabricação de três tipos de produto, todos produzidos no período.

A sequência **CORRETA** é:

(A) Fixo, fixo, variável.

(B) Fixo, variável, variável.

(C) Variável, fixo, fixo.

(D) Variável, variável, fixo.

5) A classificação dos custos em diretos e indiretos é, geralmente, feita em relação ao:

(A) volume da produção;

(B) produto ou serviços prestados;

(C) departamento dentro da empresa;

(D) total das vendas em determinado período de tempo.

6) Custo é o gasto relativo a um bem ou serviço utilizado na produção de outros bens ou serviços, seja ele desembolsado ou não. A classificação dos custos vai depender do enfoque que a ela for atribuído, podendo ser determinada quanto à natureza, função, contabilização, produto e formação ou produção.

Nesse contexto, verifica-se que a classificação dos custos em diretos e indiretos é feita quanto à(ao):

(A) função;

(B) natureza;

(C) formação;

(D) produto.

7) Existem vários tipos de custos, tantas quantas forem as necessidades para atender às diferentes finalidades da administração. Os custos definidos em relação ao comportamento são:

(A) estimados e padrão;

(B) evitáveis e não evitáveis;

(C) fixos e variáveis;

(D) primários e de oportunidade.

8) No desenvolvimento normal das atividades operacionais de uma empresa industrial, um bem ou serviço direta ou indiretamente consumido para a obtenção de uma receita deve ser enquadrado como:

(A) custo;

(B) despesa;

(C) gasto;

(D) investimento;

(E) perda.

9) Em uma aula de Contabilidade de Custos, na qual se discorria corretamente sobre a classificação de custos, o professor explicou que somente representam custos diretos os seguintes itens:

(A) energia elétrica, mão de obra direta e aluguel do prédio;

(B) matéria-prima, mão de obra direta e embalagens;

(C) mão de obra direta, depreciação de equipamentos e material consumido;

(D) manutenção, salários de supervisão e materiais diretos;

(E) salários da fábrica, embalagens e seguros da fábrica.

10) Quanto à Contabilidade de Custos, é **CORRETO** afirmar:

(A) A aquisição de bens de consumo eventual cujo valor exceda 10% do custo total dos produtos vendidos no período de apuração anterior poderá ser registrada diretamente como custo.

(B) O custo dos produtos vendidos de uma indústria é igual ao estoque inicial mais baixas menos o estoque final.

(C) O custeio por absorção oferece às empresas um mapa econômico de suas operações, revelando o custo existente e projetado de atividades e processos de negócios, que, em contrapartida, esclarece o custo e a lucratividade de cada produto, serviço e unidade operacional.

(D) O custeio por ABC consiste no rateio não só dos custos de produção, mas também de todas as despesas da empresa, inclusive financeiras, a todos os produtos, ou seja, tudo com base na alocação dos custos e das despesas aos departamentos da empresa para depois se procederem as várias séries de rateio de forma que, ao final, todos os custos e despesas estejam recaindo exclusivamente sobre os produtos.

(E) O custo da produção dos bens ou serviços compreenderá, obrigatoriamente, os custos de locação, manutenção e reparos e os encargos de depreciação dos bens aplicados na produção.

11) Relacione o tipo de custo descrito na primeira coluna com os conceitos na segunda coluna e, em seguida, assinale a opção **CORRETA**.

(1) Custo fixo

( ) Custo de natureza mais genérica, não sendo possível identificá-lo imediatamente como parte do custo de determinado produto.

(2) Custo variável

( ) Custo que pode ser diretamente controlado em determinado nível de autoridade administrativa, seja em curto, seja em longo prazo.

(3) Custo direto

( ) Custo que, em determinado período e volume de produção, não se altera em seu valor total, mas vai ficando cada vez menor em termos unitários com o aumento do volume de produção.

(4) Custo indireto   (   ) Custo incorrido em determinado produto, identificando-se como parte do respectivo custo.

(5) Custo controlável   (   ) Custo que é uniforme por unidade, mas que varia no total na proporção direta das variações da atividade total ou do volume de produção relacionado.

A sequência **CORRETA** é:

(A) 4, 5, 1, 3, 2.

(B) 1, 5, 4, 3, 2.

(C) 1, 3, 4, 5, 2.

(D) 4, 3, 1, 5, 2.

12) A empresa Altinópolis Ltda. é totalmente automatizada, usando tecnologia de computação de última geração em seu processo produtivo e necessitando, por essa razão, manter um Departamento de Manutenção de Microcomputação. Esse departamento apresenta sistematicamente uma ociosidade de utilização de aproximadamente 25% por mês, mas justificada como imprescindível pela Diretoria de Produção, segundo os relatórios apresentados em uma reunião de diretoria.

Nessa mesma reunião, o Diretor Administrativo informa que a manutenção e o conserto dos computadores de seu departamento vêm sendo realizados, até então, por uma empresa terceirizada, o que implica um desembolso médio anual de R$ 800.000,00. Tendo em vista a política de contenção de gastos aprovada, ele solicita que esse serviço seja realizado pelo Departamento de Produção utilizando a ociosidade de tempo relatada, tendo em vista que é plenamente viável a medição de todos os gastos que vierem a ser efetuados.

Além disso, poder-se-ia aproveitar pelo menos parte da ociosidade do Departamento de Manutenção de Microcomputação.

Nesse caso, os gastos efetuados com a manutenção solicitada pelo Diretor Administrativo deveriam ser tratados como:

(A) custo de produção;

(B) despesa de manutenção;

(C) receita eventual;

(D) recuperação de custo;

(E) custo primário.

13) De acordo com a classificação adotada pela literatura de Contabilidade de Custos, os recursos consumidos involuntária ou anormalmente, os recursos consumidos direta ou indiretamente para obtenção de receitas e os recursos consumidos na produção de outros bens ou serviços são classificados, respectivamente, como:

(A) custos, custos e despesas;

(B) despesas, despesas e custos;

(C) perdas, custos e despesas;

(D) perdas, despesas e custos.

14) Em uma empresa petrolífera, o salário de um funcionário alocado na operação de um equipamento de extração de petróleo é considerado um(a):

(A) custo indireto;

(B) custo direto;

(C) investimento;

(D) despesa direta.

15) Relacione a nomenclatura de custos apresentada na primeira coluna com a definição descrita na segunda coluna e, em seguida, assinale a opção **CORRETA**.

(1) Perdas   ( ) Gastos relativos a bens ou serviços utilizados na produção de outros bens ou serviços.

(2) Custos   ( ) Consumo involuntário ou anormal de um bem ou serviço.

(3) Despesas   ( ) Bens e serviços consumidos direta ou indiretamente na obtenção de receitas.

A sequência **CORRETA** é:

(A) 3, 2, 1.

(B) 2, 3, 1.

(C) 2, 1, 3.

(D) 1, 2, 3.

16) Dentro do intervalo relevante, o custo total por unidade de produto tende a afastar-se do custo variável unitário à medida que o volume de produção aumenta.

PORQUE

O aumento da produção provoca a diluição dos custos fixos.

Considerando-se essas afirmativas, é **CORRETO** afirmar que:

(A) a primeira afirmativa é falsa e a segunda é verdadeira;

(B) a primeira afirmativa é verdadeira e a segunda é falsa;

(C) as duas afirmativas são falsas;

(D) as duas afirmativas são verdadeiras, e a segunda justifica a primeira;

(E) as duas afirmativas são verdadeiras, e a segunda não justifica a primeira.

17) Num processo de industrialização de determinado produto, todos os dispêndios incorridos para transformação da matéria-prima são registrados contabilmente como:

(A) despesa;

(B) desembolso;

(C) gasto;

(D) custo.

18) Relacione a segunda coluna de acordo com a primeira.

(1) Bem ou serviço consumido com o objetivo de obter receita.　　　( ) Custo

(2) Gasto ativado.　　　( ) Desembolso

(3) Pagamento referente à aquisição de um bem ou serviço.　　　( ) Despesa

(4) Bens ou serviços empregados na produção.　　　( ) Investimento

A sequência **CORRETA** é:

(A) 3, 4, 2, 1.

(B) 4, 3, 1, 2.

(C) 4, 1, 2, 3.

(D) 2, 3, 1, 4.

19) (Exame de Suficiência CFC/2015) Uma Sociedade Empresária apresentou os seguintes gastos mensais:

- Aquisição de matéria-prima no período　•　R$ 25.000,00
- Comissão devida aos vendedores pela venda de produtos no mês　•　R$ 5.000,00

- Tributos sobre o lucro
- Imobilizado adquirido a prazo

- R$ 2.000,00
- R$ 60.000,00

(A) O total dos investimentos é de R$ 60.000,00; e o total das despesas é de R$ 32.000,00.

(B) O total dos investimentos é de R$ 60.000,00; o total dos custos é de R$ 25.000,00; e o total das despesas é de R$ 7.000,00.

(C) O total dos investimentos é de R$ 85.000,00; e o total das despesas é de R$ 7.000,00.

(D) O total dos investimentos é de R$ 85.000,00; o total dos custos é de R$ 2.000,00; e o total das despesas é de R$ 5.000,00.

20) Uma indústria apresenta os seguintes dados:

Aluguel de setor administrativo	R$ 80.000,00
Aluguel do setor de produção	R$ 56.000,00
Depreciação da área de produção	R$ 38.000,00
Mão de obra direta de produção	R$ 100.000,00
Mão de obra direta de vendas	R$ 26.000,00
Material requisitado: diretos	R$ 82.000,00
Material requisitado: indiretos	R$ 70.000,00
Salários da diretoria de vendas	R$ 34.000,00
Seguro da área de produção	R$ 38.000,00

Analisando-se os dados anteriores, assinale a opção **CORRETA.**

(A) O custo de transformação da indústria totalizou R$ 302.000,00, pois esse custo é a soma da mão de obra direta e dos custos indiretos de fabricação.

(B) O custo do período da indústria totalizou R$ 444.000,00, pois o custo da empresa é a soma de todos os itens de sua atividade.

(C) O custo do período da indústria totalizou R$ 524.000,00, pois o custo da empresa é a soma de todos os itens apresentados.

(D) O custo primário da indústria totalizou R$ 208.000,00, pois esse custo leva em consideração a soma da mão de obra e do material direto.

Exercícios propostos

1) Os valores a seguir foram extraídos dos registros contábeis da Empresa Industrial Sobradinho Ltda.:

   • Matéria-prima consumida: R$ 300.000,00
   • Mão de obra direta: R$ 190.000,00
   • Mão de obra indireta: R$ 65.000,00
   • Energia elétrica: R$ 35.000,00
   • Seguro da fábrica: R$ 6.000,00
   • Depreciação de máquinas: R$ 18.500,00
   • Frete pago para transporte de produtos vendidos: R$ 10.000,00

   Com base nos dados apresentados, calcule o valor do custo de transformação.

   (A) R$ 555.000,00.
   (B) R$ 490.000,00.
   (C) R$ 324.500,00.
   (D) R$ 314.500,00.

2) A Sociedade Empresária Dourados Ltda. apresentou os seguintes gastos mensais:

Aquisição de matéria-prima no período	R$ 25.000,00
Comissão devida aos vendedores pela venda de produtos no mês	R$ 5.000,00
Tributos sobre o lucro	R$ 2.000,00
Imobilizado adquirido a prazo	R$ 60.000,00

   Considerando-se as terminologias utilizadas em custos, assinale a opção **CORRETA**.

   (A) O total dos investimentos é de R$ 60.000,00 e o total das despesas é de R$ 32.000,00.
   (B) O total dos investimentos é de R$ 60.000,00, o total dos custos é de R$ 25.000,00 e o total das despesas é de R$ 7.000,00.
   (C) O total dos investimentos é de R$ 85.000,00 e o total das despesas é de R$ 7.000,00.
   (D) O total dos investimentos é de R$ 85.000,00, o total dos custos é de R$ 2.000,00 e o total das despesas é de R$ 5.000,00.

3) Em relação a um produto ou serviço prestado, o custo pode ser classificado como:

(A) direto ou indireto;

(B) variável ou fixo;

(C) fixo ou semifixo;

(D) direto ou variável.

4) A produção em grande escala apresenta menor custo total por unidade produzida do produto por influência do:

(A) Custo variável, que é diluído pelas unidades produzidas.

(B) Custo fixo, que é diluído pelas unidades produzidas.

(C) Custos variável e fixo.

(D) Custo histórico.

(E) Custo-padrão.

5) O custo fixo unitário é:

(A) crescente com o acréscimo da quantidade produzida;

(B) constante para qualquer quantidade produzida;

(C) decrescente com o decréscimo da quantidade produzida;

(D) crescente com o decréscimo da quantidade produzida;

(E) decrescente com o acréscimo da quantidade produzida.

Exercícios de avaliação

1) Em relação à classificação de custos em fixos e variáveis, podemos afirmar que:

(A) os custos variáveis unitários são fixos ao longo do processo produtivo;

(B) os custos fixos totais variam em função da quantidade de unidades produzidas;

(C) os custos variáveis unitários variam em função da quantidade produzida;

(D) em função da quantidade produzida os custos fixos unitários variam e o custo variável total não varia;

(E) o custo fixo total varia em função da quantidade produzida.

2) O custo variável unitário nos limites de capacidade máxima de produção dentro de um período é:

(A) crescente com o acréscimo da quantidade produzida;

(B) decrescente com o acréscimo da quantidade produzida;

(C) decrescente com o decréscimo da quantidade produzida;

(D) constante para qualquer quantidade produzida;

(E) crescente para qualquer quantidade produzida.

3) A Indústria São Roque Ltda. apresentou a seguinte relação, contendo seus custos e despesas em determinado período.

Materiais diretos	R$ 350.000,00
Materiais indiretos	R$ 70.000,00
Mão de obra direta	R$ 280.000,00
Mão de obra indireta	R$ 45.000,00
Aluguel da fábrica	R$ 60.000,00
Manutenção das máquinas	R$ 9.000,00
Comissão sobre vendas	R$ 15.000,00
Seguro da fábrica	R$ 29.000,00
Marketing	R$ 12.000,00
Depreciação das máquinas	R$ 62.000,00
Gastos com limpeza da fábrica	R$ 27.000,00
Energia elétrica consumida na fábrica	R$ 34.000,00

Os valores do custo de fabricação, do custo primário e do custo de transformação são, respectivamente:

(A) R$ 930.000,00; R$ 642.000,00; e R$ 580.000,00.
(B) R$ 930.000,00; R$ 642.000,00; e R$ 616.000,00.
(C) R$ 966.000,00; R$ 630.000,00; e R$ 580.000,00.
(D) R$ 966.000,00; R$ 630.000,00; e R$ 616.000,00.

Custos com materiais diretos e indiretos

3

- **Objetivos**
  - » Conhecer e saber calcular os custos diretos dos produtos e seus respectivos controles.
  - » Elaborar e justificar os métodos de controle de estoque de materiais.
  - » Discutir os diversos métodos de avaliação de estoques e suas implicações nos custos da empresa.
  - » Identificar e efetuar a alocação dos custos indiretos, justificando os critérios de rateio empregados para sua distribuição aos departamentos.

3.1 Custos diretos

São os custos que podem ser apropriados diretamente aos produtos e variam com a quantidade produzida. Exemplos: Material Direto (MD) e Mão de Obra Direta (MOD).

Sem eles o produto não existiria. Sua apropriação pode ser direta, bastando que exista uma medida de consumo, como kg, horas-máquina, horas-homem trabalhadas etc. Matéria-prima e material de embalagem são custos diretos, pois podem ser perfeitamente apropriados aos produtos elaborados.

3.2 Material direto

Material direto (MD) é o custo de qualquer material diretamente identificável com o produto e que se torna parte integrante dele. Exemplos: matéria-prima, material secundário, embalagens.

O custo do material é obtido por meio da seguinte fórmula:

Material Consumido = Estoque Inicial + Compras – Estoque Final

Com base na NBC TG 16 (R2), o estoque é contabilizado pelo seu custo de aquisição, compreendendo entre ele o valor da mercadoria adicionado de todos os custos com transporte, seguro, manuseio e outros diretamente atribuíveis à aquisição de produtos acabados, materiais e serviços, e ainda subtraída de todos os impostos recuperáveis, consoante o Pronunciamento Técnico CPC 16 – Estoques – IAS 2 (IASB) e o CPC 16 (R2) – Definição de Estoques.

O valor de custo do estoque deve incluir todos os custos de aquisição e de transformação, bem como outros custos incorridos para trazer os estoques à sua condição e localização atuais.

Os estoques devem ser mensurados pelo valor de custo ou pelo valor realizável líquido, dos dois o menor.

A NBC TG 26 (R1) – Apresentação das Demonstrações Contábeis estabelece que as notas explicativas devem apresentar informação acerca das políticas contábeis específicas utilizadas na elaboração das demonstrações contábeis. Um exemplo de divulgação de política contábil aplicada aos estoques que contemple apenas os requisitos de divulgação, de acordo com a NBC TG 26 (R1), é que os estoques foram mensurados pelo custo de aquisição ou pelo valor realizável líquido, o que for menor. Para efeito de determinação do custo, a empresa adotou a média ponderada. Periodicamente, é avaliada a existência de perdas na realização dos estoques por quebras, danos, prazo de validade ou outros fatores.

Os estoques são ativos, segundo o CPC 16 (R2) – Estoques, quando:

- são mantidos para venda no curso normal dos negócios;
- estão em processo de produção para venda; ou
- encontram-se na forma de materiais ou suprimentos a serem consumidos ou transformados no processo de produção ou na prestação de serviços.

Exemplo:

A Indústria Carmo de Minas Ltda., em determinado período, apresentou os seguintes dados:

Descrição	Valores	
Compra de matéria-prima	R$	15.600,00
Custos indiretos de produção	R$	10.400,00
Despesas administrativas	R$	2.600,00
Estoque final de matéria-prima	R$	9.100,00
Estoque inicial de matéria-prima	R$	6.500,00

Determine o custo da matéria-prima.

Solução:

MP (consumida) = EIMP + Compras – EFMP

MP (consumida) = R$ 6.500,00 + R$ 15.600,00 – R$ 9.100,00

MP = R$ 13.000,00

Constitui quebra de estoque o seguinte caso: Um posto de combustível que comercializa por mês aproximadamente 100.000 litros de etanol constatou, em determinado momento, um índice de evaporação de 0,5% desse produto. O Conselho Nacional do Petróleo considera normal um índice de até 0,6% de evaporação.

Segundo a NBC TG 16 (R2) – Estoques, o valor decorrente da evaporação é considerado uma redução no resultado do período, visto que essa evaporação é considerada normal e deve ser baixada do estoque periodicamente.

3.2.1 Apropriação dos custos diretos

O sistema de requisições de uma empresa é importante para que ela possa conhecer o consumo de materiais, de modo a saber sempre para qual produto foi destinado o material retirado do almoxarifado.

Da mesma forma, para ter conhecimento do consumo de mão de obra direta, é preciso que a empresa mantenha um sistema de apontamentos, por meio do qual se verificam os operários que trabalham em cada produto (ou serviço) no período (dia, semana, mês) e por quanto tempo (minutos, horas).

Nas empresas de serviços, geralmente se faz o acompanhamento da ordem de serviço anotando os custos alocados de modo direto (mão de obra, materiais aplicados e serviços subcontratados).

3.2.2 Tipos de material direto

Os estoques compreendem bens adquiridos e destinados à venda, incluindo, por exemplo, mercadorias compradas por um varejista para revenda ou terrenos e outros imóveis para revenda. Os estoques também compreendem produtos acabados e produtos em processo de produção pela entidade e incluem matérias-primas e materiais aguardando utilização no processo de produção, tais como: componentes, embalagens e material de consumo, consoante o CPC 16 – Estoques.

- **Matéria-prima** é o principal material que entra na composição do produto final. Ela sofre transformação no processo de fabricação. É o material que, do ponto de vista da quantidade, é o mais empregado na produção. As matérias-primas em estoque serão aplicadas diretamente no produto e, ao serem transferidas do estoque para o processo produtivo, transformam-se em custos de produção. Exemplos: o tecido na fabricação de roupas e a madeira na fabricação de mesas de madeira.

- **Material secundário** é o material direto, de caráter secundário. Não é o componente básico na composição do produto, mas é perfeitamente identificável ao produto. Exemplo: parafusos na mesa de madeira (se houver controle de consumo; se não houver, eles podem ser tratados como custos indiretos), botão nas roupas etc.

- **Embalagens** são materiais utilizados para embalagem do produto ou seu acondicionamento para remessa. São materiais diretos devido à fácil identificação com o produto. Exemplos: papelão em que é acondicionada a mesa, saco plástico em que é colocada a roupa.

3.2.3 Custo de aquisição

Conforme o CPC 16 (R2), o custo da aquisição dos estoques compreende: o preço de compra, os impostos de importação e outros tributos (exceto os recuperáveis junto ao Fisco), assim como os custos de transporte, seguro, manuseio e outros diretamente atribuíveis à aquisição de produtos acabados, materiais e serviços. Descontos comerciais, abatimentos e outros itens semelhantes devem ser deduzidos na determinação do custo de aquisição. Os tributos recuperáveis junto ao Fisco não são contabilizados como custo dos estoques. Entretanto, custos de transporte ou de seguro, quando diretamente atribuíveis à aquisição do estoque, integram o valor do custo.

3.2.4 Recuperação de impostos

São compensáveis/recuperáveis os impostos que, apesar de pagos pelo contribuinte de direito numa primeira etapa, podem ser compensados ou deduzidos do que tiver de ser pago pelo mesmo contribuinte numa etapa seguinte, ou seja, quando houver incidência desse tributo na saída das mercadorias ou produtos (CREPALDI, S. A.; CREPALDI, G. S., 2014). Entre esses impostos, estão:

- o Imposto sobre Produtos Industrializados (IPI) pago na aquisição de matéria-prima pela indústria;
- o Imposto sobre Circulação de Mercadorias e Serviços (ICMS) pago na aquisição de matéria-prima pela indústria;
- o ICMS pago na aquisição de mercadorias pelo comerciante.

Os impostos compensáveis/recuperáveis são registrados em contas representativas de direitos realizáveis, enquanto os não recuperáveis integram o custo das mercadorias.

Os tributos não cumulativos sobre compras serão considerados como Tributos a Recuperar ou recuperáveis (direito da empresa – Ativo), caso a empresa seja contribuinte de tais tributos. Então, caso o adquirente dos produtos sobre os quais incidiu o imposto seja contribuinte do IPI (empresa industrial ou equiparada a industrial) e os produtos adquiridos sejam utilizados em seu processo de industrialização, o IPI incidente na operação de compra poderá ser recuperado quando das vendas dos bens industrializados pelo industrial (imposto não cumulativo). Entretanto, se o adquirente não for contribuinte do IPI ou, sendo contribuinte, não utiliza os produtos adquiridos em seu processo de fabricação, o IPI incidente na operação de compra não poderá ser recuperado e integrará o custo de aquisição do produto (CREPALDI, S. A.; CREPALDI, G. S., 2014).

O tratamento dado ao ICMS se assemelha ao do IPI quanto ao mecanismo da nao cumulatividade. Ou seja, o valor do ICMS pago ao fornecedor por ocasião da compra corresponde a um direito da empresa (ICMS a Recuperar). O valor do ICMS que a empresa recebe de um cliente por ocasião da venda de mercadorias representa uma obrigação (ICMS a Recolher).

O princípio da não cumulatividade, como já realçamos, quer no IPI, quer no ICMS, atribui ao produtor ou ao promotor da operação tributada o direito-dever de compensar o crédito gerado pelo imposto incidente na matéria-prima ou na operação anterior, recolhendo o contribuinte aos cofres públicos apenas a diferença.

O frete e o valor correspondente a eventual seguro e outras despesas de movimentação de estoques integrarão o custo da mercadoria quando forem pagos diretamente ao fornecedor ou a uma empresa transportadora ou companhias seguradoras (seguro).

Mas quando os impostos são recuperáveis ou não, e como eles influenciam na contabilização? Impostos recuperáveis são aqueles impostos que estão embutidos na aquisição de uma mercadoria/serviço pelas empresas que estão no regime tributário não cumulativo. Esses impostos (incidentes na aquisição) serão utilizados para se reduzir o montante total de impostos a pagar para o Governo quando da apuração.

3.2.4.1 ICMS

Grande parte das empresas comerciais está no regime não cumulativo. Se a empresa estiver no regime cumulativo, o valor do ICMS vai para a conta ICMS a Recuperar e deve ser deduzido do valor total das mercadorias.

Suponha que uma empresa comercial compre mercadorias à vista pelo valor de R$ 10.000,00 e que, nessa compra, o valor informado na nota fiscal de ICMS seja de R$ 1.500,00. Nesse caso, o lançamento contábil será:

D – Mercadorias	R$ 8.500,00
D – ICMS a Recuperar	R$ 1.500,00
C – Caixa	R$ 10,000,00

Suponha que a empresa vende essas mesmas mercadorias por R$ 20.000,00 e que o valor de ICMS nessa venda foi de R$ 3.000,00. O lançamento será:

D – Caixa	R$ 20.000,00
C – Receita de Vendas	R$ 20.000,00

D – ICMS sobre Vendas	R$ 3.000,00
C – ICMS a Recolher	R$ 3.000,00

D – Custo das Mercadorias Vendidas	R$ 10.000,00
C – Mercadoria	R$ 10.000,00

Na apuração do imposto, deverá ser zerada a conta de ICMS a Recuperar:

D – ICMS a Recolher	R$ 1.500,00
C – ICMS a Recuperar	R$ 3.000,00

E, posteriormente, zera-se o saldo de ICMS a Recolher ao efetuar o pagamento do seu saldo, que corresponde ao valor do imposto devido ao final do período de apuração:

D – ICMS a Recolher	R$	1.500,00
C – Caixa	R$	1.500,00

Pode ocorrer de o valor de ICMS a Recuperar ser superior ao valor de ICMS a Recolher.

Assim, não haverá pagamento de imposto a ser realizado e o valor a maior de ICMS a recuperar será utilizado nos períodos seguintes. Isso ocorre quando, em determinado período de apuração, o valor das aquisições supera o valor das vendas.

Exemplo:

A Sociedade Empresária Caconde Ltda. adquiriu mercadorias para revenda, com as seguintes informações:

Informações	Valor Total (R$)
Preço das mercadorias adquiridas para revenda	25.000,00
PIS e Cofins recuperáveis	2.312,50
ICMS de 17% incluído no preço das mercadorias	4.250,00

A empresa está sujeita à não cumulatividade do PIS e da Cofins e, ainda, tem direito ao crédito tributário referente ao ICMS pago na aquisição das mercadorias. Conforme a NBC TG 16 (R2) – Estoques, determine o custo de aquisição total a ser reconhecido no estoque, referente a essa transação.

Solução:

Custo das mercadorias		**X**
PIS e Cofins recuperáveis	R$	2.312,50
ICMS recuperável	R$	4.250,00
Valor total da NF (fornecedores)	R$	25.000,00

X + R\$ 2.312,50 + R\$ 4.250,00 = R\$ 25.000,00

X = R\$ 25.000,00 – R\$ 6.562,50

X = R\$ 18.437,50

Sendo assim, o custo de aquisição total reconhecida no estoque é de R\$ 18.437,50.

3.2.5 Custo do material direto adquirido

Segundo a NBC TG 16 (R2) – Estoques, o custo de aquisição dos estoques compreende o preço de compra, os impostos de importação e outros tributos (exceto os recuperáveis perante o Fisco), bem como os custos de transporte, seguro, manuseio e outros diretamente atribuíveis à aquisição de produtos acabados, materiais e serviços. Descontos comerciais, abatimentos e outros itens semelhantes devem ser deduzidos na determinação do custo de aquisição.

Portanto, entram no custo de aquisição das mercadorias os seguintes valores: valor de importação, seguro e tarifas aduaneiras e imposto de importação. Os demais tributos, por serem recuperáveis, não deverão compor o valor dos estoques, pois configuram um direito da empresa.

Os custos dos materiais diretos são os valores gastos com as compras de mercadorias. Para chegar ao valor do custo do material direto, o pensamento tem que ser o seguinte: Quanto a empresa paga para ter as mercadorias que serão vendidas? Esse valor varia mês a mês em função do volume que é comprado e de alterações nos valores de compras negociados com os fornecedores.

As matérias-primas, os componentes adquiridos prontos, as embalagens e os outros materiais diretos utilizados no processo de fabricação serão apropriados aos produtos pelo seu custo de aquisição. Integram o custo de aquisição os gastos com transportes, seguros, armazenagem, impostos de importação e gastos alfandegários, impostos não recuperáveis etc. Todos os gastos incorridos para tornar o material direto disponível para uso na produção fazem parte de seu custo, RIR/1999, art. 289, §§ 1º a 3º. Por exemplo: se o comprador tem que retirar o material no fornecedor e arcar com os gastos com transporte e seguro, esses gastos devem ser incorporados ao custo do material. Assim como os gastos com armazenagem, recepção, vigilância, que também devem ser incorporados aos custos dos materiais.

Os impostos que incidem nas compras dos materiais diretos, no caso o IPI e o ICMS, poderão ser recuperáveis ou não, dependendo do enquadramento tributário da empresa. Quando a empresa é enquadrada como ME nos âmbitos federal e estadual, não recupera o IPI e o ICMS. Portanto, tais valores não serão deduzidos do valor de aquisição dos materiais diretos. Ao contrário, quando a empresa for contribuinte do IPI e do ICMS, os valores correspondentes de tais impostos na compra dos materiais diretos deverão ser deduzidos para efeito de cálculo do custo direto desses materiais (CREPALDI, S. A.; CREPALDI, G. S., 2014). Não integram o custo de aquisição o IPI e o ICMS, o PIS-Pasep e a Cofins não cumulativos, recuperáveis mediante crédito na escrita fiscal do adquirente, RIR/1999, art. 289, § 3º. Se não forem recuperáveis, passarão a fazer parte do custo do material.

Exemplo:

A empresa compra mercadoria com tributação do ICMS, com IPI e frete. Como achar o custo da mercadoria?

Então, supondo:

- que o valor das mercadorias compradas tenha sido de R$ 1.500,00 e que tenham sido compradas:

10 unidades da Mercadoria A por	R$ 630,00
10 unidades da Mercadoria B por	R$ 870,00
TOTAL	R$ 1.500,00

- que a alíquota do ICMS das mercadorias seja de 18%:

O valor do crédito do ICMS dessa compra em cada mercadoria é apurado por meio da aplicação da alíquota do ICMS sobre o valor de compra da mercadoria, ou seja:

Crédito do ICMS (compra) da Mercadoria A = R$ 113,40, ou seja, (R$ 630,00 × 18%)

Crédito do ICMS (compra) da Mercadoria B = R$ 156,60, ou seja, (R$ 870,00 × 18%)

- que o valor do frete dessa compra tenha sido de R$ 45,00:

O valor do frete deve ser somado ao custo da mercadoria. Primeiro, é preciso saber o percentual que o valor do frete representa do valor da compra e, depois, distribuir o valor do frete no valor de custos de cada mercadoria.

O valor da compra = R$ 1.500,00

O valor total do frete = R$ 45,00

% do frete sobre a compra = (R$ 45,00 ÷ R$ 1.500,00 × 100) = 3%

Então, o frete, nesse exemplo, é de 3% do valor da compra. Como foram compradas duas mercadorias, usamos esse percentual para achar o valor de frete de cada uma delas.

Exemplo do cálculo do valor do frete distribuído proporcionalmente para cada mercadoria:

Frete para Mercadoria A = R$ 18,90, resultado da conta (R$ 630,00 × 3%)

Frete para Mercadoria B = R$ 26,10, resultado da conta (R$ 870,00 × 3%)

Total do frete distribuído = R$ 45,00, ou seja, (R$ 18,90 + R$ 26,10)

- que a alíquota do ICMS do frete seja de 12%:

O valor do crédito do ICMS relativo ao frete em cada mercadoria é apurado por meio da aplicação da alíquota do ICMS sobre o valor do frete da mercadoria:

Crédito do ICMS (frete) da Mercadoria A = R$ 2,27, ou seja: (R$ 18,90 × 12%)

Crédito do ICMS (frete) da Mercadoria B = R$ 3,13, ou seja: (R$ 26,10 × 12%)

- que o valor do IPI de cada mercadoria, conforme destacado na nota fiscal, seja:

Valor do IPI da Mercadoria A = R$ 31,50

Valor do IPI da Mercadoria B = R$ 43,50

Agora, para chegar ao valor total de custo de cada mercadoria, temos que somar ao valor da mercadoria o valor do frete mais o valor do IPI e subtrair os valores de crédito do ICMS da compra e do frete, ou seja: (valor da mercadoria + valor do frete + valor do IPI – valor do crédito de ICMS da compra – valor do crédito de ICMS do frete):

Custo Total da Mercadoria A = R$ 564,73, ou seja: (R$ 630,00 + R$ 18,90 + R$ 31,50 – R$ 113,40 – R$ 2,27)

Custo Total da Mercadoria B = R$ 779,87, ou seja: (R$ 870,00 + R$ 26,10 + R$ 43,50 – R$ 156,60 – R$ 3,13)

Assim, o valor unitário de custos das mercadorias é de:

Custo Unitário da Mercadoria A = R$ 56,47, resultado da conta (R$ 564,73 ÷ 10 unidades)

Custo Unitário da Mercadoria B = R$ 77,99, resultado da conta (R$ 779,87 ÷ 10 unidades)

3.2.6 Avaliação de estoques

Estoques, conforme o CPC 16 (R1), são ativos tangíveis ou aplicações de recursos visando à sua obtenção. Podem:

- ser mantidos para venda no curso normal dos negócios;
- estar em processo de produção para posterior venda no curso dos negócios;
- ser constituídos de materiais ou suprimentos a serem consumidos no processo de produção ou na prestação de serviços que constitua exploração de negócios da entidade.

O principal critério para avaliação dos estoques é o do custo ou valor líquido de realização – o que for menor –, o que consiste em utilizar o menor entre os valores do custo de aquisição ou produção e o valor líquido de realização para atribuir às unidades em estoque na entidade.

As mercadorias adquiridas para revenda, as matérias-primas adquiridas para emprego na produção industrial e os bens em almoxarifado deverão ser avaliados pelo custo de aquisição (RIR/1999, art. 293, Lei nº 6.404/1976, art. 183, II).

Como a empresa compra várias unidades em períodos diferentes com preços diferentes e não os consome na mesma proporção, elas acabam misturando-se no almoxarifado. Para atribuir custo às unidades consumidas, usamos os mesmos critérios utilizados pela Contabilidade Financeira, o Sistema de Inventário Permanente e Periódico e os Métodos de Avaliação de Estoques: PEPS (Primeiro a Entrar, Primeiro a Sair), Custo Médio e UEPS (Último a Entrar, Primeiro a Sair), RIR/1999, art. 295.

De acordo com a NBC TG 16 (R2) – Estoques, os estoques devem ser mensurados pelo valor de custo ou pelo valor realizável líquido, dos dois o menor. Em uma conjuntura de preços decrescentes (desinflação) dos produtos comprados para estoque, o método que apresenta o menor valor do custo do estoque de material apropriado à produção é o Custo de Reposição. O Custo de Reposição pode ser utilizado para avaliação de estoques de matéria-prima quando o custo histórico for menor do que o valor realizável líquido. Os estoques são ativos mantidos para venda no curso normal dos negócios, em processo de produção para venda ou na forma de materiais ou suprimentos a serem consumidos ou transformados no processo de produção ou na prestação de serviços.

O valor realizável líquido do estoque é o preço de venda estimado no curso normal dos negócios deduzido dos custos estimados para sua conclusão e dos gastos estimados necessários para se concretizar a venda. O valor justo é o preço que seria recebido pela venda de um ativo ou que seria pago pela transferência de um passivo em uma transação não forçada entre participantes do mercado na data da mensuração.

Baseando-se no RIR/2018, as pessoas jurídicas submetidas à tributação com base no lucro real devem, ao final de cada período de apuração, proceder ao levantamento e à avaliação dos seus estoques: mercadorias, produtos manufaturados, matérias-primas, produtos em fabricação e bens em almoxarifado. Os estoques existentes na data do encerramento do período de apuração podem ser avaliados pelo custo médio ponderado, móvel ou fixo ou pelo custo dos bens adquiridos ou produzidos mais recentemente (PEPS – Primeiro a Entrar, Primeiro a Sair), sendo também admitida a avaliação com base no preço de venda, subtraída a margem de lucro.

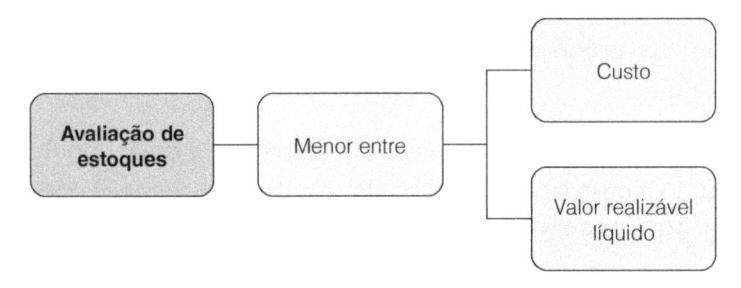

Figura 3.1 Avaliação de estoques.
Fonte: elaborada pelos autores.

A contagem periódica dos materiais existentes para efeito de comparação com os estoques registrados e contabilizados em controle da empresa, a fim de se comprovar sua existência e exatidão, denomina-se inventário físico. Deve ser elaborado no final de cada exercício social ou no final de cada período de apuração dos resultados. Deve ser transcrito em um livro próprio denominado Registro de Inventários, exigido pelas legislações do IR, do IPI e do ICMS.

A periodicidade da avaliação do estoque segue a apuração do Imposto de Renda, ou seja, pode ser trimestral ou anual. No caso de apuração anual, por ocasião de levantamento de balanço ou balancete para suspensão ou redução do imposto, durante o ano-calendário, também devem ser levantados e avaliados os estoques. As mercadorias, as matérias-primas e os bens em almoxarifado serão avaliados pelo custo de aquisição; os produtos em fabricação e acabados serão avaliados pelo custo de produção; e o valor dos bens existentes no encerramento do período-base poderá ser avaliado pelo custo médio ou das últimas aquisições.

O valor realizável líquido é o preço de venda estimado no curso normal dos negócios deduzido dos custos estimados para sua conclusão e dos gastos estimados necessários para se concretizar a venda.

3.2.7 Inventário periódico

A empresa não mantém um controle contínuo dos estoques por meio de ficha ou controle informatizado de estoque, usado quando as vendas são feitas sem controle, isto é, quando não são controladas mediante fichas ou controle informatizado e, portanto, não há condições de saber o custo das mercadorias vendidas. O consumo só pode ser obtido após contagem física dos estoques e posterior avaliação de acordo com os critérios legais.

O consumo é calculado pela fórmula:

Consumo de Material Direto = Estoque Inicial + Entradas Líquidas – Estoque Final

3.2.8 Inventário permanente

No inventário permanente, temos o controle contínuo dos estoques por meio de fichas ou o controle informatizado de estoque. Os estoques e o custo dos produtos vendidos (CPV) são calculados a qualquer momento pela Contabilidade. A contagem física é feita, mas por questões de auditoria e controle interno. O controle físico e contábil é feito pela ficha ou controle informatizado de estoque, tanto no Almoxarifado como na Contabilidade, segundo o Conselho Regional de Contabilidade de São Paulo (1995).

O cálculo do custo das mercadorias vendidas (CMV), obtido por meio de um controle contínuo do estoque de mercadorias, dando-lhe baixa, em cada venda, pelo custo dessas mercadorias, caracteriza o sistema de inventário permanente.

3.3 Caso prático

Em 2 de outubro, a Sociedade Empresária Jandaia Ltda. adquiriu uma mercadoria para revenda. Os dados da transação são os seguintes:

Preço de compra antes do abatimento	R$	21.000,00
ICMS sobre compra – recuperável	R$	3.400,00
Abatimentos	R$	1.000,00
Gasto com transporte da mercadoria	R$	2.000,00
ICMS sobre frete – recuperável	R$	340,00

Em 15 de novembro, a empresa vendeu 50% do estoque.

Em 31 de dezembro, a empresa apurou que o preço estimado de venda no curso normal dos negócios, deduzido dos custos estimados para sua conclusão e dos gastos estimados necessários para se concretizar a venda para essa mercadoria, é de R$ 8.000,00.

Considerando que a empresa não possui estoque inicial, determine o valor do estoque em 31 de dezembro a ser apresentado no Balanço Patrimonial nessa data.

Solução:

Conforme a NBC TG 16 (R2) – Estoques, os estoques devem ser mensurados pelo valor de custo ou pelo valor realizável líquido, dos dois o menor.

Conforme a Resolução CFC nº 1.170, o valor de custo do estoque deve incluir todos os custos de aquisição e de transformação, bem como outros custos incorridos para trazer os estoques à sua condição e localização atuais.

Ainda conforme a mesma resolução, o custo de aquisição dos estoques compreende o preço de compra, os impostos de importação e outros tributos, bem como os custos de transporte, seguro, manuseio e outros diretamente atribuíveis à aquisição de produtos acabados, materiais e serviços. Descontos comerciais, abatimentos e outros itens semelhantes devem ser deduzidos na determinação do custo de aquisição.

O cálculo do valor a ser contabilizado como entrada do estoque é o seguinte:

Composição do valor de compra a ser lançado no estoque

Valor da mercadoria	R$ 21.000,00
(–) ICMS sobre compra (recuperável)	(R$ 3.400,00)
(–) Abatimento	(R$ 1.000,00)
Gastos com transporte da mercadoria	R$ 2.000,00
(–) ICMS sobre frete (recuperável)	(R$ 340,00)
TOTAL	R$ 18.260,00

3.4 Critérios de valoração de estoque

O custo dos estoques de itens que geralmente não são intercambiáveis e de bens ou serviços produzidos e segregados para projetos específicos deve ser atribuído pelo uso da identificação específica dos seus custos individuais, segundo a CPC 16 (R2). O item 16 da ITG 1000 estabelece que "o custo dos estoques deve ser calculado considerando os custos individuais dos itens, sempre que possível".

Cabe esclarecer que considerar os custos individuais de cada item é a forma mais adequada de se mensurar cada produto ou mercadoria mantida em estoque. No entanto, dependendo da atividade econômica e do sistema de controle interno existente na microempresa e na empresa de pequeno porte, essa forma de mensuração dos estoques poderá implicar custos significativos para gerar a informação, por vezes maiores do que os benefícios derivados, segundo OTG 1000, item 12.

Sobre os fatos contábeis que modificam o valor das compras e das vendas, é correto afirmar que o frete sobre compras, quando o ônus de seu pagamento cabe à empresa compradora, deve ser sempre incluído no custo do estoque das mercadorias adquiridas.

Os métodos de avaliação de estoques objetivam exclusivamente separar o custo dos produtos entre o que foi vendido e o que permaneceu em estoque. Representa uma parcela extremamente importante no processo de controle de custos. Por fim, o que se denomina método de avaliação de estoque engloba, exclusivamente, procedimentos necessários ao registro da movimentação dos estoques. Os critérios mais conhecidos para a avaliação dos estoques, segundo o RIR/2018, são: o preço específico, custo médio e o PEPS.

A utilização desses métodos, na sua forma individual, já é largamente empregada pelas empresas. Entretanto, a utilização de forma conjunta constitui não só um avanço nos estudos da área de custos, mas também uma necessidade das empresas, já que elas possuem diferentes estratégias para abordagem e resolução de problemas. As entradas de determinada matéria-prima no estoque, geralmente a custos diferentes entre si, vão influenciar o valor das saídas desse estoque, base para o custeio do material direto aplicado na produção.

Para tanto, há quatro sistemas de custeio dos estoques, como explicaremos a seguir.

3.4.1 Preço específico

Esse tipo de método de avaliação de estoque é utilizado quando é possível fazer a determinação do preço específico de cada unidade do estoque e pode se dar baixa, em cada venda, por esse valor. Dessa forma, no estoque final, seu valor será a soma de todos os custos específicos de cada unidade existente. Geralmente, esse método é usado em empresas que fabricam veículos, tratores, máquinas de grande porte etc.

A identificação específica do custo significa que são atribuídos custos específicos a itens identificados do estoque. Esse é o tratamento apropriado para itens que sejam segregados para um projeto específico, independentemente de eles terem sido comprados ou produzidos, segundo o CPC 16 (R2) – Estoques.

Vamos imaginar que, durante o mês de janeiro, a Tratores & Cia. tenha tido a seguinte movimentação em seu estoque:

Dia	Compras Quantidade	Custo unitário (R$)	Total (R$)	Vendas Unidades
3	15	10.000	150.000,00	–
8	25	12.000	300.000,00	–
12	–	–	–	15
25	10	13.000	130.000,00	–
30	–	–	–	20

Veja, a seguir, como ficaria a movimentação da empresa segundo esse método:

	COMPRAS			CONSUMO			SALDO	
DIA	Quantidade	Custo Unitário (R$)	Total (R$)	Quantidade	Custo Unitário (R$)	Total (R$)	Quantidade	Total (R$)
3	15	10.000	150.000	–	–	–	15	150.000
8	25	12.000	300.000	–	–		15	150.000
							25	300.000
12	–	–	–	15	10.000	150.000	25	300.000
25	10	13.000	130.000	–	–		25	300.000
							10	130.000
30	–	–	–	20	12.000	240.000	5	60.000
							10	130.000

Observe que as revendedoras adotam uma política de, quando possível, vender as unidades mais antigas no estoque.

3.4.2 FIFO ou PEPS – Primeiro a Entrar, Primeiro a Sair

Com base nesse método, também conhecido como *First In, First Out* (FIFO) – Primeiro a Entrar, Primeiro a Sair, apura-se o custo em base histórica. Nesse sistema, as saídas do estoque obedecem ao critério de que os primeiros produtos a sair receberão o custo correspondente ao das primeiras entradas no estoque (CREPALDI, 2010).

O critério PEPS pressupõe que os itens de estoque que foram comprados ou produzidos primeiro sejam vendidos em primeiro lugar e, consequentemente, os itens que permanecerem em estoque no fim do período sejam os comprados ou produzidos mais recentemente, conforme o CPC 16 (R2) – Estoques.

Exemplo:

A Companhia Varginha Ltda. adota o sistema de inventário periódico e utiliza o método PEPS para controle dos estoques. O estoque inicial era de 70 unidades, adquiridas ao custo unitário de R$ 15,00. No mês de dezembro, foram feitas as seguintes aquisições:

Data	Quantidade	Total da Nota Fiscal	Impostos Recuperáveis
2/12	100	R$ 2.400,00	R$ 528,00
23/12	50	R$ 1.300,00	R$ 286,00
23/12	60	R$ 1.400,00	R$ 308,00

Em 31 de dezembro, o inventário indicou a existência de 120 unidades em estoque.

Com base nos dados informados, qual é o CMV em dezembro de 2016?

PEPS

Data	COMPRAS			VENDAS			ESTOQUE		
	Quant.	Unitário (R$)	Total (R$)	Quant.	Unitário (R$)	Total (R$)	Quant.	Média (R$)	Total (R$)
EI							70	15,00	1.050,00
2/12	100	18,72	1.872,00				170		2.922,00
23/12	50	20,28	1.014,00				220		3.936,00
23/12	60	18,20	1.092,00				280		5.028,00
31/12				70	15,00	1.050,00	210		3.978,00
				90	18,72	1.684,80	120		2.293,20
			CMV	160		2.734,80	120	EF	2.293,20

Aquisições

2/12

Custo da aquisição = Total da Nota Fiscal – Impostos Recuperáveis

100 unidades – R$ 2.400,00 – R$ 528,00 = R$ 1.872,00

Valor unitário = R$ 1.872,00 / 100 unidades = R$ 18,72

23/12

Custo da aquisição = Total da Nota Fiscal – Impostos Recuperáveis

50 unidades – R$ 1.300,00 – R$ 286,00 = R$ 1.014,00

Valor unitário = R$ 1.014,00 / 50 unidades = R$ 20,28

23/12

Custo da aquisição = Total da Nota Fiscal – Impostos Recuperáveis

60 unidades – R$ 1.400,00 – R$ 308,00 = R$ 1.092,00

Valor unitário = R$ 1.092,00 / 60 unidades = R$ 18,20

O CMV foi de R$ 2.734,80.

Nesse procedimento, o estoque é representado pelos mais recentes valores de aquisição ou produção, apresentando, dessa forma, uma relação mais próxima com o custo de reposição.

No método PEPS, o efeito da flutuação do custo de aquisição sobre os resultados é significativo, pois as saídas são confrontadas com os custos mais antigos, podendo gerar, num ambiente de custos crescentes, maior lucro contábil. Ao contrário, se os custos forem decrescentes (ambiente em que os preços tendem a cair), o método PEPS pode resultar num lucro menor. Na estabilidade de preços, há pouca variação de lucro em relação ao método de Custeio pela Média (CREPALDI, S. A.; CREPALDI, G. S., 2014).

O método PEPS é admitido pela legislação fiscal (item 2.2 do Parecer Normativo CST nº 6/1979). Em síntese, apesar de aceitável do ponto de vista fiscal, não o é em relação aos princípios contábeis.

Suponha uma empresa comercial que utiliza o Método do Inventário Periódico, com avaliação pelo critério PEPS, para controlar seus estoques. Durante o exercício, houve um furto de mercadorias que só foi descoberto em fevereiro do exercício seguinte, com a confissão do culpado. Na realização do inventário, ao final do exercício, foi despercebidamente incluído no custo de mercadorias vendidas.

O uso do método PEPS como critério de avaliação dos materiais gera subavaliação no custo do produto. Sobre a movimentação de mercadoria, controlado o seu estoque, pode-se afirmar que o estoque final avaliado a PEPS tem o valor das últimas entradas.

3.4.3 LIFO ou UEPS – Último a Entrar, Primeiro a Sair

No método UEPS (Último a entrar, Primeiro a Sair), também conhecido como *Last In, First Out* (LIFO), o custo do estoque é determinado como se as unidades mais recentes adicionadas ao estoque (últimas a entrar) fossem as primeiras a sair. Supõe-se, portanto, que o estoque final consiste nas unidades mais antigas e é avaliado ao custo dessas unidades. Segue-se que, de acordo com o método, o custo dos itens vendidos/saídos tende a refletir o custo dos itens mais recentemente comprados (ou produzidos) e, assim, os preços mais recentes (CREPALDI, 2010).

Exemplo:

O Armazém Dular Ltda. controla seus estoques de forma permanente, com avaliação contábil pelo critério UEPS. No mês de abril, teve a seguinte movimentação com mercadorias, isentas de tributação e negociadas à vista:

1) estoque inicial de 35 unidades a R$ 10,00 cada uma;

2) entrada de 30 unidades a R$ 15,00 cada uma;

3) venda de 40 unidades a R$ 20,00 cada uma;

4) entrada de 25 unidades a R$ 18,00 cada uma; e, por último;

5) saída de 20 unidades a R$ 20,00 cada uma.

No fim do período, ao ser computado o estoque, qual é o valor contábil avaliado?

UEPS

Data	COMPRAS			VENDAS			ESTOQUE		
	Quant.	Unitário	Total	Quant.	Unitário	Total	Quant.	Média	Total
1	35	10,00	350,00				35	10,00	350,00
2	30	15,00	450,00				30	15,00	450,00
							65		800,00
3				30	15,00	450,00			
				10	10,00	100,00	25	10,00	250,00
4	25	18,00	450,00				25	10,00	250,00
							25	18,00	450,00
							50		700,00
5				20	18,00	360,00	25	10,00	250,00
							05	18,00	90,00
							30		340,00

O valor do estoque é de R$ 340,00.

O efeito prático da utilização do UEPS é que, em ambiente inflacionário (de aumento de preços e custos), há uma subavaliação de estoques e, portanto, uma redução no CMV, visto que os estoques estão representados por valores "antigos". Evidentemente, se não houvesse inflação ou se ela fosse mínima, nenhum ou pouco efeito haveria na utilização do UEPS em relação ao custo médio. Em períodos de alta de preços, os preços maiores das aquisições mais recentes são apropriados mais rapidamente ao resultado, reduzindo o lucro (CREPALDI, S. A.; CREPALDI, G. S., 2017).

Um argumento "gerencial" em favor do UEPS é o de que ele procura determinar se a empresa apurou ou não, adequadamente, seus custos correntes em face da sua receita corrente. Nessa ótica, o estoque é avaliado em termos do nível de preço da época em que o UEPS foi introduzido.

O método UEPS não é aceito pelo Fisco, visto que, ao optar por esse método, a empresa pagaria menos imposto em relação a outros métodos que poderia adotar. Portanto, o método não é admissível nem pela ótica fiscal nem pelas normas de contabilidade.

3.4.4 Custo médio ou média ponderada

É o método mais usado no Brasil e consiste em avaliar o estoque pelo custo médio de aquisição apurado em cada entrada de material, ponderado pelas quantidades adicionadas e pelas anteriormente existentes.

Segundo a Resolução CFC nº 1.170, pelo critério do custo médio ponderado, o custo de cada item é determinado a partir da média ponderada do custo de itens semelhantes no começo de um período e do custo dos mesmos itens comprados ou produzidos durante o período.

A média pode ser determinada em base periódica (fixa) ou à medida que cada lote seja recebido (móvel), dependendo das circunstâncias da entidade, segundo o CPC 16 (R2) – Estoques.

Exemplo:

Supondo-se que a companhia avalie seus estoques por meio do critério do Custo Médio Ponderado Móvel, constante das informações a seguir:

Dia	Transação
3	Compra de 40 unidades a R$ 200,00 cada uma
9	Compra de 80 unidades a R$ 220,00 cada uma
15	Venda de 90 unidades a R$ 400,00 cada uma
25	Compra de 50 unidades a R$ 240,00 cada uma

Considere que as vendas sejam tributadas pelo ICMS a 12%, pela Cofins a 3% e pelo PIS a 0,65%, qual é o lucro bruto da sociedade no final do mês?

Custo Médio Ponderado

Data	Compras			Vendas			Estoque		
	Quant.	Unitário (R$)	Total (R$)	Quant.	Unitário (R$)	Total (R$)	Quant.	Média (R$)	Total (R$)
03	40	200,00	8.000,00				40	200,00	8.000,00
09	80	220,00	17.600,00				120	213,33	25.600,00
15				90	213,33	19.200,00	30	213,33	6.399,90
25	50	240,00	12.000,00				80	230,00	18.399,90

Vendas – 90 unidades × R$ 400,00	R$	36.000,00
(–) ICMS – 12%	(R$	4.320,00)
(–) PIS – 0,65%	(R$	234,00)
(–) Cofins – 3%	(R$	1.080,00)
Lucro Bruto	R$	30.366,00
(–) CMV	(R$	19.200,00)
Lucro Líquido	R$	11.166,00

No custo médio, cada entrada (a preço unitário diferente do preço médio anterior) modifica o preço médio e cada saída, conquanto mantenha inalterado o preço médio, altera o fator de ponderação e, assim, o preço médio que for calculado na entrada seguinte. Todavia, de acordo com o Parecer Normativo CST nº 6/1979, não é incompatível com o método – e, portanto, aceitável do ponto de vista fiscal – que as saídas sejam registradas unicamente no fim de cada mês, desde que avaliadas ao preço médio que, sem considerar o lançamento de baixa, se verificar naquele mês.

Nesse método de avaliação, o valor de cada unidade em estoque se altera pela compra de outras unidades por preço diferente. Considerando a existência de estoques de mercadorias e uma realidade de preços crescentes durante o exercício social, podemos afirmar, quanto aos métodos de controle de estoques utilizados, que, se comparada com o método UEPS, a Média Ponderada Móvel geraria um resultado maior.

3.5 Custos indiretos

São os que não se podem identificar diretamente com os produtos e cuja apropriação necessita de rateios. É todo custo que não está vinculado diretamente a cada unidade do produto, mas ao processo de fabricação (CREPALDI, 2010). São chamados também Custos Gerais de Fabricação (CGF).

Exemplos:

- aluguel da área ocupada pela fábrica (setor produtivo);
- depreciação das máquinas e ferramentas industriais;
- energia elétrica consumida pela fábrica;
- mão de obra indireta (demais funcionários da fábrica);
- materiais indiretos (lubrificantes, lixas, cola);
- demais custos fabris.

São aqueles que, apenas mediante aproximação, podem ser atribuídos aos produtos por algum critério de rateio. Veja alguns exemplos a seguir:

- **Mão de obra indireta (MOI)**: é o trabalho que não é mensurável em nenhum produto ou serviço executado, como a mão de obra de supervisores, controle de qualidade etc.
- **Materiais indiretos**: são materiais empregados nas atividades auxiliares de produção ou cujo relacionamento com o produto é irrelevante, como graxas e lubrificantes, lixas etc.
- **Outros custos indiretos**: são os custos que dizem respeito à existência do setor fabril ou de prestação de serviços, como depreciação, seguros, manutenção de equipamentos etc.

A soma dos custos indiretos é chamada de Custos Indiretos de Fabricação (CIFs), Gastos Gerais de Fabricação (GGFs) ou Despesas Indiretas de Fabricação (DIFs). Neste livro, usaremos a terminologia mais comum, que é custos indiretos de fabricação. Quando a empresa fabrica apenas um único produto, todos os custos são considerados diretos em relação a esse produto, não havendo, portanto, custos indiretos.

Todos os custos indiretos só podem ser apropriados, por sua própria definição, de forma indireta aos produtos, isto é, mediante estimativas, critérios de rateio etc. Todas essas formas de distribuição contêm, em menor ou maior grau, certo subjetivismo, portanto a arbitrariedade sempre vai existir nessas alocações, sendo que, às vezes, ela existirá em nível bastante aceitável e, em outras oportunidades, só vamos aceitá-la por não haver alternativas melhores. Como já dissemos, a preocupação inicial de contadores, auditores e fiscais em relação à Contabilidade de Custos foi utilizá-la como uma forma de resolver seus problemas de determinação do custo dos produtos vendidos (CREPALDI, S. A.; CREPALDI, G. S., 2014).

Os gastos gerais e administrativos, quando não claramente relacionados com a produção, não são incorporados ao custo dos produtos. Também não serão incorporadas as despesas financeiras (mesmo aquelas relacionadas a financiamento de bens da produção), os gastos extraordinários (como perdas decorrentes de roubos, enchentes, incêndios etc.) e as despesas com vendas (comissões sobre vendas, salários e encargos do pessoal de vendas etc.).

3.6 Rateio dos CIFs

Os custos diretos são atribuídos diretamente aos produtos, e os custos indiretos devem antes ser alocados (distribuídos) pelos vários centros de custos para só então ser transferidos aos produtos. Tal processo indireto de transferência sucessiva dos custos, primeiro nos centros de custos da empresa e, após, sobre os produtos, denomina-se rateio de custos indiretos (CREPALDI, S. A.; CREPALDI, G. S., 2014).

O rateio é um artifício empregado para distribuição dos custos, ou seja, é o fator pelo qual vamos dividir os CIFs. É a alocação dos custos aos objetos de custeio tendo por base um critério de rateio predefinido.

Os custos indiretos, para serem incorporados aos produtos, obedecem a uma mecânica de apropriação de um processo de rateio. A escolha da base utilizada deve ser feita em função do recurso mais utilizado na produção. O fator que relaciona, de maneira sistemática, um custo indireto ou um grupo de custos indiretos ao objeto de custo denomina-se base de alocação de custos.

Os CIFs, se analisados individualmente, têm pouca identificação direta com o produto em termos de mensuração efetiva. Entre eles, podem ser citados: manutenção de equipamentos, depreciação, seguros, vigilância, aluguéis, energia elétrica, pró-labore do diretor de produção etc.

Devem-se atribuir os custos indiretos ao processo de produção, entre as diversas unidades operacionais autônomas, denominadas "centros de custos", que constituem a menor unidade de acumulação de custos na empresa.

Exemplo:

No primeiro semestre, a Indústria Três Pontas Ltda. tem os seguintes custos indiretos em seu departamento de colocação de tampas em garrafas.

MOI	R$	11.200,00
Lubrificantes	R$	2.450,00
Energia Elétrica	R$	3.325,00
Depreciação	R$	1.750,00
Custos Indiretos Diversos	R$	4.200,00

Naquele primeiro semestre, foram produzidas 24.500 dúzias de garrafas de 0,5 litro, 28.000 dúzias de garrafas de 1,0 litro e 17.500 dúzias de garrafas de 1,5 litro.

Com base na quantidade produzida, determine o rateio dos custos indiretos das garrafas.

Solução:

Custos Indiretos – R$ 22.925,00

Total de Embalagens Produzidas = 70.000 unidades

Custo Indireto por Embalagem = R$ 22.925,00 / 70.000 unidades = R$ 0,3274 / unidade

Custo da Embalagem

Garrafas de 0,5 litro	24.500 u × R$ 0,3274 =	R$	8.023,75
Garrafas de 1 litro	28.000 u × R$ 0,3274 =	R$	9.170,00
Garrafas de 1,5 litro	17.500 u × R$ 0,3274 =	R$	5.731,25
Total		**R$**	**22.925,00**

Garrafas de 0,5 litro	R$	8.023,75
Garrafas de 1,0 litro	R$	9.170,00
Total	R$	17.193,75

São critérios de rateio usualmente utilizados pelas empresas:

Critérios de rateio dos CIFs	
CIFs comuns ou indiretos em relação aos departamentos	**Critérios de rateio para os departamentos**
Gastos relacionados com o edifício da fábrica. Exemplos: aluguel, depreciação, seguros, limpeza, reparos e imposto predial	Área ocupada
Iluminação da fábrica	Área ocupada, número de lâmpadas ou pontos de luz
Gastos com escritório da fábrica (inclusive os relativos à Contabilidade de Custos)	Número de empregados, horas-máquina trabalhadas ou horas trabalhadas/MOD

(Continua)

(Continuação)

Critérios de rateio dos CIFs	
CIFs comuns ou indiretos em relação aos departamentos	**Critérios de rateio para os departamentos**
Material indireto	Material direto
Mão de obra indireta	Número de empregados, horas trabalhadas/ MOD
Almoxarifado	Custos dos materiais
Manutenção das máquinas	Horas-máquina trabalhadas
Custo de refeitório, transportes e assistência médica dos empregados	Número de empregados
Energia elétrica	Kilowatt-hora consumido

3.7 Departamentalização

Consiste em dividir a fábrica em segmentos, chamados departamentos, aos quais são debitados todos os custos de produção neles incorridos. Geralmente, a empresa está dividida em departamentos, e sua estrutura formal é representada pelo organograma.

Departamento é a unidade mínima administrativa, representada por homens e máquinas (na maioria dos casos), em que os custos indiretos são acumulados para posterior alocação aos produtos. Há departamentos produtivos e departamentos de serviços, a saber:

- **Departamentos produtivos**: são os departamentos que promovem algum tipo de modificação sobre o produto. Exemplos: departamento de corte, departamento de costura, departamento de acabamento, prensas, usinagem.
- **Departamentos de serviços**: são os departamentos por onde não passam os produtos, na maioria dos casos. Sua função é, basicamente, prestar serviços aos demais departamentos produtivos. Exemplos: Manutenção, Almoxarifado, Limpeza, Expedição, Administração Geral da Fábrica.

Os departamentos produtivos têm seus custos apropriados diretamente aos produtos, mas os departamentos de serviços não podem fazer isso, já que os produtos, na maioria dos casos, não passam por lá. Como esses departamentos prestam serviços aos demais, devem ter seus custos transferidos para os departamentos que recebem esses serviços; depois, os custos desses departamentos são apropriados aos produtos.

Exemplo:

1) Dados extraídos da Contabilidade de Custos da Indústria Engarrafadora Piracicaba S/A.

Itens	Valor (R$)	Base de rateio
Aluguel de fábrica	2.500,00	Área ocupada
Depreciação das máquinas	30.000,00	Valor das máquinas
Superintendência	20.000,00	Número de empregados
MOI	160.000,00	Horas de mão de obra indireta

Distribuição dos critérios de rateio

Base de rateio	Departamentos de serviços			Departamentos de produção			Total
	Administração Geral	Qualidade	Transporte	Usinagem	Lavagem	Secagem	
Área ocupada	40 m²	20 m²	40 m²	160 m²	140 m²	100 m²	500 m²
Valor das máquinas	R$ 25.000,00	R$ 10.000,00	R$ 62.500,00	R$ 127.500,00	R$ 87.500,00	R$ 62.500,00	R$ 375.000,00
Horas-MOI	60	20	60	250	210	200	800
Número de empregados	8	4	8	40	20	20	100

Considerando-se exclusivamente as informações acima, determine o rateio de depreciação das máquinas correspondente ao departamento de usinagem.

Solução:

Valor das Máquinas = R$ 375.000,00 / Depreciação das Máquinas R$ 30.000,00 = R$ 12,50

Valor da Usinagem = R$ 127.500,00 / R$ 12,50 = R$ 10.200,00

3.8 Centros de custos

Centro de custos é a unidade mínima de acumulação de custos, embora não seja necessariamente uma unidade administrativa – isso só ocorre quando ele coincide com o próprio departamento. Na maioria das vezes, um departamento é um centro de custos, mas, em outras situações, podem existir diversos centros de custos dentro de um mesmo departamento.

Baseia-se na divisão da empresa em setores ou centros com atividades homogêneas, em que se podem caracterizar as despesas fixas pertencentes a cada um, ou seja, é a unidade mínima de acumulação de custos indiretos. Numa empresa com poucos centros de custos e relativa simplicidade de produção, é fácil alocar os custos indiretos por um único critério de rateio, como exemplificado anteriormente, seja em horas-máquina, horas-homem ou outro critério simples, porém, numa indústria com vários departamentos, cada um contendo seus respectivos centros de custos, o rateio precisa atender a uma correspondência mais casual (CREPALDI, 2010).

Os objetivos da departamentalização dos custos são o melhor controle dos custos e a determinação mais precisa do custo dos produtos. A departamentalização auxilia na alocação racional de custos aos produtos, mas exige que seus diversos componentes estejam adequadamente conceituados e mensurados.

Para efeito de apuração, um sistema de custos pode ser estruturado em função dos seguintes passos:

1) Separação entre custos e despesas.

2) Apropriação dos custos diretos diretamente aos produtos.

3) Apropriação dos custos indiretos que pertencem aos departamentos, agrupando à parte os comuns.

4) Rateio dos custos indiretos comuns aos diversos departamentos, quer de produção, quer de serviços.

5) Escolha da sequência de rateios dos custos acumulados nos departamentos de serviços e sua distribuição aos demais departamentos.

6) Atribuição dos custos indiretos que agora só estão nos departamentos de produção aos produtos, segundo critérios estabelecidos.

7) Apuração dos custos de produção por produto.

3.9 Predeterminação dos custos indiretos de fabricação

Até agora, foram discutidos a classificação, o agrupamento e a atribuição dos CIFs efetivos, isto é, realmente incorridos. A distribuição dos CIFs dos Departamentos de Produção e dos Departamentos de Serviços aos Produtos ocorre no encerramento do período.

Se quisermos fazer o acompanhamento do custo de cada produto durante o mês, seremos obrigados a estimar os CIFs, porque os custos indiretos departamentais, assim como as quantidades de produtos efetivamente elaboradas, serão conhecidos somente após o encerramento do período. Alguns CIFs não ocorrem uniformemente durante o período – férias coletivas/manutenção – e também pode haver uma oscilação no volume de produção.

A predeterminação dos CIFs, por meio da adoção de uma taxa de aplicação dos custos indiretos de fabricação, consiste na fixação por estimativa desses CIFs de determinado período, o que permite definir o custo da produção antes mesmo de serem conhecidos os gastos indiretos reais. Em geral, a taxa de aplicação é adotada com base num percentual da mão de obra direta ou materiais diretos. Nada impede, porém, que seja considerado outro critério para seu cálculo (CREPALDI, S. A.; CREPALDI, G. S., 2014).

3.9.1 Determinação da taxa dos CIFs

A taxa predeterminada é obtida estimando-se previamente os custos de um período. Como os CIFs diferem em níveis de operação, é necessário estabelecer os níveis de operação em relação aos quais os custos indiretos de fabricação devem ser predeterminados. Esse nível de atividades é expresso em termos de um índice (h/MOD ou h/MOI). O total estimado dos CIFs é calculado em relação a esse nível.

A taxa predeterminada dos CIFs, que será usada para aplicá-los aos produtos elaborados, é obtida dividindo-se os custos estimados em relação ao nível estimado das operações. À medida que ocorrer a produção real, a taxa dos CIFs será aplicada à produção, dando origem aos Custos Indiretos de Fabricação Aplicados (CIFA).

> **CIF real > CIF aplicado – subavaliação – variação desfavorável**
>
> **CIF real < CIF aplicado – superavaliação – variação favorável**

A taxa de aplicação dos CIFs tem como objetivo primordial evitar a sazonalidade de alguns custos de produção.

3.10 Caso prático

A Sociedade Industrial Jundiaí Ltda. produz dois tipos de produtos: camisa e calça masculina. A produção se dá em dois departamentos: corte e costura.

Sua estrutura de custos em determinado período foi a seguinte:

Custos diretos referentes aos produtos

Produtos	Custos Diretos Totais
Calça	R$ 126.000,00
Camisa	R$ 54.000,00

Custo indireto de produção comum aos dois produtos

Aluguel	R$	6.500,00
Energia elétrica	R$	5.800,00

Outros dados coletados no período:

- Área e consumo de energia de cada departamento

Itens	Departamento de corte	Departamento de costura	Total
Área em m²	195	455	650
Consumo de energia em kWh	108	432	540

- A empresa utiliza o critério de departamentalização para alocação dos custos aos produtos.
- O aluguel é distribuído de acordo com a área e a energia elétrica é distribuída de acordo com o consumo de cada departamento.

Os custos departamentais são distribuídos aos produtos nas seguintes proporções:

Produtos	Departamento de corte	Departamento de costura
Calça	40%	30%
Camisa	60%	70%

Quantidade de produção:

Produtos	Quantidade produzida
Calça	10.000 unidades
Camisa	7.000 unidades

Considerando que a empresa produziu no período 10.000 calças, calcule o custo de produção de uma calça.

Solução:

Rateando os CIFs:

	Dept. corte	Valor rateado (R$)	Dept. costura	Valor rateado (R$)	Total R$
Área (m²)	195/650 = 30%	6.500 × 30% = 1.950	455/650 = 70%	6.500 × 70% = 4.550	650
EE (kWh)	108/540 = 20%	5.800 × 20% = 1.160	432/540 = 80%	5.800 × 80% = 4.640	540
Total		3.110		9.190	

Alocando os CIFs à produção das calças, conforme a proporção dada no enunciado da questão para a calça:

	Dept. corte	Valor (R$)	Dept. costura	Valor (R$)
Calça	40%	3.110 × 40% = 1.244	30%	9.190 × 30% = 2.757
Total CIF	R$ 4.001,00			

Cálculo do Custo de Produção Unitário da calça:

Custos Diretos = R$ 126.000,00

CIF = R$ 4.001,00

Custo Total da Produção = R$ 130.001,00

Qtde. Produzida = 10.000 unidades

Custo Unitário = R$ 130.001,00 / 10.000 unidades = R$ 13,00

Considerações finais

Os custos com materiais diretos e indiretos de produção dentro de uma empresa são obtidos pela totalização dos valores empregados em mão de obra direta e indireta e do custo com materiais diretos e indiretos. Além de separar os custos diretos e indiretos, é possível ainda uni-los no chamado Custos de Produção do Período (CPP), os quais levam em consideração o material direto, a mão de obra direta e o custo indireto de fabricação.

Os custos diretos podem ser identificados como aqueles que estão diretamente ligados ao produto, linha de produto, centro de custo ou departamento. Não precisam de rateios para serem atribuídos ao item custeado e são diretamente incluídos no cálculo dos produtos ou serviços prestados. Os materiais diretos da empresa são as matérias-primas, materiais secundários e embalagens, componentes e outros itens essenciais para a produção, o acabamento e a fabricação do produto.

No cálculo do material direto e do material indireto dentro de uma empresa, deve-se considerar que os materiais diretos são os utilizados no processo de produção e têm como base de apropriação seu valor histórico de aquisição. É importante na classificação dos custos dos materiais sua avaliação e controle. Esses materiais estão diretamente relacionados com a produção e com a prestação de serviços, por isso devem ser incluídos diretamente no cálculo do custo do produto ou serviço prestado.

Esses conceitos estão intimamente ligados aos custos diretos e indiretos de uma empresa, os quais devem ser identificados para se chegar ao valor final de um produto ou do serviço prestado.

Um custo comum, por ser utilizado na geração de diferentes produtos, é um custo indireto de cada um desses produtos e requer a aplicação de algum critério de rateio para a atribuição de seu valor aos produtos. Custos variáveis que se comportam de modo escalonado mantêm-se constantes em amplas faixas de atividade, mas aumentam ou diminuem quando ocorrem variações razoavelmente grandes no nível de atividade.

Os estoques devem ser mensurados pelo menor valor entre o custo e o valor realizável líquido. Para estoques de produtos acabados, o valor realizável líquido corresponde ao valor estimado do preço de venda no curso normal dos negócios menos as despesas necessárias estimadas para a realização da venda. Para estoques de produtos em elaboração, o valor realizável líquido corresponde ao valor estimado do preço de venda no curso normal dos negócios menos os custos estimados para o término de sua produção e as despesas necessárias estimadas para a realização da venda, segundo a ITG 1000, item 17.

Questões de múltipla escolha

1) Assinale a alternativa que indique o critério de avaliação dos estoques adotado por uma empresa que atribui às mercadorias os custos mais antigos.

   (A) Custo Específico.

   (B) Custo Médio Ponderado.

   (C) PEPS.

   (D) UEPS.

2) Uma Sociedade Empresária adquiriu mercadorias para revenda com as seguintes informações:

Informações valor total

- Preço das mercadorias adquiridas para revenda: R$ 25.000,00
- PIS e Cofins recuperáveis: R$ 2.312,50
- ICMS de 17% incluído no preço das mercadorias: R$ 4.250,00

A empresa está sujeita à não cumulatividade do PIS e da Cofins e, ainda, tem direito ao crédito tributário referente ao ICMS pago na aquisição das mercadorias.

Conforme a NBC TG 16 (R2) – Estoques, o custo de aquisição total a ser reconhecido no estoque, referente a essa transação, é de:

(A) R$ 18.437,50.

(B) R$ 20.750,00.

(C) R$ 25.000,00.

(D) R$ 31.562,50.

3) De acordo com a NBC TG 16 (R2) – Estoques, os estoques devem ser mensurados:

(A) pelo valor de compra ou pelo valor justo, dos dois o menor;

(B) pelo valor de compra ou pelo valor realizável líquido, dos dois o maior;

(C) pelo valor de custo ou pelo valor justo, dos dois o maior;

(D) pelo valor de custo ou pelo valor realizável líquido, dos dois o menor.

4) A taxa de aplicação dos CIFs tem como objetivo primordial:

(A) reduzir os custos indiretos de fabricação durante o exercício;

(B) normalizar as receitas de vendas do exercício;

(C) produzir maior aderência à utilização do Princípio Contábil da Evidenciação;

(D) evitar a sazonalidade de alguns custos de produção.

5) A avaliação do valor do estoque de matéria-prima de uma indústria é o método que ela adota para valorizar o custo dos materiais estocados, que serão utilizados no seu processo produtivo.

Sendo assim, a indústria apura o menor custo para a matéria-prima consumida na produção de seus produtos, adotando o método:

(A) PEPS.

(B) UEPS.

(C) Custo de Reposição.

(D) Média Ponderada Fixa.

(E) Média Ponderada Móvel.

6) Um custo é classificado como indireto quando na sua alocação se faz necessário utilizar qualquer fator de rateio ou estimativa. Destaca-se como um custo indireto a(o):

(A) comissão dos vendedores;

(B) matéria-prima;

(C) supervisão de fábrica;

(D) frete de vendas;

(E) imposto predial do escritório.

7) De acordo com a NBC TG 16 (R2) – Estoques, julgue os itens quanto à inclusão no custo dos estoques e, em seguida, assinale a alternativa **CORRETA**.

I. Despesas administrativas que não contribuem para trazer o estoque ao seu local e condição atuais.

II. Despesas de comercialização, incluindo a venda e a entrega dos bens e serviços aos clientes.

III. O preço de compra, os impostos de importação e outros tributos não recuperáveis.

IV. Os custos de transporte, seguro, manuseio e outros diretamente atribuíveis à aquisição de produtos acabados, materiais e serviços.

V. Valor anormal de desperdício de materiais, mão de obra ou outros insumos de produção.

NÃO estão incluídos no custo dos estoques, porém são reconhecidos no resultado do período os itens:

(A) II, IV e V, apenas.

(B) II, III e IV, apenas.

(C) I, III e IV, apenas.

(D) I, II e V, apenas.

8) A Empresa Comercial Simões Ltda. realizou as seguintes operações durante o mês de setembro:

Data	Operação	Quantidade (unidades)	Preço de compra (unitário – R$)	Preço de venda (unitário – R$)
3	Compra	200	10,00	
6	Venda	150	–	20,00
15	Compra	200	15,00	
25	Compra	100	14,00	
30	Venda	200	–	22,00

Sabendo que a empresa não apresenta estoque inicial e que adota o critério de Média Ponderada Móvel para o controle dos estoques, o custo das mercadorias vendidas no mês de setembro foi:

(A) R$ 4.250,00.

(B) R$ 4.300,00.

(C) R$ 4.480,00.

(D) R$ 6.000,00.

9) Dados extraídos da Contabilidade de Custos da Indústria de Plásticos Varginha Ltda.

Custos	Valores (R$)
Matéria-prima A	125.000,00
Matéria-prima B	22.500,00
Materiais de consumo	1.650,00
Mão de obra (40% direta)	175.000,00
Salário de supervisão	15.000,00
Depreciação de máquinas da fábrica	27.400,00
Energia elétrica (50% direta)	42.000,00
Aluguel de fábrica	2.200,00

Considerando exclusivamente os dados acima, o total de custos diretos corresponde a:

(A) R$ 364.000,00.

(B) R$ 322.000,00.

(C) R$ 267.500,00.

(D) R$ 238.500,00.

10) A empresa Almirante Ltda. adquire equipamentos industriais, para uso, no valor de R$ 100.000,00, com 20% de ICMS e 10% de IPI, pagando a um transportador R$ 800,00 de frete, com a incidência de 5% de ISS, já incluído no preço do serviço.

Pela instalação do equipamento, a empresa pagou R$ 500,00 a um prestador de serviços, sem a incidência de impostos na prestação. Um mês após a instalação, os equipamentos apresentaram defeito, tendo o reparo custado à companhia R$ 300,00.

O valor lançado na conta que registrou os equipamentos foi de:

(A) R$ 89.300,00.

(B) R$ 89.600,00.

(C) R$ 91.300,00.

(D) R$ 91.600,00.

11) Em 2 de outubro, a Sociedade Empresária Cuiabá Ltda. adquiriu uma mercadoria para revenda. Os dados da transação são os seguintes:

Preço de compra antes do abatimento	R$	21.000,00
ICMS sobre compra – recuperável	R$	3.400,00
Abatimentos	R$	1.000,00
Gasto com transporte da mercadoria	R$	2.000,00
ICMS sobre Frete – recuperável	R$	340,00

Em 15 de novembro, a empresa vendeu 50% do estoque.

Em 31 de dezembro, a empresa apurou que o preço estimado de venda no curso normal dos negócios, deduzido dos custos estimados para sua conclusão e dos gastos estimados necessários para se concretizar a venda para essa mercadoria, é de R$ 8.000,00.

Considerando que a empresa não possui estoque inicial, o valor do estoque em 31 de dezembro a ser apresentado no Balanço Patrimonial nessa data é de:

(A) R$ 8.000,00.

(B) R$ 8.800,00.

(C) R$ 9.130,00.

(D) R$ 9.630,00.

12) Em fevereiro, o estoque inicial de determinada matéria-prima numa indústria era de R$ 82.500,00. Durante o mês, foram adquiridos R$ 1.950.000,00 dessa

matéria-prima. No final do mês, o estoque era de R$ 340.000,00. Nessa operação, foram desconsideradas as operações com impostos. O custo da matéria-prima consumida nesse período é de:

(A) R$ 1.527.500,00.

(B) R$ 1.692.500,00.

(C) R$ 2.207.500,00.

(D) R$ 2.372.500,00.

13) A Empresa Brasília Ltda. realizou seu inventário físico em 1º de agosto, identificando em seu estoque de mercadorias 8.000 unidades, avaliadas ao custo médio unitário de R$ 180,00.

Em 5 de agosto, vendeu 6.000 unidades, à vista, por R$ 1.650.000,00, numa operação isenta de tributos de qualquer natureza. O comprador, no dia 10 de agosto, devolveu 20% da compra e ainda conseguiu obter um abatimento de 20% no preço.

Considerando essas transações as únicas do mês de agosto, em 31 de agosto a empresa apresentou um estoque de:

(A) 3.200 unidades a R$ 144,00, totalizando R$ 460.800,00.

(B) 3.200 unidades a R$ 166,50, totalizando R$ 532.800,00.

(C) 3.200 unidades a R$ 180,00, totalizando R$ 576.000,00.

(D) 3.200 unidades a R$ 193,50, totalizando R$ 619.200,00.

14) A Indústria Dourados Ltda., que fabrica três modelos de mesas, apresentou, em determinado período, os saldos de custos e despesas a seguir:

Aluguel do escritório de vendas	R$	38.400,00
Comissões sobre vendas	R$	192.000,00
Depreciação de máquinas utilizadas na elaboração dos produtos A, B e C	R$	89.600,00
ICMS sobre vendas	R$	384.000,00
MOD	R$	140.800,00
MOI	R$	102.400,00
Material de embalagem utilizado na produção	R$	25.600,00
Matéria-prima consumida pelo produto A	R$	345.000,00
Gastos gerais de fabricação comuns aos três produtos	R$	76.800,00
Salário dos vendedores	R$	12.800,00

Com base nos saldos acima, assinale a opção que apresenta o valor dos custos diretos.

(A) R$ 511.400,00.

(B) R$ 575.400,00.

(C) R$ 677.800,00.

(D) R$ 780.200,00.

15) A Indústria Cascavel Ltda. comprou matérias-primas no valor de R$ 35.000,00. No total da nota fiscal de R$ 36.750,00, estavam embutidos os seguintes impostos recuperáveis perante o Fisco:

IPI	R$	1.750,00
ICMS	R$	6.300,00
PIS	R$	577,50
Cofins	R$	2.660,00

O valor do custo de aquisição que deve ser contabilizado no estoque de matéria-prima é de:

(A) R$ 25.462,50.

(B) R$ 28.700,00.

(C) R$ 35.000,00.

(D) R$ 36.750,00.

16) A Sociedade Empresária Bagé Ltda. apresentou o seguinte dado e as seguintes transações do seu estoque de mercadorias para revenda.

Composição do estoque em 31 de dezembro: 300 unidades de mercadorias no valor total de R$ 66.000,00.

Transações realizadas em janeiro do exercício social seguinte:

- Venda de 200 unidades da mercadoria por R$ 70.000,00.
- Sobre a venda incidiram tributos nas alíquotas de: ICMS – 12%; PIS – 1,65%; e Cofins – 7,6%.
- Devolução pelo comprador de 50 unidades da mercadoria vendidas no mês.

Considerando que as transações foram as únicas realizadas pela empresa em janeiro, o Resultado Bruto da empresa é de:

(A) R$ 2.656,25 negativo.

(B) R$ 4.625,00 positivo.

(C) R$ 6.375,00 negativo.

(D) R$ 8.343,75 positivo.

17) A Empresa Blumenal Ltda. de comércio de dobradiças adquiriu, em determinado mês, um lote de 10.000 unidades desse produto por R$ 8.000,00.

Vendeu, no mesmo mês, 8.500 unidades a R$ 14.450,00. O estoque mensal inicial, de 1.300 unidades, custou R$ 0,80 a unidade.

O valor, em reais, do saldo final da conta estoque é de:

(A) R$ 2.240,00.

(B) R$ 8.000,00.

(C) R$ 9.040,00.

(D) R$ 12.210,00.

18) A Cia. Comercial Ventania Ltda., que é contribuinte do ICMS, mas não do IPI, comprou um lote de 200 unidades de ventiladores, pagando o preço unitário de R$ 100,00. Sobre a transação, incidiram o ICMS, à alíquota de 18%, e o IPI, à alíquota de 10%.

Posteriormente, revendeu 60% do lote ao preço unitário de R$ 200,00, com incidência de ICMS à alíquota de 12%, por se tratar de venda interestadual, da Cofins a 3% e do PIS a 0,65%.

O lucro bruto auferido pela empresa, considerando-se apenas essas transações, correspondeu a:

(A) R$ 10.404,00.

(B) R$ 9.860,00.

(C) R$ 9.360,00.

(D) R$ 9.204,00.

19) A Sociedade Empresária Mafra Ltda. apresentou os seguintes dados, extraídos de seu controle de estoque, referentes a uma mercadoria específica:

Data	Descrição	Quantidade	Valor unitário (R$)
1º dezembro	Saldo inicial	30.000 unidades	1,40
2 dezembro	Compras	20.000 unidades	1,50
31 dezembro	Saldo final	11.000 unidades	

O estoque é avaliado pela média ponderada fixa.

Com base nos dados informados, o CMV, no mês de dezembro, é de:

(A) R$ 55.500,00.

(B) R$ 56.050,00.

(C) R$ 56.160,00.

(D) R$ 56.600,00.

20) Em março, a Indústria Primavera Ltda. fez as seguintes anotações relativas à movimentação de seus estoques:

5 de Março – Compra de 15.000 unidades de matéria-prima por R$ 30.000,00.

10 de Março – Compra de 20.000 unidades de matéria-prima por R$ 43.000,00.

25 de Março – Requisição de 18.000 unidades desta matéria-prima para a linha de produção.

Considerando-se exclusivamente os dados acima e com base no critério de avaliação dos estoques PEPS, o valor do estoque desta matéria-prima é de:

(A) R$ 35.550,00.

(B) R$ 36.450,00.

(C) R$ 36.550,00.

(D) R$ 38.700,00.

(E) R$ 43.000,00.

Exercícios propostos

1) A Sociedade Empresária Joinvile Ltda. adquiriu mercadorias para revenda, com as seguintes informações:

Informações e Valor Total:

- Preço das mercadorias adquiridas para revenda: R$ 25.000,00.
- PIS e Cofins recuperáveis: R$ 2.312,50.
- ICMS de 17% incluído no preço das mercadorias: R$ 4.250,00.

A empresa está sujeita à não cumulatividade do PIS e da Cofins e ainda tem direito ao crédito tributário referente ao ICMS pago na aquisição das mercadorias.

Conforme a NBC TG 16 (R2) – Estoques, o custo de aquisição total a ser reconhecido no estoque, referente a essa transação, é de:

(A) R$ 18.437,50.

(B) R$ 20.750,00.

(C) R$ 25.000,00.

(D) R$ 31.562,50.

2) A Sociedade Empresária Rondonópolis Ltda., tributada pelo lucro real, realizou as seguintes operações com mercadorias:

- Aquisição de 400 unidades de mercadoria pelo valor total de R$ 80.000,00, no qual estão incluídos ICMS na alíquota de 18% e PIS e Cofins na alíquota de 1,65% e 7,6%, respectivamente.
- Venda de 200 unidades de mercadoria por R$ 70.000,00.
- Sobre a venda, incidiram tributos nas alíquotas de: ICMS – 18%; PIS – 1,65%; e Cofins – 7,6%.

A empresa não apresentava estoque inicial.

A contribuição dessas transações para o Valor Adicionado a Distribuir, apurada em conformidade com a NBC TG 9 – Demonstração do Valor Adicionado, é de:

(A) R$ 40.900,00.

(B) R$ 37.200,00.

(C) R$ 30.000,00.

(D) R$ 21.825,00.

3) Dados extraídos da Contabilidade de Custos da Indústria Campreste Ltda.

Custos Indiretos de Fabricação	Valores (R$)	Base de Rateio
Aluguel de fábrica	2.500,00	Área ocupada
Força e luz	12.500,00	Área ocupada
Depreciação	30.000,00	Valor das máquinas
Seguros	6.000,00	Valor das máquinas
Superintendência	20.000,00	Números de empregados
MOI	160.000,00	Horas de MOI
Manutenção	24.000,00	Horas de MOI

Distribuição das bases de rateio por departamentos:

Base de Rateio	Departamentos de serviços			Departamentos de produção			Total
	Administração Geral	Controle de Qualidade	Transporte	Siderurgia	Lavagem	Secagem	
Área Ocupada	40 m²	20 m²	40 m²	160 m²	140 m²	100 m²	500 m²
Valor das Máquinas	R$ 20.000,00	R$ 10.000,00	R$ 50.000,00	R$ 100.000,00	R$ 70.000,00	R$ 50.000,00	R$ 400.000,00
Horas-MOI	60	20	60	250	210	200	800
Empregados	8	4	8	40	20	20	100

Considerando exclusivamente os dados acima, o valor rateado de força e luz para o departamento de siderurgia, em reais, foi:

(A) R$ 3.200.00.

(B) R$ 3.800,00.

(C) R$ 4.000,00.

(D) R$ 4.200,00.

4) A Indústria Paraná Ltda. fabrica dois produtos. Em determinado mês, o departamento de produção envia para a contabilidade os seguintes dados da produção:

Custos	Produto X	Produto Z	Valor Total
Matéria-Prima Consumida	R$ 8.000,00	R$ 10.000,00	R$ 18.000,00
Mão de Obra Direta Consumida	R$ 6.000,00	R$ 6.000,00	R$ 12.000,00
Unidades Produzidas no Mês	1.000	500	1.500
CIF			R$ 15.000,00

Sabendo-se que a indústria distribui seus custos indiretos de fabricação de acordo com as unidades produzidas, os custos unitários dos produtos X e Z são, respectivamente:

(A) R$ 24,00 e R$ 42,00.

(B) R$ 20,67 e R$ 48,67.

(C) R$ 21,00 e R$ 48,00.

(D) R$ 21,50 e R$ 47,00.

5) A Sociedade Empresária Teresina Ltda. apresentou as seguintes informações relacionadas às operações com mercadorias:

Receita bruta com venda de mercadorias	R$ 210.000,00
Seguro sobre mercadorias adquiridas no período	R$ 300,00
Fretes sobre mercadorias adquiridas no período	R$ 400,00
Estoque inicial de mercadorias	R$ 35.000,00
Abatimentos sobre vendas	R$ 1.500,00
Devolução de mercadorias adquiridas no período	R$ 3.000,00
Custo das mercadorias vendidas	R$ 140.000,00
Compras de mercadorias no período	R$ 135.000,00

Considerando-se que o seguro e o frete sobre as mercadorias adquiridas no período foram pagos pela empresa compradora e desconsiderando os efeitos tributários das operações, é CORRETO afirmar que o Estoque Final de Mercadorias é de:

(A) R$ 24.800,00.

(B) R$ 26.300,00.

(C) R$ 27.400,00.

(D) R$ 27.700,00.

Exercícios para avaliação

1) Uma matéria-prima foi adquirida por R$ 3.000,00, incluídos nesse valor R$ 150,00 referentes a IPI e R$ 342,00 relativos a ICMS. O frete de R$ 306,00 foi pago pelo vendedor, que enviou o material via aérea, mas a empresa compradora teve que arcar com o transporte entre o aeroporto e a fábrica, que custou R$ 204,00.

   Considerando-se que os impostos são recuperáveis, o valor registrado em estoques será:

   (A) R$ 2.508,00.

   (B) R$ 2.712,00.

   (C) R$ 3.018,00.

   (D) R$ 3.204,00.

2) A Sociedade Empresária Jacutinga Ltda. adquiriu, em junho, 100 unidades de uma mercadoria ao preço unitário de R$ 10,00, com ICMS incluso no preço de 18%.

   Em outra aquisição, ainda no mesmo mês, porém de fornecedor de fora do estado, a nota fiscal apresentou os seguintes valores:

Quantidade adquirida	200 unidades
Custo unitário	R$ 9,00
Valor total da nota fiscal	R$ 1.800,00
Alíquota do ICMS	12%

Ainda no mês de junho, foram vendidas as 300 unidades pelo preço unitário de R$ 15,00. A alíquota de ICMS da transação de venda é de 18%.
Assinale a opção que apresenta o valor do lucro bruto no mês de junho.

(A) R$ 890,00.
(B) R$ 1.226,00.
(C) R$ 1.286,00.
(D) R$ 1.394,00.

3) A Sociedade Empresária Minduri Ltda. fez as seguintes aquisições de mercadorias para revenda no mês de dezembro:

| | Datas das aquisições | |
	10/12	**19/12**
Valor total da nota fiscal de compra	R$ 1.440,00	R$ 4.340,00
Tributos recuperáveis, incluídos no total da nota fiscal	R$ 240,00	R$ 720,00
Frete pago pela empresa compradora	R$ 150,00	R$ 200,00
Quantidade adquirida	100 unidades	400 unidades

No final do mês de novembro, o saldo de mercadorias em estoque era igual a R$ 1.900,00, correspondente a 200 unidades. A única venda efetuada no mês de dezembro ocorreu no dia 27, quando foram vendidas 400 unidades.
Considerando que a empresa utiliza o Método da Média Ponderada para avaliação de seus estoques, o custo da mercadoria vendida no mês de dezembro foi de:

(A) R$ 4.136,00.
(B) R$ 4.040,00.
(C) R$ 3.856,00.
(D) R$ 3.840,00.

4) Uma Sociedade Empresária utiliza o Inventário Permanente para controlar seus estoques e apresentou o seguinte movimento, no mês de fevereiro de 2017, de Estoques de Mercadorias para Revenda:

Dia	Operação
6	Compra de 80 unidades a R$ 400,00 cada uma
13	Compra de 120 unidades a R$ 440,00 cada uma

(Continua)

(Continuação)

Dia	Operação
20	Venda de 180 unidades por R$ 800,00 cada uma
27	Compra de 100 unidades a R$ 480,00 cada uma

A Sociedade Empresária adota como base para mensuração do estoque o critério PEPS.

Considerando-se apenas as informações apresentadas e de acordo com a NBC TG 16 (R2) – Estoques e desconsiderando-se os tributos incidentes sobre compras e vendas, o valor do Estoque de Mercadorias para Revenda, no final do mês de fevereiro de 2017, é de:

(A) R$ 48.000,00.

(B) R$ 56.800,00.

(C) R$ 76.000,00.

(D) R$ 132.800,00.

5) A Cia. Várzea Grande Ltda. é uma indústria eletrônica que produz dois produtos: gravadores de CD e gravadores de DVD. A empresa possui na área de produção departamentos de serviços e departamentos produtivos. Os departamentos da área fabril são considerados centros de resultado, logo seus gerentes são responsáveis por gerar lucro nos departamentos sob sua responsabilidade e, para tanto, utilizam o conceito de preço de transferência para transferir o produto de uma área para outra. O preço de transferência é calculado tomando como base o custo do departamento, acrescido de uma margem de 10%.

Até o ano de 2016, a Cia. tinha uma participação de mercado de 60% e era lucrativa. Recentemente, as análises econômico-financeiras mostraram que a Várzea Grande vem perdendo participação no mercado em razão da falta de competitividade de seus preços.

Um novo presidente foi contratado e, ao marcar a primeira reunião com todos os executivos da empresa, solicitou aos departamentos de finanças/custos a preparação de um relatório constando, de forma detalhada, definições, conceitos e exemplos da composição dos custos da empresa.

Em atendimento à solicitação do presidente, pede-se:

a) Conceitue e exemplifique os itens a seguir listados:

- custos primários;
- custos de conversão dos produtos;
- custos comuns exemplificados na estrutura de custos e quais são os itens componentes;
- custos diretos e indiretos;
- custos periódicos, variáveis e fixos.

b) Especifique a aplicabilidade, os pontos positivos e negativos e a forma de cálculo do preço de transferência.

Controle e registro contábil de custos 4

■ **Objetivos**

> » Compreender e justificar o controle e o registro contábil de custos.
> » Aprender a calcular e registrar os custos dos produtos vendidos.
> » Conhecer e saber operacionalizar o sistema de contabilização das etapas de apuração dos custos dos produtos vendidos.

4.1 Definição

O Custo dos Produtos Vendidos (CPV) é a soma dos custos incorridos na fabricação dos produtos que foram vendidos em determinado período. Referem-se às matérias-primas consumidas, à mão de obra empregada e aos custos indiretos de fabricação. É calculado considerando-se as diversas fases por que passa a matéria-prima até ser vendida como produto pronto. Em determinado período, corresponde aos custos incorridos na fabricação dos produtos, conforme Ferrari (2015).

4.2 Apuração do CPV

O CPV é formado pela soma dos Materiais Diretos (MD), da Mão de Obra Direta (MOD) e dos Custos Indiretos de Fabricação (CIFs), ajustado para mais ou para menos pela variação dos estoques de produtos acabados e produtos em processo.

À soma de MD, MOD e CIF dá-se o nome de Custo de Produção (CP). Então:

$$CP = MD + MOD + CIF$$

Agora, pode-se montar a fórmula do CPV:

$$CPV = CP + EIPA - EFPA + EIPP - EFPP$$

Essa fórmula pode ser simplificada se apurarmos primeiro o Custo da Produção Acabada (CPA) no período, ou seja, a soma do Estoque Inicial de Produtos em Processo (EIPP) com o Custo de Produção (CP) menos o Estoque Final de Produtos em Processo (EFPP), no qual:

$$CPA = EIPP + CP - EFPP$$

Assim, a fórmula do CPV pode ser reduzida para:

$$CPV = EIPA + CPA - EFPA$$

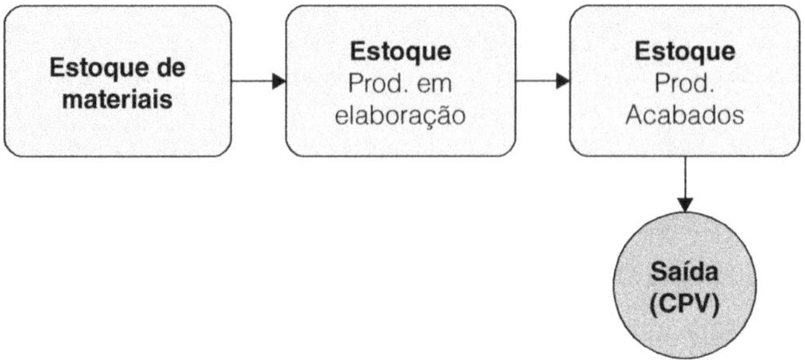

Figura 4.1 Custo da produção vendida.

4.2.1 Etapas na apuração do CPV

Para fazer a apuração do CPV, observam-se as seguintes etapas:

- separação entre custos e despesas;
- separação entre custos diretos e indiretos;
- apropriação dos custos diretos aos produtos;
- rateio dos custos indiretos aos produtos.

Figura 4.2 Modelo de apuração de custos.

Exemplo 1:

Os seguintes dados estão no balancete da Empresa Altamira S.A. em 31 de dezembro:

Receita de vendas	R$	180.000,00
MOD	R$	50.000,00
MOI	R$	37.000,00
Salários dos vendedores	R$	6.000,00
Salários administrativos	R$	4.000,00
Depreciação dos equipamentos	R$	1.800,00
Depreciação dos móveis e utensílios de escritório	R$	400,00
Seguros da fábrica	R$	200,00

Energia elétrica da fábrica	R$	800,00
Compras de matéria-prima	R$	40.000,00
Materiais consumidos na fábrica (indiretos)	R$	2.000,00

Estoques	**Inicial**	**Final**
Matéria-prima	R$ 20.000,00	R$ 16.000,00
Produtos em processo	R$ 12.000,00	R$ 16.000,00
Produtos acabados	R$ 12.000,00	R$ 10.000,00

A primeira etapa na apuração do CPV é separar os custos (custos do produto) das despesas (custos do período).

Despesas

Salários dos vendedores	R$	6.000,00
Salários administrativos	R$	4.000,00
Depreciação dos móveis e utensílios de escritório	R$	400,00

Custos

MOD	R$	50.000,00
MOI	R$	37.000,00
Depreciação dos equipamentos	R$	1.800,00
Seguros da fábrica	R$	200,00
Energia elétrica da fábrica	R$	800,00
Materiais consumidos na fábrica (indiretos)	R$	2.000,00

A próxima etapa é separar os custos diretos dos indiretos.

Custos diretos

MOD	R$	50.000,00

O custo do Material Direto (MD) faz parte dos custos diretos, mas não temos esse valor direto no balancete. Ele precisa ser calculado com base na seguinte fórmula:

$$MD = EI + C - EF$$

Em que: EI = R$ 20.000,00; C = R$ 40.000,00; e EF = R$ 16.000,00. Assim, temos:

MD = R$ 20.000,00 + R$ 40.000,00 – R$ 16.000,00

MD = R$ 44.000,00,00

Custos indiretos

MOI	R$	37.000,00
Materiais consumidos na fábrica	R$	2.000,00
Depreciação dos equipamentos	R$	1.800,00
Seguros da fábrica	R$	200,00
Energia elétrica da fábrica	R$	800,00
Total	R$	41.800,00

Esse total é que vai constituir os CIFs.

Após termos apurado o custo do MD, da MOD e dos CIFs, podemos calcular o CP, em que:

$$CP = MD + MOD + CIF$$

CP = R$ 44.000,00 + R$ 50.000,00 + R$ 41.800,00

CP = R$ 135.800,00

Após o cálculo do CP, podemos calcular o CPA, em que:

$$CPA = EIPP + CP - EFPP$$

CPA = R$ 12.000,00 + R$ 135.800,00 – R$ 16.000,00

CPA = R$ 131.800,00

Após o cálculo do CPA, podemos calcular o CPV, em que:

$$CPV = EIPA + CPA - EFPA$$

CPV = R$ 12.000,00 + R$ 131.800,00 – R$ 10.000,00

CPV = R$ 133.800,00

Exemplo 2:

A Cia. Riachinho Ltda. apresentava os seguintes saldos no Balanço Patrimonial:

Inventário de matérias-primas	R$	10.000,00
Inventário de produtos em elaboração	R$	4.000,00
Inventário de produtos acabados	R$	20.000,00

No exercício social seguinte, verificou-se que a empresa realizou as seguintes transações econômicas:

Compras de matérias-primas	R$	50.000,00
Custo de MOI	R$	30.000,00
MOI da fábrica	R$	6.000,00
Materiais indiretos de fabricação	R$	11.000,00
Depreciação dos equipamentos da fábrica	R$	2.000,00
Depreciação dos veículos das lojas	R$	3.000,00
Despesa com créditos de liquidação duvidosa	R$	1.000,00

No final do exercício social, a empresa efetuou a avaliação dos saldos existentes nos estoques, obtendo a seguinte informação:

Inventário de matérias-primas	R$	7.000,00
Inventário de produtos em elaboração		zero
Inventário de produtos acabados	R$	6.000,00

Calcule o valor do CPV a ser apresentado na demonstração do resultado.

Solução:

MD = estoque inicial + compra líquida – estoque final

MD = R$ 10.000,00 + R$ 50.000,00 – R$ 7.000,00

MD = R$ 53.000,00

MOD = R$ 30.000,00

CIF = R$ 6.000,00 + R$ 11.000,00 + R$ 2.000,00

CIF = R$ 19.000,00

CP = MD + MOD + CIF

CP = R$ 53.000,00 + R$ 30.000,00 + R$ 19.000,00

CP = R$ 102.000,00

CPA = EIPP + CP – Estoque final de Produto em Processo

CPA = R$ 4.000,00 + R$ 102.000,00 – 0

CPA = 106.000,00

CPV = EIPA + CPA – estoque final da produção acabada

CPV = R$ 20.000,00 + R$ 106.000,00 – R$ 6.000,00

CPV = R$ 120.000,00

Apuração do Custo de Produção

	CONCEITOS
Custo da produção do período	Soma dos custos incorridos no período dentro da fábrica
Custo da produção acabada	Soma dos custos contidos na produção acabada do período. Pode conter custo de produção também de períodos anteriores existentes em unidades que só foram completadas no presente período
Custo dos produtos vendidos	Soma dos custos incorridos na produção dos bens e serviços que só agora estão sendo vendidos. Pode conter custos de produção de diversos períodos, caso os itens vendidos tenham sido produzidos em diversas épocas diferentes

4.3 Caso prático

A Indústria Ituiutaba Ltda. fabrica 5.000 unidades mensais do produto X e apresenta os seguintes custos unitários para essa produção: custos variáveis = R$ 18,00; custos fixos = R$ 10,00; custo total = R$ 28,00. O preço de venda unitário é de R$ 35,00.

No início de março, a empresa recebeu de um cliente no exterior um pedido de 1.000 unidades desse produto. No entanto, sua capacidade ociosa é de 800 unidades. Para atender a esse pedido, a companhia teria que reduzir temporariamente para 4.800 unidades as vendas no mercado interno, o que não a comprometeria futuramente. O preço de venda que o cliente está disposto a pagar por esse pedido é de R$ 25,00 a unidade.

Caso a empresa aceite o pedido, determine o lucro do mês.

Solução:

Produção: 5.000 unidades/mês

Custo variável total = R$ 18,00 × 5.000 unidades = R$ 90.000,00

Custo fixo total = R$ 10,00 × 5.000 unidades = R$ 50.000,00

Custo unitário total = custo variável + custo fixo

CT = R$ 18,00 + R$ 10,00

CT = R$ 28,00

Preço de venda = R$ 35,00/unidade no mercado interno

Em março: pedido do exterior de 1.000 unidades ao preço de R$ 25,00/unidade

A capacidade ociosa é de 800 unidades.

Capacidade total de produção = 5.000 unidades + 800 unidades (capacidade ociosa)

Capacidade total de produção = 5.800 unidades

Custo variável para a produção de mais 1.000 unidades

R$ 90.000,00 – 5.000 unidades

x – 5.800 unidades

x = R$ 522.000.000,00 / 5.000 unidades = R$ 104.400,00

Custo para produzir 5.800 unidades

Custo total = custo fixo + custo variável

CT = R$ 50.000,00 + R$ 104.400,00

CT = R$ 154.400,00

Cálculo da receita total

Receita de vendas	
4.800 unidades × R$ 35,00 =	R$ 168.000,00
1.000 unidades × R$ 25,00 =	R$ 25.000,00
Receita bruta de vendas =	R$ 193.000,00

CPV = R$ 140.000,00

DRE

Receita bruta de vendas	R$ 193.000,00
(–) Custo de produtos vendidos	R$ 154.400,00
Lucro bruto	**R$ 38.600,00**

Obs.: Caso não aceite o pedido do mercado externo.

Cálculo da receita total

Receita de vendas

5.000 unidades × R$ 35,00 = R$ 175.000,00

DRE

Receita bruta de vendas	R$	175.000,00
(–) Custo de produtos vendidos	R$	140.000,00
Lucro bruto	**R$**	**35.000,00**

4.4 Contabilização

A apuração do CPV no caso da Empresa Altamira S.A. foi feita matematicamente, mas estamos falando em Contabilidade de Custos, por isso temos que contabilizar todas as etapas da apuração do CPV.

Vejamos a seguir o esquema básico da contabilização dos custos:

CP		EPP		EPA		CPV
MD	xxx (a)	(a) xxx	xxx (b)	(b) xxx	xxx (c)	(c) xxx
MOD						
CIF						
xxx						

a) EPP a CP (MD + MOD + CIF)

Uma vez iniciada a produção, à medida que os elementos de custos vão sendo utilizados, eles são transferidos para uma conta chamada EPP. Esses lançamentos geralmente são feitos em partidas mensais.

b) EPA a EPP

À medida que os produtos vão sendo concluídos, esses elementos de custos são transferidos para a conta EPA.

c) CPV a EPA

Quando os produtos são vendidos, os elementos de custos são transferidos para a conta CPV.

Estoque de matérias-primas

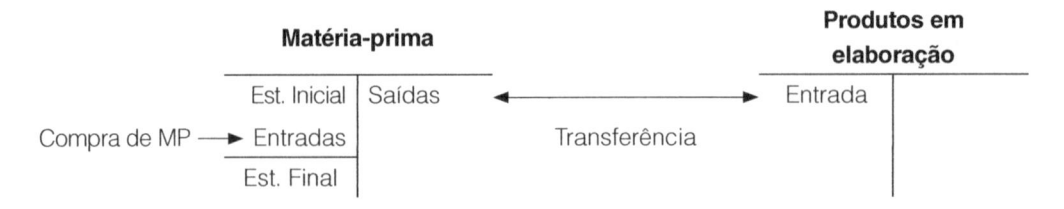

Estoque de produto em elaboração

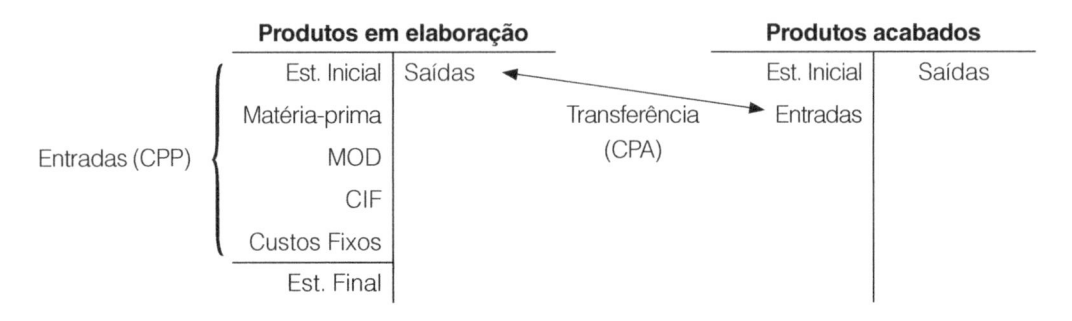

Estoque de produtos acabados

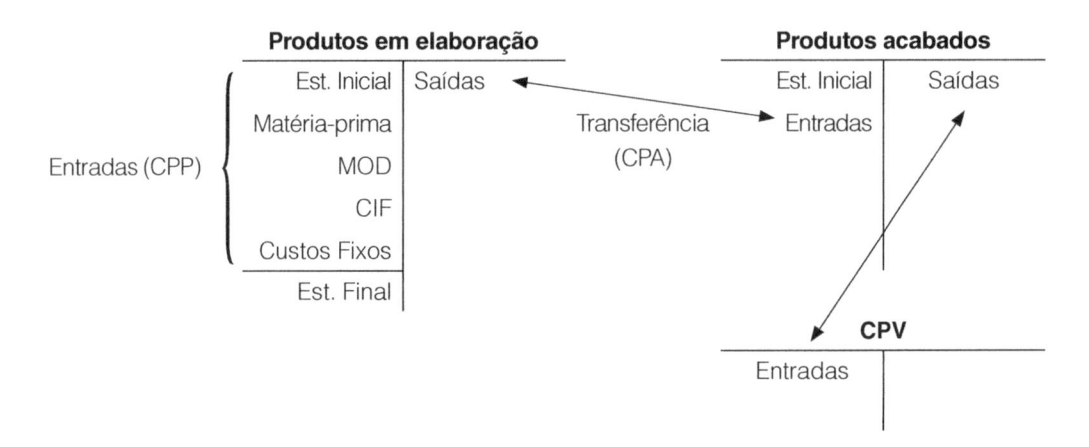

Exemplo 1:

Usando como exemplo os dados da Cia. Riachinho Ltda., vamos fazer a contabilização da apuração do CPV.

1. Estoque de matéria-prima	R$	40.000,00
a compras	R$	40.000,00

Pela transferência das compras do período para o estoque de matéria-prima.

2.	EPP	R$	44.000,00
	a estoque de matéria-prima	R$	44.000,00

Pela colocação das matérias-primas no processo produtivo.

3.	EPP	R$	50.000,00
	a MOD	R$	50.000,00

Pela apropriação da MOD aos produtos em processo.

4.	EPP	R$	41.800,00
	a MOI	R$	37.000,00
	a depreciação de equipamentos	R$	1.800,00
	a seguros da fábrica	R$	200,00
	a energia elétrica da fábrica	R$	800,00
	a materiais indiretos na fabricação	R$	2.000,00

Pela apropriação dos custos indiretos de fabricação aos produtos.

5.	EPA	R$	131.800,00
	a EPP	R$	131.800,00

Contabilização da transferência dos produtos completados na linha de produção e transferidos para o EPA.

6.	CPV	R$	133.800,00
	a EPA	R$	133.800,00

Pela venda de produtos acabados.

7.	Receita de vendas	R$	180.000,00
	a resultado	R$	180.000,00

Encerramento da conta de receita para a apuração de resultado.

8.	Resultado	R$	144.200,00
	a despesas salários dos vendedores	R$	6.000,00
	a salários administrativos	R$	4.000,00
	a depreciação de móveis e utensílios	R$	400,00
	a CPV	R$	133.800,00

Pela transferência das despesas para apuração do resultado.

Lançamentos para o Razão:

Estoque matéria-prima		Estoque produto processo		Estoque produtos acabados	
EI 20.000	44.000 (2)	EI 12.000	131.800 (5)	EI 12.000	133.800 (6)
(1) 40.000		(2) 44.000		(5) 131.800	
		(3) 50.000			
		(4) 41.800			
60.000	44.000	147.800	131.800	143.800	133.800
EF 16.000		EF 16.000		EF 10.000	

CPV		MOD		Salário dos vendedores	
(6) 133.800	133.800 (8)	50.000	50.000 (3)	6.000	6.000 (8)

Salário dos Administradores		Depreciação Equipamentos		MOI	
4.000	4.000 (8)	1.800	1.800 (4)	37.000	37.000 (4)

Depreciação móveis e utensílios		Seguros fábrica		Energia elétrica fábrica	
400	400 (8)	200	200 (4)	800	800 (4)

Compras		Material consumido fábrica		Receita de vendas	
40.000	40.000 (1)	2.000	2.000 (4)	(7) 180.000	180.000

Resultado	
(8) 144.200	180.000 (7)
	35.800

Com as informações anteriores, podemos elaborar a Demonstração do Resultado do Exercício (DRE).

DRE

	Receitas de vendas	180.000,00
(–)	CPV	(133.800,00)
	Lucro bruto	46.200,00
(–)	Despesas operacionais	
	Salários dos vendedores	(6.000,00)
	Salários administrativos	(4.000,00)
	Depreciação de móveis e utensílios	(400,00)
	Lucro operacional	35.800,00

Observação:

Os custos podem ser agrupados em contas próprias, e, depois, os valores podem ser transferidos para produtos em processo.

No exemplo visto, poderíamos registrar o custo da matéria-prima consumida da seguinte forma:

a) CP

Material Direto (MD)

a estoque de matéria-prima   R$ 44.000,00

Requisição de matéria-prima pela fábrica

b) Estoque dos produtos em processo

a Material Direto (MD)   R$ 44.000,00

Apropriação da matéria-prima aos produtos em processo

Exemplo 3:

A Empresa Caxambu Industrial Ltda. realizou, em dezembro, as seguintes operações:

Data	Operação	Valor (R$)
1º/dez.	Compra de matéria-prima	200.000,00
5/dez.	Pagamento dos salários da MOD	60.000,00
8/dez.	Pagamento da conta de energia elétrica	8.000,00
15/dez.	Pagamento de manutenção de equipamentos	12.000,00
18/dez.	Pagamento do aluguel da fábrica	95.000,00

20/dez.	Compra de matéria-prima	350.000,00
22/dez.	Pagamento de encargos sociais da MOD	36.000,00
23/dez.	Compra de matéria-prima	430.000,00
26/dez.	Pagamento de serviços relacionados à fábrica	5.000,00
30/dez.	Venda de produtos	1.800.000,00

A posição de estoques no mês está apresentada no quadro a seguir.

Estoques	Saldo inicial (R$)	Saldo final (R$)
Matérias-primas	200.000,00	160.000,00
Produtos em fabricação	150.000,00	100.000,00
Produtos acabados	180.000,00	80.000,00

Com base nas informações, qual será, em reais, o custo dos produtos vendidos e qual será o resultado das operações, respectivamente? Considere os valores de compras e vendas sem contemplar a questão da incidência de impostos e contribuições.

Solução:

Compra de matéria-prima

1º/dez.		R$	200.000,00
20/dez.		R$	350.000,00
23/dez.		R$	430.000,00
Total		**R$**	**980.000,00**

MOD

5/dez.	Salários	R$	60.000,00
22/dez.	Encargos	R$	36.000,00
Total		**R$**	**96.000,00**

CIF

8/dez.	Energia	R$	8.000,00
15/dez.	Manutenção	R$	12.000,00
18/dez.	Aluguel	R$	95.000,00
26/dez.	Serviços	R$	5.000,00
Total		**R$**	**120.000,00**

MD = EI + CL – EF

MD = R$ 200.000,00 + R$ 980.000,00 – R$ 160.000,00

MD = R$ 1.020.000,00

CP = MD + MOD + CIF

CP = R$ 1.020.000,00 + R$ 96.000,00 + R$ 120.000,00

CP = R$ 1.236.000,00

CPA = EIPP + CP – EFPP

CPA = R$ 150.000,00 + R$ 1.236.000,00 – R$ 100.000,00

CPA = R$ 1.286.000,00

CPV = EIPA + CPA – EFPA

CPV = R$ 180.000,00 + R$ 1.286.000,00 – R$ 80.000,00

CPV = R$ 1.386.000,00

Resultado = vendas – CPV

Resultado = R$ 1.800.000,00 – R$ 1.386.000,00

Resultado = R$ 414.000,00

4.5 Custo dos Serviços Prestados (CSP)

A origem da Contabilidade de Custos é a indústria. Os serviços são intangíveis, portanto mais difíceis de se mensurar. As empresas de serviços são muito relevantes para a sociedade, principalmente na atualidade. Observa-se que toda sociedade tem serviços prestados agregados, ainda que seja uma indústria ou comércio.

Considere que uma empresa de consultoria execute atualmente os projetos A, B e C, em que uma equipe formada por secretárias atue de forma compartilhada, e os consultores, por sua vez, sejam alocados exclusivamente em cada projeto. Nessa situação, em relação aos projetos, os salários das secretárias são custos indiretos e os salários dos consultores são custos diretos, segundo a legislação fiscal.

Na determinação dos custos e na precificação para empresas de serviços, o ideal é sempre identificar os custos e os elementos que impactam a formação do preço de venda dos serviços a serem prestados. Não é fácil encontrar material e entender aspectos que abordem custos voltados a serviços, em função da subjetividade e dos diferentes níveis de qualidade dos prestadores de serviços, consoante a legislação.

Exemplo:

Uma sociedade empresária prestadora de serviços apresentou os seguintes dados no mês de julho:

Vendas de serviços	R$	250.000,00
Despesas financeiras	R$	8.200,00
Custo de mão de obra	R$	65.000,00
Baixa por perda de bens do imobilizado	R$	25.000,00
Depreciação do equipamento utilizado na prestação do serviço	R$	4.000,00
Impostos sobre serviços	R$	12.500,00
Custo do material aplicado	R$	45.000,00

De acordo com os dados fornecidos acima, determine o valor do custo dos serviços prestados.

Solução:

CUSTO DOS SERVIÇOS PRESTADOS (CSP)

Custo de mão de obra	R$	65.000,00
Depreciação equipamento utilizado na prestação do serviço	R$	4.000,00
Custo do material aplicado	R$	45.000,00
Total	**R$**	**114.000,00**

4.6 Custos com MOD

MOD é aquela relativa ao pessoal que trabalha diretamente sobre o produto ou serviço em elaboração, desde que sejam possíveis a mensuração do tempo despendido e a identificação de quem executou o trabalho sem que haja necessidade de qualquer apropriação indireta ou rateio. É a mão de obra empregada diretamente na produção.

Integram o custo de MOD os salários e encargos sociais.

Os gastos com pessoal da área de produção da empresa industrial, envolvendo salários, encargos sociais, refeições e estadias, compreendem a mão de obra, que é o elemento básico do custo industrial (LUZ; ROCCHI, 1998).

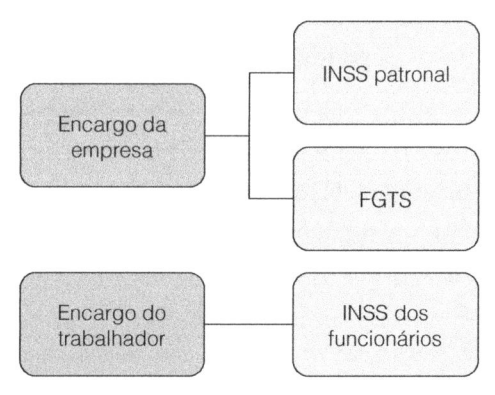

Figura 4.3 Custos com MOD.

Fonte: Legislação Trabalhista.

4.6.1 Diferença entre MOD e MOI

Se um operário opera uma máquina na qual é produzido um tipo de produto de cada vez, esse operário será considerado MOD.

Suponhamos um operário que opera uma máquina que fabrica vários produtos. Se conseguirmos medir o tempo de produção de cada produto por meio de controles, teremos a MOD; se tivermos que utilizar qualquer critério de rateio para apropriar a mão de obra aos produtos, teremos a MOI.

No caso de ociosidade normal, devemos considerá-la como MOI. Exemplo:

Se um empregado é contratado por um salário de R$ 81,00 por hora, pela legislação brasileira ele tem que receber, embora seja horista, um salário mensal equivalente a 220 horas. Suponhamos que ele trabalhe na produção 190 horas por mês e fique 30 horas parado por defeito no equipamento ou que nessas 30 horas tenha ajudado na manutenção elétrica da fábrica. A folha de pagamento discriminará um salário mensal para ele de R$ 17.820 (220 h × R$ 81,00), mas para a Contabilidade de Custos esses R$ 17.820 estarão divididos em R$ 15.390 de MOD (190 h × R$ 81,00) e R$ 2.430 de MOI (30 h × R$ 81,00).

4.7 Custo dos encargos sociais

Os encargos sociais poderão apresentar custos diferentes entre as empresas em função de diversos fatores, como, por exemplo:

- direitos garantidos por acordos ou convenções coletivas de trabalho;
- benefícios sociais;
- rotatividade de pessoal (*turnover*).

Em função dessas variações, cada empresa deverá apurar seus encargos sociais.

Uma maneira prática de calcular o valor dos encargos sociais é verificar o gasto que cabe à empresa por ano e dividi-lo pelo número de horas que o empregado efetivamente se encontra à sua disposição.

Admitamos, por exemplo, que um empregado seja contratado por R$ 20,00 por hora. A jornada máxima de trabalho permitida pela legislação brasileira é de 220 horas mensais (sem considerar as horas extras). A jornada diária será:

220 h/30 d = 7, 3333 h/d, que equivale a 7 horas e 20 minutos por dia.

Assim, podemos estimar o número máximo de horas que um trabalhador pode oferecer à empresa:

Número total de dias por ano	=	365 d
(–) Repousos semanais remunerados	=	48 d
(–) Férias	=	30 d
(–) Feriados	=	12 d
(=) Número máximo de dias à disposição da empresa	=	275 d
(×) Jornada máxima diária (em horas)	=	7.3333 h
(=) Número máximo de horas à disposição por ano	=	2.016,7 h

A remuneração anual desse empregado será:

a)	Salários: 335 d × 7,3333 h × R$ 20,00	= R$	49.133,11
b)	Férias: 30 d × 7,3333 h × R$ 20,00	= R$	4.399,98
c)	Adicional de férias = 1/3	= R$	1.466,66
d)	13º salário = 220 h × R$ 20,00	= R$	4.400,00
	Total	= R$	59.399,75

Sobre esse total, a empresa é obrigada a recolher as seguintes contribuições sociais:

Previdência Social	20,0%
Serviços sociais (Sesi, Sesc ou Sest)	1,50%
Formação profissional (Senai, Senac ou Senat)	1,00%
Incra	0,20%
Salário-educação	2,50%
Seguro Acidente de Trabalho	2,00%
Sebrae	0,60%
Fundo de Garantia por Tempo de Serviço (FGTS)	8,00%
SUBTOTAL A	**35,80%**
Férias + 1/3	11,10%
13º salário	8,33%
Incidência do FGTS sobre 13º salário	0,66%
Incidência dos encargos sociais sobre 13º salário	2,31%
Incidência do FGTS sobre férias	0,88%
Incidência dos encargos sociais sobre férias	3,08%
SUBTOTAL	**26,36%**
TOTAL	**62,16%**

O custo total para a empresa será, então:

$$R\$ 59.399,75 \times 1.6216 = R\$ 96.322,63$$

E o custo-hora será:

$$R\$ 96.322,63 / 2.016,7\ h = R\$ 47,76$$

4.8 Outros gastos decorrentes da mão de obra

Inúmeros outros gastos são arcados pela empresa como decorrência da mão de obra, que utiliza: vestuário, alimentação, transporte, assistência médica, educação etc.

De modo geral, como esses gastos não guardam estreita relação com os valores dos salários pagos a cada empregado, devem ser considerados como CIF em vez de apropriados no custo da MOD.

4.9 O custo do emprego

Tributos que incidem sobre o salário dos trabalhadores no Brasil (horistas):

Tipos de despesa	% do salário
1. OBRIGAÇÕES SOCIAIS	
Previdência Social	20,00
FGTS	8,00
Salário-educação	2,50
Acidentes de trabalho (média)	2,00
Sesi/Sesc/Sest	1,50
Senai/Senac/Senat	1,00
Sebrae	0,60
Incra	0,20
Subtotal 1	**35,80**
2. TEMPO NÃO TRABALHADO I	
Repouso semanal	18,91
Férias	9,45
Abono de férias	3,64

Tipos de despesa	% do salário
Feriados	4,36
Aviso-prévio	1,32
Auxílio-enfermidade	0,55
Subtotal 2	**38,23**
3. TEMPO NÃO TRABALHADO II	
13º salário	10,91
Despesa de rescisão contratual	3,21
Subtotal 3	**14,12**
4. INCIDÊNCIAS CUMULATIVAS	
Incidência cumulativa (obrigações tempo não trabalhado)	13,68
Incidência do FGTS sobre 13º salário	0,93
Subtotal 4	**14,61**
TOTAL GERAL	**102,76**

Exemplo 1:

Um empregado com um salário de R$ 100 por hora.

A jornada diária é de 7,3333 h (44 h semanais: 6 dias).

Há um feriado no mês.

Salário: 30 d × 7,3333 h × R$ 100	R$	22.000
Provisão p/ férias: 0,09% (1 mês + 11 meses) s/ salário	R$	2.000
1/3 das férias	R$	667
Provisão 13º: 8,33% (1 mês + 12 meses) s/ salário	R$	1.833
(a) Subtotal	R$	26.500
Contribuições sociais: 35,8% s/ (a)	R$	9.487
Total	R$	35.987

Vamos apurar as horas trabalhadas:

Dias no mês	30
(–) Domingos	04
(–) Feriados	01

Dias trabalhados = 25 d × 7,3333 h = 183,33 h

Custo total por hora = R$ 35.987 / 183,33 = R$ 196,30

Para a empresa, o custo da mão de obra será de R$ 196,30 por hora. Para um empregado contratado por R$ 100, a empresa arcará com R$ 96,30 de encargos sociais, ou seja, 96,30% sobre o salário. Esses cálculos são válidos para a MOD e para a MOI.

Exemplo 2:

A Empresa Alternativa Ltda. mandou elaborar a folha de pagamento do mês de outubro com os seguintes dados:

Salários e ordenados	R$ 21.000,00
Horas extras trabalhadas	R$ 2.000,00
Imposto de Renda retido na fonte	R$ 2.500,00
Contribuição para o INSS, parte dos empregados	11%
Contribuição para o INSS, parte patronal	20%
Depósito para o FGTS	8%

Com base nos dados e informações fornecidos, calcule as despesas totais dessa folha de pagamento.

Solução:

Salários e ordenados	R$ 21.000,00
Horas extras	R$ 2.000,00
INSS patronal	R$ 4.600,00
Depósito do FGTS	R$ 1.840,00
Total das despesas	R$ 29.440,00

Considerações finais

APURAÇÃO DO CPV

1) Estoque Inicial de Materiais Diretos (EIMD)

2) (+) Compras de materiais diretos

3) (−) Estoque Final de Materiais Diretos (EFMD)

4) (=) **Materiais Diretos consumidos (MD)**

5) (+) MOD

6) (+) CIF

7) (=) **Custo de produção do período (CPP)**

$$CPP = MD + MOD + CIF$$

8) (+) Estoque Inicial de Produtos em Elaboração (EIPE)

9) (–) Estoque final de Produtos em Elaboração (EFPE)

10) (=) **CPA do período**

11) (+) Estoque Inicial de Produtos Acabados (EIPA)

12) (–) Estoque Final de Produtos Acabados (EFPA)

13) (=) **CPV**

Exemplo:

A Indústria Bauru Ltda. apresentou, no mês de fevereiro, os seguintes custos de produção:

Matéria-prima R$ 83.500,00

MOD R$ 66.800,00

CIF R$ 41.750,00

Os saldos dos estoques de produtos em elaboração eram:

Inicial R$ 25.050,00

Final R$ 33.400,00

O CPV, no mês de fevereiro, foi de R$ 133.600,00 e não havia EPA em 31 de janeiro de 2016.

Com base nos dados acima, determine o saldo de EPA em 28 de fevereiro.

Solução:

CPA

CPA = EIPE + MP + MOD + CIF – EFPE

CPA = R$ 25.050,00 + R$ 83.500,00 + R$ 66.800,00 + R$ 41.750,00 – R$ 33.400,00

CPA = R$ 183.700,00

Custo dos Produtos Vendidos

CPV = EIPA + CPA – EFPA

Isolando a única incógnita, ou seja, o EFPA, temos:

EFPA = EIPA + CPA – CPV

Logo,

EFPA = 0 + R$ 183.700,00 – R$ 133.600,00

EFPA = R$ 50.100,00

Questões de múltipla escolha

1) A Indústria Martinópolis Ltda. está passando por um período de sazonalidade e, em vista disso, está havendo certa ociosidade em seu departamento de produção. Devido a esse fato, parte do pessoal da produção foi designada para realizar um trabalho de manutenção e reparos no escritório central da indústria, que fica em outro prédio. Essa tarefa deve durar cerca de 10 dias úteis.

    Na Contabilidade da Martinópolis, os gastos com a mão de obra do pessoal de produção, no período em que estiverem trabalhando na manutenção do escritório central, deverão ser:

    (A) tratados como apontamento da mão de obra e dos materiais gastos nessa operação, sendo o montante obtido tratado como despesa do período;

    (B) tratados como custos de produção, independentemente de ser ou não período ocioso, pelo fato de ter sido usado pessoal da produção;

    (C) alocados aos custos indiretos fixos e rateados a todos os produtos, por se tratar de período ocioso;

    (D) alocados aos produtos em que o pessoal deslocado estava trabalhando antes de ser deslocado.

2) No processo industrial para obtenção do produto, a Empresa Anápolis Ltda. incide em diversos gastos, que recebem a denominação de:

(A) custos industriais, quando referentes às matérias-primas consumidas, à mão de obra empregada e aos gastos gerais de fabricação;

(B) custos gerais de fabricação, quando se relacionam a despesas com a distribuição dos produtos aos revendedores e representantes;

(C) custos com materiais diretos, quando são distribuídos entre todas as unidades produzidas;

(D) custos primários, quando referentes às matérias-primas, gastos gerais de fabricação e mão de obra;

(E) custos industriais, quando referentes às matérias-primas empregadas, à mão de obra direta e aos gastos gerais de fabricação e de venda.

3) As perdas normais, inerentes à tecnologia do processo de produção, são tratadas como:

(A) custo dos produtos elaborados;

(B) despesas do período seguinte;

(C) despesas do período;

(D) redução no custo de produção;

(E) despesas diferidas.

4) O valor do estoque final de produtos acabados e não vendidos no levantamento do balanço de uma empresa industrial é obtido, pelo Departamento de Custos, por meio da fórmula:

(A) custo da produção do período (+) estoque inicial de produtos acabados (–) estoque final de produtos em elaboração;

(B) custo dos produtos vendidos (–) estoque inicial de produtos acabados (+) CPA no período;

(C) custo dos produtos vendidos (+) estoque inicial de produtos em elaboração (–) estoque final de produtos em elaboração;

(D) CPA no período (+) estoque inicial de produtos acabados (–) estoque final de produtos em elaboração;

(E) CPA no período (+) estoque inicial de produtos acabados (–) custo dos produtos vendidos.

5) Dados extraídos da Contabilidade de Custos da Cia. Industrial Timbó Ltda., em março:

Itens	Valores (R$)
Matéria-prima consumida	100.000,00
MOD	60.000,00
Energia elétrica da fábrica	20.000,00
Salários da administração	30.000,00
Depreciação de máquinas da fábrica	10.000,00
Despesas financeiras	40.000,00
Estoque final de matéria-prima	10.000,00

Considerando exclusivamente as informações acima, o custo de produção do período foi de:

(A) R$ 160.000,00.

(B) R$ 180.000,00.

(C) R$ 190.000,00.

(D) R$ 210.000,00.

6) No primeiro mês de funcionamento da Cia. Industrial Jacutinga Ltda., constituída com um capital social de R$ 300.000,00 em dinheiro, foram realizadas as operações discriminadas a seguir.

Compra de 20.000 unidades de matéria-prima a prazo, a R$ 2,00 a unidade

Requisição da fábrica de 18.000 unidades de matéria-prima

Despesa com pessoal (a pagar) de R$ 40.000,00, sendo 50% MOD e o restante despesa do escritório

CIF – R$ 16.000,00

Despesas administrativas – R$ 6.000,00

Despesas com vendas – R$ 3.000,00

Venda a prazo de 15.000 das 18.000 unidades terminadas no período, a R$ 8,00 a unidade

Considerando exclusivamente as informações acima, o custo dos produtos vendidos no primeiro mês de operações da Cia. Industrial Jacutinga Ltda. foi de:

(A) R$ 72.000,00.

(B) R$ 60.000,00.

(C) R$ 56.000,00.

(D) R$ 40.000,00.

7) Determinado produto é vendido por R$ 10,00. O custo variável unitário é R$ 6,00 e os custos fixos totais são de R$ 60.000,00. O volume vendido é de 40.000 unidades. Se um desconto no preço unitário de 20% fosse praticado e o volume aumentasse para 80.000 unidades, qual seria a variação do resultado da empresa?

(A) O resultado seria o mesmo.

(B) Aumento do resultado de R$ 20.000,00.

(C) Aumento do resultado de R$ 40.000,00.

(D) Redução do resultado de R$ 20.000,00.

8) A Empresa Santos Ltda. apresentou, em certo período, os seguintes valores:

Matéria-prima	R$ 2.500,00
MOD	R$ 1.200,00
Aluguel da fábrica	R$ 800,00

Os totais dos custos diretos e dos CIFs dessa empresa são, respectivamente:

(A) R$ 3.700,00 e R$ 800,00.

(B) R$ 3.300,00 e R$ 1.200,00.

(C) R$ 2.500,00 e R$ 2.000,00.

(D) R$ 2.000,00 e R$ 2.500,00.

9) Dados extraídos da Contabilidade de Custos da Cia. Paulista Ltda., em abril:

Inventário inicial de matéria-prima	R$ 0
Compra de matéria-prima	R$ 35.000,00
MOD aplicada no processo produtivo	R$ 65.000,00
Inventário final de matéria-prima	R$ 5.000,00
CIFs aplicados	R$ 45.000,00
Inventário inicial de produtos em processo	R$ 15.000,00
Inventário final de produtos em processo	R$ 0
Inventário inicial de produtos acabados	R$ 10.000,00
Custo dos Produtos Vendidos no período (CPV)	R$ 150.000,00

Considerando exclusivamente as informações anteriores, o EFPA, em reais, é de:

(A) 10.000,00.

(B) 15.000,00.

(C) 20.000,00.

(D) 25.000,00.

10) A Empresa Lisboa S.A. de componentes eletrônicos apresentou, no mês de novembro, as seguintes informações em seu relatório de custo:

Custo de produção do período	R$ 168.000,00
EIPP	R$ 192.000,00
EFPP	R$ 77.200,00

O CPA do mês é de:

(A) R$ 101.200,00.

(B) R$ 168.000,00.

(C) R$ 282.800,00.

(D) R$ 437.200,00.

11) A Empresa Industrial Sorocaba Ltda., no mês de julho, utilizou em seu processo produtivo o valor de R$ 25.000,00 de matéria-prima; R$ 20.000,00 de MOD; e R$ 15.000,00 de gastos gerais de fabricação.

O saldo dos EPEs, em 30 de junho, era no valor de R$ 7.500,00 e, em 31 de julho, de R$ 10.000,00.

O CPV, no mês de julho, foi de R$ 40.000,00 e não havia EPA em 30 de junho.

Com base nas informações, assinale a opção que apresenta o saldo final dos EPAs em 31 de julho.

(A) R$ 17.500,00.

(B) R$ 20.000,00.

(C) R$ 57.500,00.

(D) R$ 60.000,00.

12) A Sociedade Empresária Caldeirão Ltda. apresentou seu balancete de verificação do primeiro semestre, do qual extraiu os saldos a seguir.

Abatimentos concedidos sobre vendas de mercadorias	R$	600,00
Descontos incondicionais obtidos sobre compras de mercadorias	R$	300,00
Compras brutas de mercadorias	R$	9.000,00
Impostos recuperáveis sobre compras de mercadorias	R$	2.100,00
Devolução de compras de mercadorias	R$	900,00
Estoque de mercadorias em 1º de janeiro	R$	3.000,00
Estoque de mercadorias em 30 de junho	R$	1.200,00
Fornecedores	R$	9.300,00
Receita com vendas de mercadorias	R$	36.000,00
Vendas canceladas do período	R$	1.200,00

Com base nos saldos informados, o CMV em 30 de junho é de:

(A) R$ 9.600,00.

(B) R$ 8.400,00.

(C) R$ 7.800,00.

(D) R$ 7.500,00.

13) A Cia. Construtora é uma empresa industrial e produz um único produto. Durante o mês de setembro, incorreu nos seguintes gastos:

Mão de obra direta	R$	32.000,00
Energia elétrica (consumida na fábrica)	R$	5.000,00
Aluguel da área onde funciona a administração geral da empresa	R$	16.000,00
Salário da supervisão da fábrica	R$	14.000,00
Compra de matéria-prima	R$	65.000,00
Comissões de vendedores	R$	9.000,00
Depreciação das máquinas e equipamentos utilizados no processo fabril	R$	15.000,00

Sabendo-se que o estoque inicial de produtos em processo era de R$ 23.000,00; o estoque final de produtos em processo, R$ 11.000,00; o estoque inicial de matéria-prima, R$ 12.000,00; e o estoque final de matéria-prima, R$ 7.000,00, o custo da produção acabada em setembro, utilizando o custeio por absorção, foi:

(A) R$ 156.000,00.

(B) R$ 148.000,00.

(C) R$ 131.000,00.

(D) R$ 78.000,00.

(E) R$ 143.000,00.

14) Considere três empresas industriais e os dados relativos a seus custos e estoques de determinado período.

Item	Empresa A	Empresa B	Empresa C
EIPP		50.000,00	17.000,00
EIPA	40.000,00	100.000,00	10.000,00
EFPP	20.000,00	100.000,00	5.000,00
EFPA	30.000,00	200.000,00	
CP	270.000,00	2.000.000,00	140.000,00
CPV	290.000,00		150.000,00

Em relação às três empresas, assinale a alternativa que representa a sequência **CORRETA** dos valores faltantes.

(A) R$ 30.000,00 / R$ 1.850.000,00 / R$ 12.000,00.

(B) R$ 10.000,00 / R$ 2.150.000,00 / R$ 32.000,00.

(C) R$ 30.000,00 / R$ 2.150.000,00 / R$ 10.000,00.

(D) R$ 20.000,00 / R$ 1.850.000,00 / R$ 10.000,00.

15) A Companhia Industrial São Michel Ltda. apresentou as seguintes informações com relação à produção de um produto:

Itens	Valor (R$)
Compra de matéria-prima	500.000,00
Custo dos produtos acabados no período	400.000,00
CIF do produto	30.000,00
Devolução de matéria-prima comprada	40.000,00
Estoque inicial de matéria-prima	60.000,00
MOD do período, utilizada no produto	100.000,00

Considerando-se exclusivamente as informações recebidas e os fundamentos técnico-conceituais de custos, o valor do estoque final de produtos em elaboração (produção), no encerramento do período produtivo informado, é:

(A) R$ 100.000,00.

(B) R$ 200.000,00.

(C) R$ 250.000,00.

(D) R$ 260.000,00.

(E) R$ 400.000,00.

16) A Empresa Industrial Jaú Ltda. aplicou no processo produtivo, no mês de agosto, R$ 50.000,00 de matéria-prima, R$ 40.000,00 de MOD e R$ 30.000,00 de gastos gerais de fabricação. O saldo dos EIPE, em 31 de julho, era de R$ 15.000,00 e, em 31 de agosto, era de R$ 20.000,00.

O CPV, no mês de agosto, foi de R$ 80.000,00, e não havia EIPA em 31 de julho. Com base nas informações, assinale a opção que apresenta o saldo final, em 31 de agosto, dos EFPA.

(A) R$ 35.000,00.

(B) R$ 55.000,00.

(C) R$ 120.000,00.

(D) R$ 135.000,00.

17) A Empresa Curitiba Ltda. fabrica e vende os produtos A e B. Durante o mês de fevereiro, o Departamento Fabril reportou para a Contabilidade o seguinte relatório da produção:

Itens de custo	Produto A	Produto B	Valor total
Matéria-prima consumida	R$ 1.800,00	R$ 1.200,00	R$ 3.000,00
MOD	R$ 1.000,00	R$ 1.000,00	R$ 2.000,00
Unidades produzidas no período	4.000	12.000	16.000
CIF			R$ 10.000,00

No referido mês, não havia saldos iniciais e finais de produtos em elaboração. A empresa utiliza, como base de rateio dos CIFs, o valor da matéria-prima consumida para cada produto.

Com base nos dados anteriores, é **CORRETO** afirmar que o custo total do Produto A, no mês, é de:

(A) R$ 8.800,00.

(B) R$ 8.400,00.

(C) R$ 7.800,00.

(D) R$ 5.300,00.

18) A Indústria Jacarezinho Ltda. produz apenas um produto e incorreu nos seguintes gastos durante o mês de fevereiro:

MOD	R$ 99.000,00
Salário da supervisão da fábrica	R$ 22.500,00
Salário da administração geral da empresa	R$ 31.500,00
Comissões dos vendedores	R$ 18.000,00
Outros custos de fabricação	R$ 36.000,00
Compra de matéria-prima (líquida dos tributos recuperáveis)	R$ 45.000,00

Saldos em fevereiro

EIPP	R$ 54.000,00
EFPP	R$ 9.000,00
Estoque inicial de matéria-prima	R$ 13.500,00
Estoque final de matéria-prima	R$ 31.500,00

O CPA, em fevereiro, é de:

(A) R$ 184.500,00.

(B) R$ 202.500,00.

(C) R$ 211.500,00.

(D) R$ 229.500,00.

19) A Sociedade Industrial Abadia Ltda. fabrica e vende um único produto. No mês de janeiro, foram apresentados os seguintes dados:

Estoque inicial de produto em elaboração	R$ 0,00
Compra de matéria-prima no período	R$ 20.000,00
Consumo de matéria-prima no período	R$ 12.000,00

Mão de obra utilizada na produção no período	R$ 8.000,00
Energia elétrica consumida na produção	R$ 1.000,00
Despesas administrativas do período	R$ 10.000,00
CPA no período	R$ 6.000,00

Considerando os dados apresentados, o saldo do EFPE, no final do mês, é de:

(A) R$ 15.000,00.

(B) R$ 25.000,00.

(C) R$ 27.000,00.

(D) R$ 35.000,00.

20) A Empresa Industrial Sorriso Ltda. apresentou os seguintes dados referentes a um mês de produção:

	Saldo Inicial	Saldo Final
Produtos em elaboração	R$ 320,00	R$ 560,00
Produtos acabados	R$ 930,00	R$ 330,00

Foram contabilizados no período os seguintes gastos:

Consumo de matérias-primas	R$ 1.980,00
MOD	R$ 890,00
Impostos sobre as vendas	R$ 200,00
Gastos gerais de fabricação	R$ 670,00

Com base nos dados fornecidos, é **CORRETO** afirmar que o valor apurado como CPV no período é de:

(A) R$ 3.300,00.

(B) R$ 3.540,00.

(C) R$ 3.740,00.

(D) R$ 3.900,00.

Exercícios propostos

1) A Indústria Chapecó Ltda., em determinado período, apresentou os seguintes dados:

Descrição	Valores
Compra de matéria-prima	R$ 15.600,00
Custos indiretos de produção	R$ 10.400,00
Despesas administrativas	R$ 2.600,00
Estoque final de matéria-prima	R$ 9.100,00
EFPP	R$ 6.500,00
Estoque inicial de matéria-prima	R$ 6.500,00
Estoque inicial de produtos acabados	R$ 7.800,00
EIPP	R$ 5.200,00
MOD	R$ 13.000,00

Considerando que o estoque final de produtos acabados é igual a 0, o CPP é de:

(A) R$ 33.800,00.

(B) R$ 35.100,00.

(C) R$ 36.400,00.

(D) R$ 42.900,00.

2) A Sociedade Industrial Marante Ltda. fabrica e vende um único produto. No mês de janeiro, foram apresentados os seguintes dados:

Estoque inicial de produto em elaboração	R$ 0,00
Compra de matéria-prima no período	R$ 20.000,00
Consumo de matéria-prima no período	R$ 12.000,00
Mão de obra utilizada na produção no período	R$ 8.000,00
Energia elétrica consumida na produção	R$ 1.000,00
Despesas administrativas do período	R$ 10.000,00
CPA no período	R$ 6.000,00

Considerando os dados apresentados, o saldo do EFPE, em 31 de janeiro, é de:

(A) R$ 15.000,00.

(B) R$ 25.000,00.

(C) R$ 27.000,00.

(D) R$ 35.000,00.

3) Baseado nos dados a seguir, apure o CPV e o Lucro Líquido do exercício:

Receita de vendas	200.000,00
MOD	15.000,00
MOI	10.000,00
Compras de matéria-prima	40.000,00
Energia elétrica fábrica	5.000,00
Outros custos indiretos	5.500,00
Comissão vendedores	10.000,00
Estoque final de matéria-prima	1.000,00
Estoque final de produtos prontos	5.000,00
Estoque final de produtos em processo	15.000,00
Estoque inicial de produtos prontos	10.000,00
Honorários da Diretoria	10.000,00
Depreciação equipamentos fábrica	10.000,00
EIPP	5.000,00
Salários administração	10.000,00

(A) CPV = R$ 90.500,00 e Lucro = R$ 79.500,00.

(B) CPV = R$ 109.500,00 e Lucro = R$ 120.500,00.

(C) CPV = R$ 120.500,00 e Lucro = R$ 109.500,00.

(D) CPV = R$ 79.500,00 e Lucro = R$ 90.500,00.

(E) CPV = R$ 130.000,00 e Lucro = R$ 45.000,00.

4) A Tecelagem Solange Ltda., indústria de blusas femininas, apurou os seguintes dados em determinado período:

Custo fixo unitário – R$ 15,00
Custo variável total – R$ 25.000,00
Quantidade produzida – 2.000 blusas

Qual é o custo de produção de uma blusa total?

(A) R$ 15,00.

(B) R$ 12,50.

(C) R$ 12,51.

(D) R$ 27,50.

(E) R$ 125,10.

5) A Sociedade Empresária Jarinu Ltda. apresentou, no mês de agosto, os seguintes saldos:

Contas	Inicial	Final
Estoque de matéria-prima	R$ 18.000,00	R$ 13.500,00
EPE	R$ 9.000,00	R$ 11.250,00
EPA	R$ 6.750,00	R$ 33.750,00

Informações adicionais:

Os custos de MOD foram de R$ 22.500,00.

- Os CIFs foram de R$ 27.000,00.
- Não foram feitas compras de matéria-prima no período.
- Não houve registros de perdas por redução ao valor realizado líquido ou de outras perdas em estoque.

O custo dos produtos vendidos no período foi de:

(A) R$ 20.250,00.

(B) R$ 24.750,00.

(C) R$ 49.500,00.

(D) R$ 58.500,00.

6) No sistema de custeio por ordem de serviço, há três tipos de custos a serem considerados: o de Mão de Obra Direta (MOD), o de Materiais Diretos (MD) e o Custo Indireto de Fabricação (CIF).

Considerando um CIF estimado de R$ 20.000,00, um custo por hora de MOD de R$ 5,00, um gasto com MD de R$ 80.000,00 para uma produção estimada de 20.000 unidades do produto Y e a necessidade de uma hora de trabalho para cada cinco unidades produzidas, o custo de fabricação do produto Y para:

(A) 4.000 unidades é de R$ 40.000,00.

(B) 5.000 unidades é de R$ 30.000,00.

(C) 6.000 unidades é de R$ 48.000,00.

(D) 7.000 unidades é de R$ 35.000,00.

(E) 8.000 unidades é de R$ 42.000,00.

Exercícios para avaliação

1) A Indústria Floriano Ltda. adquiriu matéria-prima para utilizar na fabricação de seus produtos no mês de agosto, exigindo entrega em domicílio, mesmo que onerosa A nota fiscal dessa compra espelhou os seguintes dados: quantidade: 500 unidades, preço unitário: R$ 8,00, IPI: 10%, ICMS: 17%, despesas acessórias/fretes: R$ 240,00.

Ainda no mês de agosto, a empresa utilizou 60% desse material na produção. Os fretes não sofreram tributação.

Com base nas informações fornecidas e sabendo-se que a empresa é contribuinte tanto do IPI como do ICMS, assinale o lançamento **CORRETO** para contabilizar a apropriação de matéria-prima ao produto (desconsiderar históricos).

(A) Produtos em processo R$ 1.896,00 a matéria-prima.
(B) Produtos acabados R$ 1.896,00 a matéria-prima.
(C) Produtos em processo R$ 2.376,00 a matéria-prima.
(D) Produtos em processo R$ 2.136,00 a matéria-prima.
(E) Produtos acabados R$ 2.136,00 a matéria-prima.

2) Dados extraídos, em reais, da contabilidade de custos da Cia. Polo Saupi Ltda., em abril de 2015.

Inventário inicial de matérias-primas	R$	0
Compra de matéria-prima	R$	35.000,00
Mão de obra direta aplicada no processo produtivo	R$	65.000,00
Inventário final de matérias-primas	R$	5.000,00
Custos indiretos de fabricação aplicados	R$	45.000,00
Inventário inicial de produtos em processo	R$	15.000,00
Inventário final de produtos em processo	R$	0
Inventário inicial de produtos acabados	R$	10.000,00
Custo dos Produtos Vendidos no período (CPV)	R$	150.000,00

Considerando exclusivamente as informações anteriores, o Estoque Final de Produtos Acabados, em reais, é:

(A) 10.000,00
(B) 15.000,00
(C) 20.000,00
(D) 25.000,00

3) Uma empresa de componentes eletrônicos, no mês de novembro de 2014, apresentou as seguintes informações em seu relatório de custo:

Custo de Produção do Período	R$ 168.000,00
Estoque inicial de produtos em processo	R$ 192.000,00
Estoque final de produtos em processo	R$ 77.200,00

O Custo da Produção Acabada do mês é de:

(A) R$ 101.200,00
(B) R$ 168.000,00
(C) R$ 282.800,00
(D) R$ 437.200,00

4) Uma empresa industrial, no mês de julho de 2014, utilizou, em seu processo produtivo, R$ 25.000,00 de matéria-prima, R$ 20.000,00 de mão de obra direta e R$ 15.000,00 de gastos gerais de fabricação.

O saldo dos Estoques de Produtos em Elaboração, em 30/06/2013, era no valor de R$ 7.500,00 e, em 31/07/2014, de R$ 10.000,00.

O Custo dos Produtos Vendidos, no mês de julho, foi de R$ 40.000,00, e não havia Estoque de Produtos Acabados em 30/06/2014.

Com base nas informações, assinale a opção que apresenta o saldo final dos Estoques de Produtos Acabados em 31/07/2014.

(A) R$ 17.500,00.
(B) R$ 20.000,00.
(C) R$ 57.500,00.
(D) R$ 60.000,00.

5) Uma fábrica de produção não deu prioridade às medidas de segurança contra incêndio exigidas pelo Corpo de Bombeiros. Assim, houve um incêndio, e o fogo destruiu parte da fábrica. Porém, certos registros contábeis, mantidos em outra repartição, revelaram o período de 1º de janeiro a 26 de fevereiro do mesmo ano do acidente:

Materiais diretos comprados	R$ 40.000,00
Materiais diretos 1º/01/2019	R$ 20.000,00
Custos indiretos de fabricação	R$ 27.000,00
Mão de obra direta	40% do custo de conversão
Custos primários utilizados no período	R$ 50.000,00

Para saber o custo histórico dos estoques para a estimativa de financiamento, considerando os dados fornecidos anteriormente, é correto afirmar que o valor do estoque de materiais diretos em 26 de fevereiro é de:

(A) R$ 10.000,00.

(B) R$ 18.000,00.

(C) R$ 28.000,00.

(D) R$ 33.000,00.

6) A Sociedade Empresária Itumbiara Ltda., prestadora de serviços, apresentou os seguintes dados no mês de julho:

Vendas de serviços	R$ 250.000,00
Despesas financeiras	R$ 8.200,00
Custo de mão de obra	R$ 65.000,00
Baixa por perda de bens do imobilizado	R$ 25.000,00
Depreciação de equipamento utilizado na prestação do serviço	R$ 4.000,00
Impostos sobre serviços	R$ 12.500,00
Custo do material aplicado	R$ 45.000,00

De acordo com os dados fornecidos, o valor do custo dos serviços prestados corresponde a:

(A) R$ 114.000,00.

(B) R$ 122.200,00.

(C) R$ 139.000,00.

(D) R$ 151.500,00.

Sistemas de acumulação de custos

5

- **Objetivos**
  - » Detalhar os principais sistemas de acumulação de custos quanto ao processo produtivo e ao modelo de gestão.
  - » Justificar que cada empresa adota um sistema próprio de apuração de custos porque este depende da complexidade de suas operações.
  - » Saber calcular os custos na produção por ordem ou encomenda e na produção contínua ou em série.
  - » Destacar e mostrar a utilização do processo de produção conjunta, identificando os coprodutos, subprodutos e sucatas.

5.1 Introdução

O sistema de acumulação de custos tem por objetivos a identificação, a coleta, o processamento, o armazenamento e a produção das informações para a gestão de custos. É a forma como os custos são acumulados e apropriados aos produtos.

O tipo de sistema de acumulação de custos a ser adotado pela empresa é totalmente dependente do produto ou do serviço produzido, bem como do processo de produção empregado. Representa o aspecto do registro ou de escrituração das informações relativas à gestão de custos, conforme Horngren (1986).

O fluxo básico de atividades de um sistema de Contabilidade de Custos ocorre na seguinte ordem: separação entre custos e despesas, apropriação dos custos diretos a cada produto, e rateio dos custos indiretos para alocação a cada produto.

5.2 Definição

Sistema de acumulação de custos é a forma como os custos são acumulados e apropriados aos produtos. É a maneira como os custos são repassados aos produtos fabricados.

Uma vez calculados os custos de cada centro de custo (produtivo ou auxiliar), é necessário transferir tais custos aos produtos. Então, o fato de a Contabilidade apurar os custos de cada centro não significa que sua tarefa está concluída, pois o objetivo da Contabilidade de Custos é valorar os estoques e também determinar o CPV (CREPALDI, S. A.; CRE-PALDI, G. S., 2017).

Assim, basicamente, o esquema de trabalho na apuração dos custos será:

- determinar os custos diretos e contabilizá-los aos respectivos centros;
- fazer o rateio dos custos indiretos e transferi-los aos centros de custos;
- transferir os custos assim determinados (incluindo os custos de MD) para os produtos.

Essa transferência será debitada à conta específica de EPE e creditada à conta de transferência de custos (no subgrupo das contas de centro de custos). Posteriormente, os produtos que forem concluídos serão transferidos para o EPA.

Então, para formar o valor do custo de cada produto, deve-se utilizar um critério específico e coerente (regular), de acordo com uma metodologia lógica, racional. Antes de decidir quanto ao sistema ou à modalidade de custeio a ser adotado, a empresa deverá escolher seu sistema de acumulação de custos, orientando-se estritamente pelo sistema produtivo da empresa.

Quando uma empresa trabalha por encomenda, diz-se que esta utiliza a filosofia do custeio por ordem; quando o processo industrial é realizado em série, sem intervalos (contínuo), o sistema é chamado de custeio por processo, que forma o custo por produto. Observando os conceitos trabalhados, pode-se dizer que o sistema de custeio por ordem é, intrinsecamente, um sistema baseado no processo, pois, para que haja a produção, é preciso haver um processo de realização (SANTOS, 1998).

Exemplo:

A Indústria Metalúrgica Pouso Alegre S.A. fabrica 10.000 unidades mensais de determinada peça, cujo custo está discriminado na tabela a seguir.

Custos	10.000 peças (R$)	Unitário (R$)
Materiais	50.000	5
Mão de obra direta	30.000	3
Custos indiretos variáveis	20.000	2
Custos fixos	100.000	10
Custo total	**200.000**	**20**

Essa empresa recebe uma proposta de comprar a peça diretamente de um fornecedor por R$ 11,00 cada; porém, nesse caso, incorreria nos seguintes custos adicionais:

- fretes de R$ 2,00 por unidade;
- mão de obra indireta adicional para recepção, inspeção e manuseio das peças de R$ 20.000,00 mensais.

Se parar de fabricar a peça, a empresa não conseguirá eliminar todos os custos atuais relacionados à fabricação do produto, restando ainda 40% dos custos fixos.

Caso a empresa deixe de fabricar a peça e passe a comprá-la do fornecedor, calcule seu custo unitário.

Solução:

Custo de aquisição = unidades × custo de terceiros

CT = 10.000 unidades × R$ 11,00

CT = R$ 110.000,00

MOI = R$ 20.000,00

Frete – 10.000 unidades × R$ 2,00 = R$ 20.000,00

Custos fixos = R$ 100.000,00 × 40% = R$ 40.000,00

Custo unitário = R$ 110.000,00 + R$ 20.000,00 + R$ 20.000,00 + R$ 40.000,00/ 10.000 unidades

Custo unitário = R$ 19,00

5.3 Tipos de sistemas de acumulação de custos

Existem dois sistemas básicos de acumulação de custos e o que determina qual deles vai ser usado é o processo produtivo da empresa. Muitas empresas combinam os dois sistemas de acumulação de custos que serão apresentados a seguir.

- **Produção por ordem ou encomenda**: quando a empresa fabrica produtos diferentes, em pequenas quantidades, geralmente atendendo a encomendas (pedidos específicos) dos clientes. Caracteriza-se pela fabricação descontínua de produtos não padronizados.

Ocorre quando a empresa produz **atendendo a encomendas dos clientes** ou, então, produz também para venda posterior, mas de acordo com determinações internas especiais, não de forma contínua.

Exemplo: indústrias pesadas, fabricantes de equipamentos especiais, algumas indústrias de móveis, empresas de construção civil, gráficas (quando produz especificamente para determinado cliente).

O sistema de ordem de produção é mais adequado quando a firma tem um processo produtivo não repetitivo e no qual cada produto ou grupo de produtos é mais ou menos diferente entre si.

Os custos diretos de mão de obra e materiais gastos em determinada ordem são alocados com base em registros mantidos para esse propósito. Os custos indiretos – aluguel, seguro, eletricidade etc. – são usualmente aplicados às ordens por taxas predeterminadas, tendo como base as horas de mão de obra direta. Exemplos: móveis sob encomenda, carros sob encomenda etc.

Cada ordem recebe um número ou código. Quando são incorridos custos de material ou mão de obra, relacionados com a ordem, eles são registrados na conta Produção em andamento do Razão e do Razão Auxiliar que registram os custos de cada ordem.

- **Produção contínua ou em série**: quando a empresa opera na fabricação de produtos iguais, produzidos de maneira contínua. Geralmente, ela produz para o estoque. Caracteriza-se pela fabricação em série de produtos padronizados. É um sistema produtivo no qual as empresas necessitam de um pedido formal do cliente. Os produtos não são padronizados, sendo produzidos de acordo com as características pedidas pelos clientes. Exemplos: óleos vegetais, produtos farmacêuticos, produtos químicos, produção de geladeiras, produção de refrigerantes, sabão em pó, margarina etc.

Quando a fábrica produz de modo contínuo, em série ou em massa, a preocupação da Contabilidade de Custos é determinar e controlar os custos pelos departamentos, pelos setores, pelas fases de produção (processos) e, em seguida, dividi-los pela quantidade de produtos fabricados no processo durante certo período – custear o processo fabril em determinado período. O sistema de custos por processo não se preocupa em contabilizar os custos de itens individuais ou grupos de itens.

Em vez disso, todos os custos são acumulados por fase do processo, por operação ou por departamento (centros de custos) e alocados aos produtos em bases sistemáticas. Esses sistemas são usualmente utilizados em entidades que produzem grandes volumes de produtos uniformes em bases contínuas.

Adotará o sistema de acumulação de custos por ordem ou encomenda a indústria cujo sistema produtivo for predominantemente descontínuo, produzindo bens ou serviços não padronizados e, geralmente, sob encomenda específica dos seus clientes.

Então, é de acordo com o sistema de produção que se definirá o "sistema de acumulação de custos":

- por processo (para produção contínua);
- por ordem de produção (para produção por encomenda).

Os processos citados são viáveis e aceitáveis contábil e fiscalmente. O importante é que um ou outro seja aplicado com base no custo por absorção e pelos custos reais incorridos. A composição dos custos de produção, segundo o § 1º do art. 13 do Decreto-lei nº 1.598/1977, é:

- O custo de aquisição de matérias-primas e quaisquer outros bens ou serviços aplicados ou consumidos na produção, observado o disposto no artigo.
- O custo do pessoal aplicado na produção, inclusive de supervisão direta, manutenção e guarda das instalações de produção.
- Os custos de locação, manutenção e reparo e os encargos de depreciação dos bens aplicados na produção.
- Os encargos de amortização diretamente relacionados com a produção.
- Os encargos de exaustão dos recursos naturais utilizados na produção.

O sistema de acumulação de custos por processo é o sistema de acumulação de custos utilizado pelas empresas que trabalham em produção em série. Consiste em acumular os custos em uma conta representativa de um centro de custos e dividi-los pela produção equivalente para obter o custo de uma unidade de produto.

5.3.1 *Produção por ordem ou encomenda*

O sistema de custos que acumula e registra dados de operações das fábricas que trabalham sob o regime de produção por ordem ou encomenda é denominado **custeamento por ordem de produção**. Ocorre quando a indústria programa sua atividade produtiva a partir de encomendas específicas de cada cliente.

Nesse sistema, os custos são acumulados em folhas chamadas Ordem de Produção (OP) ou Ordem de Fabricação. A soma das OPs em aberto representa o EPP. À medida que os produtos são completados, as OPs são encerradas e os custos são transferidos para o estoque de produtos acabados ou CPV, conforme for o caso.

Durante a execução da encomenda, os custos são registrados da seguinte forma:

- os materiais pelo custo real, pois a empresa, com base nas requisições de materiais, sabe os valores desses materiais empregados na OP;

- a mão de obra direta é apropriada com base no tempo gasto na execução de cada OP, sendo o valor da MOD debitada igual ao tempo gasto vezes a taxa horária de custo da MOD (incluídos os encargos sociais);

- o CIF deverá ser rateado às OPs com base em algum critério definido.

Contabilização dos custos por OP

MD	OP1	EPA	CPV
xxx | xxx (a)	(a) xxx | xxx (d)	(d) xxx | xxx (f)	(f) xxx
	(b) xxx	(e) xxx	
	(c) xxx		

MOD	OP2
xxx | xxx (b)	(a) xxx | xxx (e)
	(b) xxx
	(c) xxx

CIF
xxx | xxx (c)

a) apropriação de MD para as ordens de produção 1 e 2;

b) apropriação de MOD para as ordens de produção 1 e 2;

c) apropriação dos CIFs para as ordens de produção 1 e 2;

d) os produtos completados da OP1 são transferidos para o estoque de produtos acabados;

e) os produtos completados da OP2 são transferidos para o estoque de produtos acabados;

f) os produtos vendidos são transferidos para o CPV.

Exemplo:

Informações contábeis

Resumo das requisições de matéria-prima de Almoxarifado

Data	Requisição nº	OP nº	Quantidade	Custo (R$)
13/3	6.250	1.232	30 kg	1.300
13/3	6.260	1.233	70 m	1.700
				3.000

Resumo dos boletins de mão de obra e apropriação dos CIFs

Data	OP nº	Horas	Custo (R$)	Taxa de aplicação dos CIFs (R$)	CIF aplicado (R$)
13/3	1.232	300	1.800	3	900
13/3	1.233	700	4.200	3	2.100
			6.000		3.000

Folhas de custo da OP

OP nº 1.232 – Produto A – Quantidade: 80 unidades

Data	MATÉRIA-PRIMA			MOD		CIFS APLICADOS		TOTAL
	Requisição nº	Quantidade	Custo (R$)	Horas	Custo (R$)	Taxa (R$)	Custo (R$)	Custo (R$)
13/3	6.250	30 kg	1.300	300	1.800	3	900	4.000

OP nº 1.233 – Produto B – Quantidade: 120 unidades

Data	MATÉRIA-PRIMA			MOD		CIFS APLICADOS		TOTAL
	Requisição nº	Quantidade	Custo (R$)	Horas	Custo (R$)	Taxa (R$)	Custo (R$)	Custo (R$)
13/3	6.260	70 m	1.700	700	4.200	3	2.100	8.000

Quando a OP nº 1.232 estiver concluída, ela será encerrada e apuraremos um custo unitário do Produto A de R$ 4.000 / 80 unidades = R$ 50,00.

Quando a OP nº 1.233 estiver concluída, ela será encerrada e apuraremos um custo unitário do Produto B de R$ 8.000 / 120 unidades = R$ 66,67.

Em ambos os casos, os valores serão transferidos da conta de produtos em fabricação para a conta de produtos acabados.

Lançamentos contábeis:

Estoque de Matéria-prima		MOD		Produtos acabados
R$ xxxx	3.000 (a)	R$ xxxx	6.000 (b)	(d) 12.000

Cifa	Produtos em Fabricação	
3.000 (c)	(a) 3.000	12.000 (d)
	(b) 6.000	
	(c) 3.000	

5.3.2 Vantagens e desvantagens do sistema de produção por ordem ou encomenda

Podemos verificar que no sistema de acumulação de custos por produção por ordem ou encomenda proporcionam-se vantagens e desvantagens, segundo Leone (2010).

5.3.2.1 Vantagens

- A Administração consegue identificar os produtos que dão maior ou menor lucratividade.
- Os custos imputados em ordens anteriores para produtos do mesmo tipo ou para produtos parecidos podem servir de base para a estimação dos custos futuros em função de pedidos feitos por clientes.
- A Administração consegue controlar os custos de forma mais simples e imediata, sem a necessidade de haver contagem física.
- A cobrança é feita aos clientes e com base no processo de elaboração. Os clientes efetuam o pagamento à medida que o produto vai sendo desenvolvido. Os custos servem de base para que a empresa estabeleça o valor que deve ser cobrado ao cliente.

5.3.2.2 Desvantagens

- Há um elevado percentual de despesas consideradas burocráticas em virtude do volume de registros e da quantidade de mão de obra necessária à produção.

- Os custos diretos acumulados nas ordens são históricos e a Administração somente conhecerá o total dos custos ao final do processo produtivo (o custo indireto aplicado não é considerado histórico, pois leva em consideração o estimado e a produção real).

5.3.3 Produção contínua ou em série

No sistema de produção contínua ou em série, a empresa tem produção de várias unidades iguais. Produz para estoque, e não para encomendas específicas de clientes. Os produtos são geralmente padronizados. A empresa que produz em série bens ou serviços padronizados deverá adotar o sistema de acumulação de custos por processo.

Nesse sistema, os custos são inicialmente classificados por natureza contábil (tipo de gasto) e, depois, compilados por processos específicos, e todos os custos são distribuídos às unidades produzidas por esses processos específicos. O sistema de custos procura refletir todo o processo físico da produção, estabelecendo os centros de acumulação de dados físicos e de custos (departamentos ou centro de custos) e vai transferindo os números assim acumulados de um centro (processo) para o seguinte, do mesmo modo como a produção transfere o produto fisicamente para outra fase. Consiste em acumular os custos em uma conta representativa de um centro de custos e dividi-los pela produção equivalente para obter o custo de uma unidade de produto.

O EPP é formado pela soma dos vários processos produtivos. Uma característica específica da produção contínua, na apuração do CP, sob o enfoque contábil, é que o custo é avaliado à base do custo médio ponderado (CREPALDI, S. A.; CREPALDI, G. S., 2017).

5.3.3.1 Contabilização dos custos registrados na produção contínua

O registro dos custos na produção contínua, utilizando-se a metodologia de Contas T, será:

MD		Processo 1		EPA	
xxx	xxx (a)	(a) xxx	xxx (d)	(e) xxx	xxx (f)
		(b) xxx			
		(c) xxx			

MOD
xxx	xxx (b)

Processo 2
(d) xxx	xxx (e)
(a) xxx	
(b) xxx	
(c) xxx	

CPV
(f) xxx	

CIF
xxx	xxx (c)

a) apropriação de MD para os processos de produção 1 e 2;

b) apropriação de MOD para os processos de produção 1 e 2;

c) apropriação de CIF para os processos de produção 1 e 2;

d) os produtos completados no processo 1 são transferidos para o processo 2;

e) os produtos completados no processo 2, com os custos acumulados do processo 1 mais os custos do processo 2, são transferidos para produtos acabados;

f) os produtos vendidos são transferidos para o CPV.

Exemplo:

Informações contábeis

Processos produtivos			
Itens	**Moagem (R$)**	**Forno (R$)**	**Ensacamento (R$)**
Matéria-prima	15.000	20.000	–
MOD	20.000	8.000	15.000
CIFs aplicados	12.000	10.000	18.000

Suponha-se que não existam estoques iniciais e finais e que 5.000 unidades sejam iniciadas e completadas em cada departamento durante um período qualquer.

Mapa de custos

CUSTOS	MOAGEM		FORNO		ENSACAMENTO	
Custo de departamento anterior	Custo total (R$)	Custo unitário (R$)	Custo total (R$)	Custo unitário (R$)	Custo total (R$)	Custo unitário (R$)
	–	–	47.000	9,40	85.000	17,00
Custo neste departamento						
Matéria-prima	15.000	3,00	20.000	4,00	–	–
Mão de obra	20.000	4,00	8.000	1,60	15.000	3,00
CIFs aplicados	12.000	2,40	10.000	2,00	18.000	3,60
Custo total no departamento	47.000	9,40	38.000	7,60	33.000	6,60
Custo total acumulado	47.000	9,40	85.000	17,00	118.000	23,60
Custo transferido para produtos acabados					118.000	23,60

Lançamentos contábeis

MP		Moagem		Produtos acabados	
xxx	15.000 (a)	(a) 47.000	47.000 (d)	(f) 118.000	
	20.000 (b)				

MOD		Forno	
xxx	20.000 (a)	(b) 38.000	85.000 (e)
	8.000 (b)	(d) 47.000	
	15.000 (c)		

Cifa		Ensacamento	
xxx	12.000 (a)	(c) 33.000	118.000 (f)
	10.000 (b)	(e) 85.000	
	18.000 (c)		

5.3.3.2 Características do sistema de produção contínua ou em série

As características mais relevantes desse sistema de custeio são, consoante Mattos [s/d]:

- **Aplicação**: são aplicados em empresas que possuem produção contínua e seriada, com lotes de produtos padronizados.

- **Acumulação**: os custos com material de consumo, MOD e CIF são acumulados durante o processo produtivo nos departamentos ou centros de custo.

- **CP**: origina-se na acumulação dos custos dos diversos processos produtivos, através de cinco etapas sequenciais: fluxo físico (produtivo), unidades equivalentes, fluxo monetário, custo total dos procedimentos e custo médio unitário. O custo total de cada centro de custo ou departamento dividido por sua respectiva produção dará o custo médio unitário.

- **Transferência de custos**: cada unidade produzida, que passa de um processo anterior para um seguinte ou para o estoque de unidades acabadas, leva consigo uma parcela do custo total dos processos precedentes.

- **Frequência das apurações**: podem ser mensais, bimestrais ou trimestrais, porém recomenda-se que sejam o mais frequentes possível, pois proporcionam um perfil atualizado da estrutura de custos e permitem uma tomada de decisão a nível gerencial mais rápida e segura.

- **Custo operacional do sistema**: é um sistema de custeio menos burocrático do que o apresentado anteriormente, devido ao menor número de detalhamentos e registros. Com isso, ganha-se em tempo e economia de custos.

5.3.3.3 Vantagens e desvantagens do sistema de produção contínua ou em série

Segundo Leone (2010), o sistema de acumulação de custos na produção contínua ou em série traz vantagens e desvantagens.

5.3.3.3.1 Vantagens

- A fabricação dispõe de maior conhecimento sobre o produto.
- Os custos primários tornam-se mais conhecidos.
- Os custos indiretos são mais controláveis nos centros de custos.
- Há redução do trabalho burocrático.

- Os custos passam a ser mais exatos, em função de uma apropriação mais adequada.
- O controle dos custos é mais correto.

5.3.3.3.2 Desvantagens

- Os custos do processo, são médios, e, em caso de flutuações nos preços, o reconhecimento é difícil.
- A estimativa do estágio de fabricação dos produtos em elaboração só é feita no final do período contábil.

5.4 Unidades equivalentes de produção

Quando a empresa mantém uma produção contínua, desenvolvida em fases distintas, a apuração de custos pode ser feita por departamentos, mas, ao final de cada período, está sujeita à verificação do nível de acabamento de todos os produtos existentes em cada departamento ligado à produção. É a quanto equivalem em unidades acabadas os custos acumulados nas unidades que estão em processo. Quando ficam produtos em processo no final do período, é preciso determinar o estágio de fabricação (grau de acabamento) em que essas unidades se encontram para poder distribuir os CPs entre as unidades concluídas e as que ficaram em processo. A avaliação da produção equivalente é feita pela Engenharia de Produção.

O conceito de produção equivalente ou equivalente de produção é utilizado quando a produção é contínua e, ao final do período, a indústria apresenta estoques de produtos acabados e estoques de produtos em processo ou em elaboração. A solução consiste em determinar o nível equivalente de produção dos produtos em elaboração para, a partir de então, estimar o custo médio dos produtos acabados (CREPALDI, S. A.; CREPALDI, G. S., 2017).

Exemplo 1:

Custos de produção de uma empresa em um período:

MD	R$	10.000
MOD	R$	8.000
CIF	R$	6.000
CP	R$	24.000

Não havia estoque inicial no período.

A empresa iniciou a produção de 1.000 unidades.

800 unidades foram concluídas e transferidas para o departamento seguinte.

As unidades em processo estão 80% acabadas (em média).

Determinação das unidades equivalentes de produção

200 unidades × 80 % = 160 unidades equivalentes

800 unidades acabadas + 160 unidades equivalentes = 960 produção equivalente

$$CP = \frac{CP}{\text{Produção equivalente}} = \frac{R\$ 24.000,00}{960 \text{ un.}} = R\$ 25,00/\text{unidade}$$

Custo da produção transferida para o departamento seguinte

800 unidades × R$ 25,00 = R$ 20.000,00

Valor das unidades em processo (estoque em processo)

160 unidades equivalentes × R$ 25,00/unidade = R$ 4.000,00

Custo unitário das unidades em processo:

R$ 4.000,00 / 200 unidades = R$ 20,00/unidade

Exemplo 2:

No mês de março, foi iniciada a produção de 1.500 unidades de determinado produto. Ao final do mês, 1.200 unidades estavam totalmente concluídas e restaram 300 unidades em processo. O percentual de conclusão das unidades em processo é de 65%. O custo total de produção do período foi de R$ 558.000,00.

Calcule o CPA e o CP dos produtos em processo.

Solução:

Se 300 unidades possuem um percentual de conclusão de 65%, elas são equivalentes a 195 unidades (ou seja, 65% de 300 unidades) acabadas.

Então, no mês, foram produzidas 1.200 unidades acabadas e 300 semiacabadas, que equivalem a 195 acabadas, totalizando 1.395 unidades acabadas.

O custo médio (CM), que seria dado por CM = CPP/EP, é o equivalente de produção do período e o CPP corresponde ao custo da produção do período.

I) Determinação do equivalente de produção

Produtos acabados: 1.200 unidades de produtos em elaboração: 300 unidades × 65% processados = 195 unidades.

Equivalente de produção do período: 1.395 unidades.

II) Cálculo do custo médio por unidade acabada

CM = R$ 558.000,00 / 1.395 unidades = R$ 400,00/unidade

III) Atribuição dos custos

Produtos acabados = 1.200 unidades × R$ 400,00 = R$ 480.000,00

Produtos em Elaboração = 300 unidades × R$ 400,00 × 65% = R$ 78.000,00

Total do Custo = R$ 558.000,00

5.5 Quadro comparativo – produção por ordem e produção contínua

Característica analisada	Produção por ordem específica	Produção contínua
– Desenvolvimento do produto	– Especificação do cliente	– Especificação do fabricante
– Produção	– Limitada pelo cliente	– Planejada pelo fabricante

Na produção contínua ou em série, os custos são apropriados por tempo (mês, ano etc.) para divisão pelo número de unidades feitas, chegando-se, assim, ao custo de cada unidade.

Na produção por ordem, os custos são alocados ao produto até o término de sua produção.

5.6 Característica da produção

Pode-se dizer que o produto industrial pode ser fabricado de duas formas:

- **Fabricação simples**: quando para a fabricação do produto é necessária apenas uma fase de transformação. Na fabricação simples, o produto é produzido num único departamento produtivo.
- **Fabricação complexa**: quando para a fabricação do produto é necessária a execução de várias etapas no processo fabril.

Há vários departamentos produtivos que transformam o material em produto final. À medida que um departamento produtivo transfere sua produção para outro, os custos desse departamento são transferidos com a transferência física da produção.

5.7 Produção conjunta

Ocorre a produção conjunta quando mais de um produto surge de uma mesma matéria-prima no processo de produção, que pode ser contínua ou por encomenda. Eles podem ser coprodutos ou subprodutos. Formam-se diversos produtos, portanto surgem custos indivisíveis, não identificáveis com os produtos (CREPALDI, 2010).

Em algumas indústrias, é possível fabricar dois ou mais produtos finais de uma única partida de matéria-prima ou de um único processo de produção. O exemplo clássico desses produtos conjuntos é a variedade de produtos finais (o couro, os muitos cortes de carne e assim por diante) feitos de uma única matéria-prima – nesse caso, o boi. Além de certa etapa no processo de manufatura, que se denomina **ponto de separação**, identificam-se os produtos finais separadamente e, para cada um deles, acumulam-se os custos. O problema de determinar o custo conjunto é descobrir alguma base razoável para atribuir aos produtos os custos de material, mão de obra e despesas indiretas incorridos até o ponto de separação (CREPALDI, S. A.; CREPALDI, G. S., 2017).

5.7.1 Coprodutos

Coprodutos são produtos de importância igual para a empresa do ponto de vista de faturamento. O que importa com relação aos coprodutos é o controle do custo por operação, e não o custo por produto.

As unidades físicas e os valores de mercado são os dois critérios mais empregados que formam as bases dos métodos de alocação dos custos conjuntos para os coprodutos:

- As unidades físicas tanto podem ser quantidades de produtos como qualquer outra unidade que sirva para representar todos os produtos. O método pode ser baseado em quilos, litros ou metros da matéria-prima principal. Todos os produtos devem ser convertidos a essa mesma unidade de medida. Há várias desvantagens quando os produtos são muito diferentes.

- O método com base no valor de mercado apoia-se na ideia de que os produtos que valem mais no mercado é que devem ser os maiores consumidores de recursos comuns (conjuntos). São considerados métodos arbitrários. Não servem para composição do valor de estoques por processo.

5.7.2 Critério de apropriação dos custos conjuntos

O método do valor de mercado é o mais usado. Os produtos de maior valor de venda recebem maior carga de custos.

Exemplo:

Matéria-prima	R$ 30.000
Custos de transformação	R$ 20.000
Custos conjuntos totais	R$ 50.000

Coprodutos	Preço de venda (R$)	Quantidade produzida	Venda total (R$)
A	6,00/kg	60.000 kg	360.000,00
B	4,00/kg	20.000 kg	80.000,00
Totais		80.000 kg	440.000,00

Distribuição dos custos conjuntos aos coprodutos A e B

$$A = \frac{R\$\ 360.000,00}{R\$\ 440.000,00} \times R\$\ 50.000,00 = R\$\ 40.910,00$$

$$B = \frac{R\$\ 80.000,00}{R\$\ 440.000,00} \times R\$\ 50.000,00 = R\$\ 9.090,00$$

Custos conjuntos:

A   R$ 40.910,00

B   R$ 9.090,00

Total   R$ 50.000,00

5.7.3 Subprodutos

Um produto é definido como subproduto por causa de seu pequeno valor comercial comparado com o produto de maior valor, que é classificado como coproduto. O subproduto, por sua pequena participação nas receitas da empresa e pelo fato de se originar de desperdícios, deixa de ser considerado produto propriamente dito, pois, se assim o fosse, deveria receber parcelas de custos da produção. Ele nasce de forma natural durante o processo produtivo da empresa. Possui mercado de venda e preço definidos, porém sua participação é ínfima no faturamento total da empresa (CREPALDI, 2010). Exemplos: serragem, sobras de matéria-prima.

As características principais dos subprodutos são:

- valor de venda;
- vendas normais;
- pouca relevância dentro do faturamento total.

O valor de venda menos as despesas com a venda dos subprodutos é deduzido dos custos do produto principal.

Não se podem confundir subprodutos com sucatas, pois estas, segundo Martins (2003), "são aqueles itens cuja venda é esporádica e realizada por valor não previsível na data em que surgem na fabricação". Portanto, não recebem custos e não são contabilizadas como redutoras dos custos dos coprodutos, exigindo tratamentos de outras receitas operacionais. Itens gerados normalmente durante o processo de produção têm mercado de venda relativamente estável e representam porção diminuta do faturamento da empresa.

Os subprodutos são considerados sobras – que possuem mercado estável –, não têm relevância no processo e, consequentemente, não devem acumular custos. O interesse contábil está na receita líquida que esses produtos geram, e esta poderá ter sua contabilização de formas distintas, sendo dois métodos os mais empregados (CREPALDI, S. A.; CREPALDI, G. S., 2017):

- tratar as vendas líquidas dos subprodutos como outras vendas – entendendo vendas líquidas como o valor bruto das vendas menos qualquer custo que tenha sido realizado para transformar o subproduto em vendável menos as despesas operacionais identificadas com ele;
- tratar as vendas líquidas como uma redução dos custos relacionados aos coprodutos – nesse caso, não se atribui nenhum valor aos subprodutos, não figurando nos estoques de produtos disponíveis para venda.

5.7.4 Sucatas

São produtos que surgem da produção com defeitos ou estragados. Suas vendas são esporádicas e realizadas por valor não previsível na data em que surgem na fabricação. Não recebem custos e também não servem para a redução de custos de produção.

As sucatas não têm valor de venda ou mercado normal. Na data da venda, elas são contabilizadas como outras receitas operacionais. Exemplos: cadeira faltando uma perna (três pernas), azulejos com defeito.

São itens cuja venda é realizada esporadicamente por valor não previsível no momento em que surgem na produção.

Considerações finais

O sistema de custeio por ordem de produção é característico de empresas que produzem sob encomenda, seja unitárias, seja em lotes. Podemos citar como exemplos as empresas de construção civil, tipografias, setor imobiliário, estaleiros e produtoras de filmes. Os custos acumulados de matérias-primas, mão de obra e CIF são computados a partir da emissão de uma ordem para produção de lotes de um bem ou serviço (CREPALDI, S. A.; CREPALDI, G. S., 2017).

Os resultados – lucro ou prejuízo – são rapidamente diagnosticados. Para isso, basta subtrair do preço de venda os custos acumulados naquela ordem, não havendo necessidade de apuração periódica dos resultados. Os custos primários que incidem diretamente ao produto poderão ser obtidos logo que a ordem esteja completamente concluída. Já os custos indiretos só poderão ser incorporados ao produto quando terminar o período contábil.

Todo esse processo de detectação e apropriação que caracteriza o sistema requer, com frequência, um grande número de pessoas dedicadas a esse fim, fazendo com que os fluxos de informações sejam inúmeros, em especial na detecção do custo da mão de obra, aumentando consideravelmente seu custo operacional.

Nesse sistema, o formulário de ordem de produção é o centro nevrálgico, tendo como objetivo principal apresentar e registrar os gastos com MD, MOD e uma estimativa dos custos indiretos relativos a unidade produzida.

Devem estar contidos no formulário de ordem de produção:

- modelo e características do produto a ser fabricado;
- data de emissão e término esperado, bem como estimativa dos CIFs;
- locais distintos para registrar MD e MOD;
- resumo dos custos.

O sistema de custeio por processo adapta-se a empresas que têm um sistema de produção contínua ou em série, com processos consecutivos para a produção de produtos padronizados. Podem-se citar como exemplos as empresas do ramo de eletrodomésticos, os produtos químicos, os hospitais etc.

Esse processo difere muito do anterior no que tange à acumulação de custos. No primeiro sistema, os custos são acumulados previamente em OP para, posteriormente, serem aglutinados em seus departamentos produtivos. No sistema de custeio por processo, a metodologia é inversa, pois primeiro se chega aos custos por processo ou departamento para depois distribuí-los aos produtos que passam por esses processos. Com isso, o cerne desse sistema passa a ser os centros de custo, e não mais o produto elaborado através de uma OP (CREPALDI, S. A.; CREPALDI, G. S., 2017).

Questões de múltipla escolha e exercícios

1) Assinale a alternativa que apresente a circunstância em que o sistema de custeio por OP é indicado.

   (A) O montante dos custos fixos é superior ao valor dos custos variáveis.

   (B) O montante dos CIFs é maior que os custos de MOD.

   (C) A empresa adota o custo-padrão para controle dos CIFs.

   (D) Os produtos são industrializados.

2) O sistema de custos que acumula e registra dados de operações das fábricas que trabalham sob o regime de encomenda é denominado custeamento por:

   (A) OP;

   (B) processo;

   (C) departamento;

   (D) orçamento.

3) A apuração do CP por ordem de serviço e por produção contínua apresenta pequenas variações no respectivo tratamento contábil.

   Uma característica específica da produção contínua, na apuração do CP, sob o enfoque contábil, é que:

   (A) o custo é avaliado à base do custo médio ponderado;

   (B) o custo é acumulado numa conta específica para cada encomenda;

   (C) o custo indireto é alocado aos produtos sem passar pelos departamentos;

   (D) o encerramento das contas ocorre quando os produtos são elaborados;

   (E) o valor dos custos é calculado unidade por unidade.

4) A Contabilidade, ao tratar dos subprodutos não comercializados no período de sua geração, os contabiliza como:

   (A) débito em CP e crédito em despesas do período;

   (B) débito em CP e crédito em estoque de subprodutos;

(C) débito em despesas do período e crédito em caixa;

(D) débito em estoque de subprodutos e crédito em CP.

5) A Contabilidade, ao tratar dos subprodutos surgidos em período anterior, contabiliza o valor de sua venda à vista como:

(A) débito em caixa e crédito em CPV;

(B) débito em caixa e crédito em estoque de subprodutos;

(C) débito em CPV e crédito em caixa;

(D) débito em estoque de subprodutos e crédito em caixa.

6) Analise as seguintes assertivas:

I. Itens gerados normalmente durante o processo de produção têm mercado de venda relativamente estável e representam porção diminuta do faturamento da empresa.

II. Itens cuja venda é realizada esporadicamente por valor não previsível no momento em que surgem na produção.

III. Itens consumidos de forma anormal e involuntária durante o processo de produção.

Com base nas terminologias de custos, as assertivas I, II e III referem-se, respectivamente, a:

(A) subprodutos, sucatas e perdas;

(B) subprodutos, perdas e gastos;

(C) sucatas, coprodutos e perdas;

(D) sucatas, perdas e subprodutos.

7) O fluxo básico de atividades de um sistema de Contabilidade de Custos ocorre na seguinte ordem:

(A) apropriação dos custos indiretos, dos custos diretos aos produtos, apuração do resultado;

(B) apuração dos custos e receitas dos produtos, apuração das margens dos produtos, apuração dos custos diretos;

(C) apuração dos custos indiretos, apuração das margens dos produtos, apuração dos custos diretos;

(D) separação entre custos e despesas, apropriação dos custos diretos a cada produto, rateio dos custos indiretos para alocação a cada produto;

(E) cálculo do estoque pelo método do inventário periódico e determinação do CPV.

8) Indique a opção **CORRETA**.

(A) Quando a empresa fabrica um produto único, com especificações próprias, deve avaliar seu CP pelo critério de apuração denominado custos por processo, uma vez que o processo de fabricação se desenvolve durante determinado período de tempo.

(B) Quando a empresa tem necessidade de conhecer e controlar as diversas fases de fabricação de seus produtos, deve organizar os registros de sua Contabilidade de Custos atendendo aos critérios que norteiam o denominado custo-padrão, porque é a forma segura de obter informações prévias quanto ao custo final do produto e manter controles que assegurem a execução conforme tenha sido planejado.

(C) Quando a empresa mantém uma produção contínua, desenvolvida em diversas fases distintas, a apuração de custos pode ser feita por departamentos, mas está sujeita, ao final de cada período, à verificação do nível de acabamento de todos os produtos existentes em cada departamento ligado à produção.

(D) Quando a empresa não tem necessidade de conhecer com exatidão e de manter controle sobre os custos, como nos casos de produção sob encomenda, o Departamento de Custos pode ser organizado em centros de custos, em um sistema denominado Centro de Custo-Padrão.

(E) Quando a empresa adota a apuração de custos pelo método de custo-padrão, como o sistema mais simples de registro dos custos de produção, deve tomar como base de verificação e acompanhamento dos custos de produção os parâmetros de padrões registrados em fabricações anteriores, na própria empresa ou em empresa similar.

9) A Empresa Natal Ltda. iniciou no período 25.000 unidades e concluiu 19.000, aplicando os seguintes custos:

- MD .... R$ 140.000,00
- MOD .... R$ 95.914,00
- MOI .... R$ 32.000,00
- Materiais indiretos .... R$ 6.000,00
- Depreciações .... R$ 8.000,00

- Aluguel   R$ 3.000,00
- Outros custos indiretos   R$ 4.128,00

As unidades que estão em processo já receberam 100% dos MDs, 80% da MOD e 65% dos CIFs.

Calcular:

(A) custo unitário e total de produtos acabados;

(B) custo unitário e total de produtos em processo.

10) Considere os dados:

- Estoque Inicial de Matéria-Prima (EIMP): R$ 1.000 (100 unidades)
- Estoque Final de Matéria-Prima (EFMP): R$ 800 (80 unidades)
- Não foram feitas compras no período.
- Estoque Inicial de Produtos em Elaboração (EIPE): R$ 0
- Mão de Obra Direta (MOD) do período: R$ 550
- Custos Indiretos de Fabricação (CIFs) – GGF: R$ 750
- Sabe-se que, das unidades iniciadas no período, metade foi concluída. A outra metade está 50% acabada.
- Estoque Inicial de Produtos Acabados (EIPA): R$ 0
- Foram vendidas oito unidades no período.

Com base nas informações anteriores e empregando o "Equivalente de Produção", assinale a alternativa que apresenta, respectivamente, o Custo de Produção do Período (CPP), o Custo da Produção Acabada (CPA) e o Custo dos Produtos Vendidos (CPV).

(A) R$ 1.300, R$ 1.000 e R$ 800.

(B) R$ 1.500, R$ 600 e R$ 750.

(C) R$ 1.500, R$ 750 e R$ 600.

(D) R$ 1.300, R$ 750 e R$ 600.

(E) R$ 1.500, R$ 1.000 e R$ 800.

11) Analise os seguintes dados da Empresa Maceió Ltda.:

Itens	Dep. A	Dep. B	Dep. C
Unidades iniciadas	5.400	4.500	3.800

(Continua)

(Continuação)

Itens	Dep. A	Dep. B	Dep. C
MD aplicado	50.000,00	30.015,00	16.340,00
MOD aplicada	10.890,00	12.208,00	13.394,00
Custos indiretos aplicados	15.520,00	12.238,00	12.250,00
Estágio aplicação materiais	100%	100%	100%
Estágio aplicação MOD	90%	80%	70%
Estágio aplicação CIF	70%	60%	50%

Não havia estoque inicial. Os produtos iniciaram-se no departamento A, passaram pelo B e foram concluídos no C, e no final do período 3.200 unidades foram concluídas.

Calcule:

(A) custo unitário e total dos produtos acabados;

(B) custo dos produtos em processo nos departamentos A, B, C e Total.

12) A Empresa Coromandel Ltda., que utiliza o custeio por processo, tem os seguintes dados para o período:

- custo da produção do período: R$ 8.000,00;
- unidades iniciadas no período: 180 unidades;
- unidades em elaboração no final do período: 60 unidades, sendo o equivalente a 2/3 acabadas;
- unidades semiacabadas do período anterior: 40.

As unidades semiacabadas do período anterior já haviam absorvido, no período anterior, 50% de todos os custos de produção. O custo unitário da produção semiacabada do período anterior é de R$ 20,00. As unidades semiacabadas do período anterior foram totalmente acabadas no período.

Tomando-se como base os dados apresentados e os conceitos de equivalente de produção, o custo unitário do período e o custo total da produção acabada são, respectivamente:

(A) R$ 45,00; R$ 8.000,00.

(B) R$ 40,00; R$ 6.800,00.

(C) R$ 28,57; R$ 1.600,00.

(D) R$ 30,00; R$ 6.800,00.

(E) R$ 40,00; R$ 8.000,00.

13) A Empresa Goiânia Ltda. iniciou suas atividades no mês de agosto fabricando mesas escolares. Nesse mês, foram acabadas 700 unidades e 75 ficaram na produção em andamento, com acabamento médio de 36%.

Custos:

Matéria-prima	R$ 124.000,00
MOD	R$ 50.000,00
Custos Indiretos	R$ 36.700,00

A matéria-prima é totalmente requisitada do Almoxarifado antes de se iniciar a produção.

Os custos da produção acabada e da produção em andamento são, respectivamente, de:

(A) R$ 105.350,00 e R$ 105.350,00.

(B) R$ 190.309,68 e R$ 20.390,32.

(C) R$ 195.480,06 e R$ 15.219,94.

(D) R$ 202.874,83 e R$ 7.825,17.

14) Considere os seguintes dados da Empresa Guiratinga Ltda.:

- EIMP: R$ 1.000,00 (100 unidades).
- EFMP: R$ 800,00 (80 unidades).
- Não foram feitas compras no período.
- EIPE: R$ 0,00.
- MOD do período: R$ 550,00.
- CIF (GGF): R$ 750,00.
- Sabe-se que, das unidades iniciadas no período, metade foi concluída. A outra metade está 50% acabada.
- EIPA: R$ 0,00.
- Foram vendidas 8 unidades no período.

Assinale a alternativa que apresenta, respectivamente, o CPP, o CPA e o CPV com base nas informações acima e empregando o Equivalente de Produção.

(A) R$ 1.500,00 R$ 1.000,00 e R$ 800,00.

(B) R$ 1.500,00 R$ 750,00 e R$ 600,00.

(C) R$ 1.300,00 R$ 1.000,00 e R$ 800,00.

(D) R$ 1.300,00 R$ 750,00 e R$ 600,00.

15) A Cooperativa Tigresa S.A. triturou 1.000 toneladas de trigo em março.

Nesse processo, ocorreu uma perda de 5% na matéria-prima, gerando uma produ-ção de 300 toneladas de Farinha W, 250 toneladas de Farinha X, 200 toneladas de Farinha Y e 200 toneladas de Farinha Z, sendo que o preço pago aos produtores foi, em média, de R$ 2,00 por kg.

Informações adicionais:

- os custos conjuntos do mês foram de R$ 500.000,00, além da matéria-prima;
- o preço de venda de cada produto por quilo, em reais, é o seguinte:
  - Farinha W: 1,00
  - Farinha X: 1,92
  - Farinha Y: 1,20
  - Farinha Z: 0,90

Com base exclusivamente nos dados acima e adotando o método do valor de mer-cado para alocação dos custos conjuntos, o custo total atribuído ao produto Fari-nha Z corresponde a:

(A) R$ 300.000,00.

(B) R$ 375.000,00.

(C) R$ 480.000,00.

(D) R$ 500.000,00.

(E) R$ 625.000,00.

Exercícios propostos

1) Numa ordem de produção, utilizaram-se R$ 90.000,00 de matéria-prima e R$ 60.000,00 de MOD. Sabendo-se que os custos indiretos de produção fo-ram aplicados a uma taxa de 35% sobre os custos diretos, o custo da ordem de produção foi de:

(A) R$ 52.500,00.

(B) R$ 97.500,00.

(C) R$ 121.500,00.

(D) R$ 202.500,00.

(E) R$ 211.500,00.

2) O balanço de 28 de fevereiro apresentou os seguintes dados:

Matérias-primas	R$	800.000,00
Produtos em elaboração	R$	300.000,00
Produtos prontos	R$	1.500.000,00

A empresa produz um único produto e os saldos de balanço representam 500 peças, que estavam no estágio de elaboração equivalente a 50% do produto pronto, e 1.250 peças prontas.

No mês de março, foram registrados os seguintes custos de produção:

Matérias-primas	R$	3.600.000,00
Mão de obra direta	R$	7.200.000,00
Gastos gerais de produção	R$	1.200.000,00

No período, foi concluída a produção de 6.000 peças, sendo 500 de estoque inicial, e foi iniciada a produção de 7.500 peças que estavam, em 31/03, no estágio de elaboração equivalente a 30% do produto pronto.

A metade do estoque de produtos prontos foi vendida, em março, ao preço unitário de R$ 2.500,00.

Os estoques, em 31/03, de produtos em elaboração eram de:

(A) R$ 3.375.000,00.

(B) R$ 3.675.000,00.

(C) R$ 5.437.500,00.

(D) R$ 10.800.000,00.

(E) R$ 10.875.000,00.

3) No sistema de custeio por ordem de serviço, há três tipos de custos a serem considerados: o de MOD, o de MD e o CIF.

Considerando um CIF estimado de R$ 20.000,00; um custo por hora de MOD de R$ 5,00; um gasto com MD de R$ 80.000,00 para uma produção estimada de 20.000 unidades do produto Y e a necessidade de 1 hora de trabalho para cada 5 unidades produzidas, o custo de fabricação do produto Y para:

(A) 4.000 unidades é de R$ 40.000,00.

(B) 5.000 unidades é de R$ 30.000,00.

(C) 6.000 unidades é de R$ 48.000,00.

(D) 7.000 unidades é de R$ 35.000,00.

(E) 8.000 unidades é de R$ 42.000,00.

4) A Indústria Patrocínio Ltda. iniciou o processamento de 3.000 quilos de café moído. Dessa produção total, ao final do período, 500 quilos não ficaram prontos. Todos os MD são consumidos na fase inicial do processamento.

Custos de fabricação consumidos no mês:

- MD   R$ 7.500,00
- MOD   R$ 6.048,00
- MOI   R$ 600,00
- Materiais indiretos   R$ 500,00
- Depreciação e amortização da fábrica   R$ 100,00
- Aluguel da fábrica   R$ 450,00
- Outros gastos gerais de fabricação   R$ 350,00

A empresa contabiliza os custos de forma linear da produção contínua. Todas as unidades produzidas e em processo já contêm 100% dos MD. As unidades em fabricação, no final do mês, já receberam carga de custos igual a 2/5 da MOD. Os CIFs são rateados com base na produção acabada e em processamento.

O valor do custo de cada quilo de café produzido e em fase de produção é de, respectivamente:

(A) R$ 5,48 e R$ 3,69.
(B) R$ 5,53 e R$ 0,55.
(C) R$ 5,73 e R$ 3,72.
(D) R$ 5,67 e R$ 2,26.

5) Numa OP, foram utilizados R$ 280.000,00 de MOD e R$ 420.000,00 de matéria-prima. Os custos gerais de produção foram aplicados, a uma taxa de 16%, sobre os custos diretos básicos. O custo da ordem de produção é de:

(A) R$ 252.000,00.
(B) R$ 588.000,00.
(C) R$ 812.000,00.
(D) R$ 1.288.000,00.
(E) R$ 1.882.000,00.

Exercícios para avaliação

1) A Indústria Bandeira do Sul Ltda., que acumula os custos de produção por OP específicas, fez as seguintes anotações, em reais, sobre o andamento dessas OP quando do encerramento do exercício social contábil:

Custos	OP 501	OP 502	OP 503
Matéria-prima	R$ 74.000,00	R$ 55.000,00	R$ 70.000,00
MOD	R$ 20.000,00	R$ 10.000,00	R$ 18.000,00
Outros custos	R$ 6.000,00	R$ 5.000,00	R$ 2.000,00
Total dos custos	R$ 100.000,00	R$ 70.000,00	R$ 90.000,00

Na avaliação dessas OPs, essa indústria anotou o seguinte estágio de produção para o acabamento das respectivas ordens: OP 501 = 95%; OP 502 = 60% e OP 503 = 10%.

Considerando-se as informações recebidas e as características técnicas de produção por ordem, qual é o valor, em reais, do estoque dos produtos (bens) em elaboração no período das anotações feitas por tal indústria?

(A) R$ 90.000,00.
(B) R$ 114.000,00.
(C) R$ 146.000,00.
(D) R$ 160.000,00.
(E) R$ 260.000,00.

2) A Indústria Campolina Ltda., que produz por processo, iniciou, em determinado mês, a produção de 800 unidades de um produto, tendo concluído 600 unidades nesse mesmo mês.

As demais unidades alcançaram o estágio de 60% para serem concluídas.

Nesse mesmo mês, os custos de produção da companhia foram os seguintes:

Matéria-prima	R$ 160.000,00
MOD	R$ 80.000,00
Aluguel, MOI e depreciação	R$ 58.800,00

Considerando-se exclusivamente as informações apresentadas pela indústria e as características técnicas da produção equivalente e, ainda, admitindo-se que nenhuma unidade foi comercializada, verifica-se que o estoque de produtos acabados, ao final desse mês de produção, é de:

(A) R$ 144.000,00.
(B) R$ 179.280,00.

(C) R$ 224.100,00.

(D) R$ 249.000,00.

(E) R$ 298.800,00.

3) A Indústria Curvelo Ltda., de produção contínua no processamento de determinado material, realiza a produção conjunta de três coprodutos, Alfa, Beta e Gama, com mercado cativo próprio e aquecido.

Essa indústria apresentou as seguintes informações para determinado período produtivo:

a) Dados da produção

Linha de coprodutos	Quantidade (em toneladas)	Preço de venda (por tonelada) (R$)
Alfa	2.000	1.360,00
Beta	1.400	1.700,00
Gama	1.600	2.125,00

b) Gastos do período produtivo

MOD	R$ 1.200.000,00
MD (matéria-prima)	R$ 2.800.000,00
Materiais indiretos	R$ 600.000,00
Transporte dos produtos	R$ 400.000,00

Sabendo-se que a indústria adota o método do valor de mercado para fazer a apropriação dos custos conjuntos aos coprodutos, o valor do custo alocado ao coproduto Alfa é:

(A) R$ 1.288.000,00.

(B) R$ 1.472.000,00.

(C) R$ 1.600.000,00.

(D) R$ 1.840.000,00.

Métodos de custeio: custeio por absorção e custeio variável ou direto

6

- **Objetivos**
  - » Calcular o custo de um produto ou serviço por meio do sistema de custeio por absorção e sistema de custeio variável, identificando a margem de contribuição, o ponto de equilíbrio e a margem de segurança para fins decisórios e gerenciais.
  - » Justificar os critérios utilizados nesse cálculo e identificar suas vantagens para as empresas para aprimorar os instrumentos de desenvolvimento organizacional.
  - » Interpretar as relações custo/volume/lucro para a empresa e algumas comparações entre o sistema de custeio por absorção e o sistema de custeio variável.

6.1 Definição

Método de custeio é o método usado para a apropriação de custos. Existem dois métodos de custeio básicos: custeio por absorção e custeio variável ou direto, que podem ser usados com qualquer sistema de acumulação de custos. A diferença básica entre os dois métodos está no tratamento dos custos fixos. Por isso, vamos apresentar a classificação dos custos quanto ao volume de produção.

Custear significa "acumular, determinar custos". Custeio ou custeamento são métodos de apuração de custos, maneiras segundo as quais procedemos a acumulação e a apuração dos custos. A aplicação desses sistemas deverá ser coerente com o tipo de empresa, as características de suas atividades, suas necessidades gerenciais e, evidentemente, o custo-benefício resultante do sistema adotado, segundo Horngren (1985).

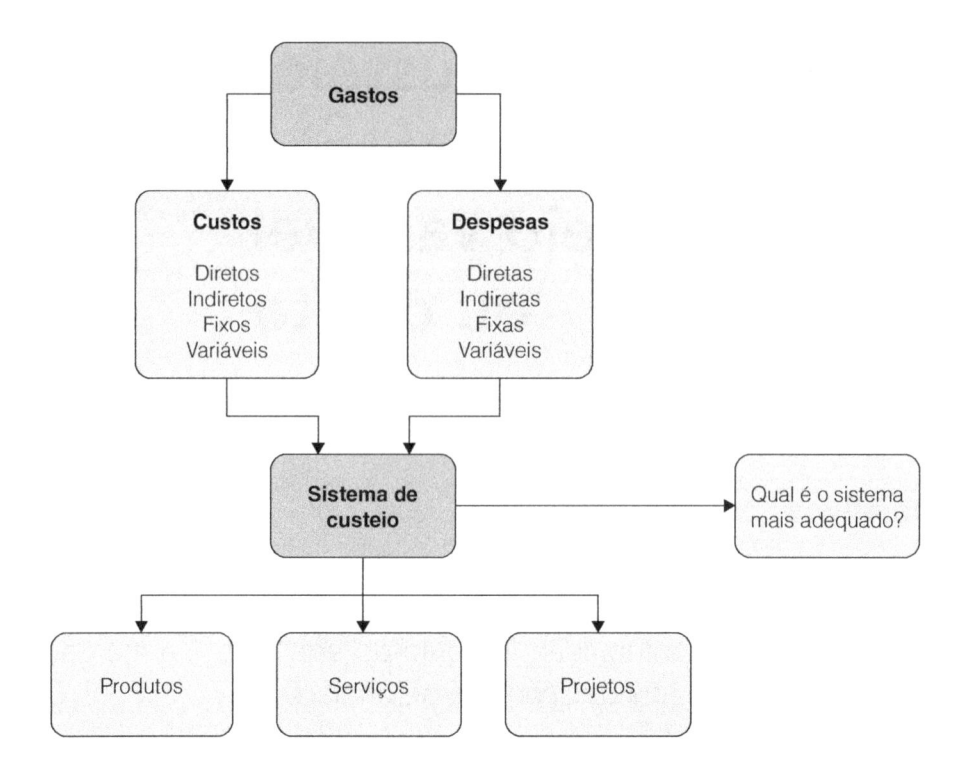

Figura 6.1 Características dos gastos.

Fonte: elaborada pelos autores.

6.2 Custeio por absorção

O custeio por absorção, também chamado **custeio integral** ou **custo integral**, é aquele que faz debitar ao custo dos produtos todos os custos da área de fabricação, definidos como custos diretos ou indiretos, fixos ou variáveis, de estrutura ou operacionais. O próprio nome do critério é revelador dessa particularidade, ou seja, o procedimento é fazer com que cada produto ou produção (ou serviço) absorva uma parcela dos custos diretos e indiretos relacionados à fabricação (CREPALDI, S. A.; CREPALDI, G. S., 2017).

É o método derivado da aplicação das normas de contabilidade, portanto é o sistema legal aceito e exigido no Brasil pela legislação fiscal. Os produtos fabricados absorvem todos os custos incorridos no processo de fabricação. Esse método trabalha com sistema de rateios na apropriação dos custos de dois ou mais produtos. O resultado do custo sofre influência direta do volume produzido. Os gastos que não são efetuados para a produção (despesas) são excluídos (CREPALDI, 2010).

Todos os custos incorridos no período serão absorvidos pela produção realizada, ou seja, serão apropriados aos produtos acabados (e em elaboração, se for o caso), independentemente de serem fixos, variáveis, diretos ou indiretos. A separação entre custo e despesa é essencial, porque nesse caso as despesas vão diretamente contra o resultado do período, enquanto os custos dos produtos não vendidos vão para o estoque. A finalidade desse critério é ter o custo total (direto e indireto) de cada objeto produzido. Não há preocupação em classificar os custos em fixos e variáveis; classificam-se os custos em diretos e indiretos. Os resultados apresentados não sofrem influência direta do volume de produção e esse é um critério legal e fiscal externo.

Nesse método, consideraremos que todos os custos (fixos e variáveis) são absorvidos pelos produtos. Todos os gastos relativos ao esforço de produção são distribuídos para todos os produtos ou serviços feitos.

Não é muito utilizado para a tomada de decisões empresariais.

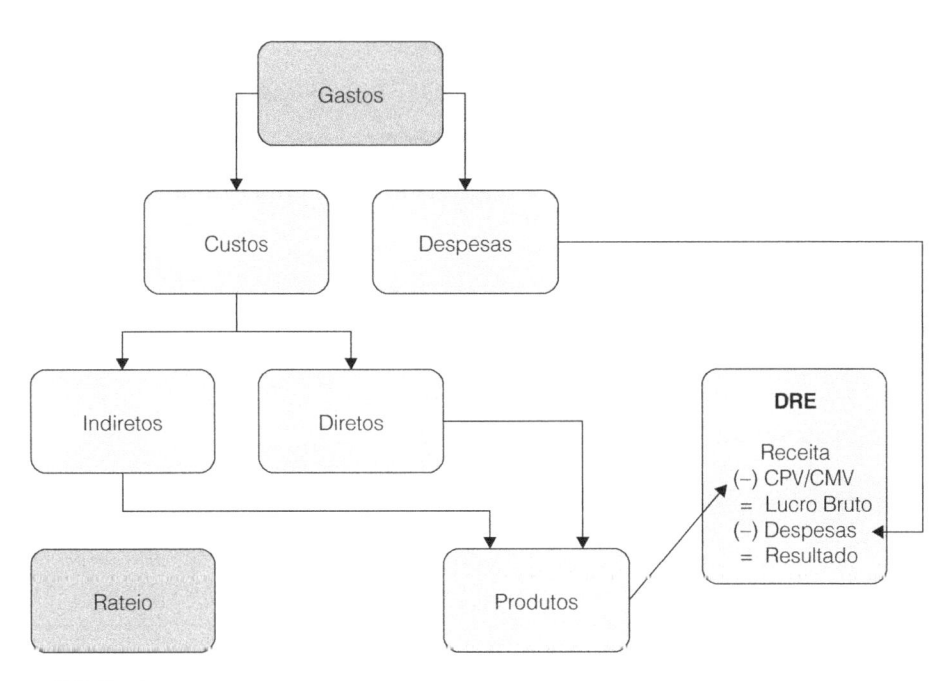

Figura 6.2 Gastos.

Fonte: Farias (s/d).

No custeio por absorção, os custos de um produto podem sofrer alterações em função de mudança no volume de produção de outros produtos, provocando distorções relevantes. Considerada a existência de custos fixos e respeitada a capacidade de produção da empresa, quanto maior for o volume de produção, menor será o custo unitário do produto.

Exemplo 1:

A Irmãos Poço Fundo Ltda. é uma empresa de manufatura que produziu e comercializou, nos exercícios sociais de 2015 e 2016, um único produto. A fábrica entrou em operação no ano de 2015, não havendo, portanto, qualquer tipo de estoque no início do exercício fiscal de 2015.

Durante o exercício social de 2015, a Contabilidade reportou dados da produção e das despesas incorridas:

- 200 unidades produzidas e acabadas.
- Custos variáveis de fabricação: R$ 30,00 por unidade.
- Custos fixos de fabricação: R$ 600,00.
- Despesas operacionais de administração e vendas: R$ 400,00.
- 200 unidades vendidas.
- Preço líquido de venda por unidade: R$ 40,00.

No exercício social de 2016, foram produzidas 300 unidades e vendidas 250 unidades, com a mesma estrutura de custos e despesas.

Com base nas informações, calcule o resultado final apurado pelo método de custeio por absorção.

Solução:

Irmãos Poço Fundo Ltda.

Custeio absorção – 2015

Vendas	200 unidades × R$ 40,00	R$	8.000,00
(–) CPV	200 unidades × R$ 33,00	R$	6.600,00
Lucro Bruto		R$	1.400,00
(–) Despesas administrativas e vendas		R$	400,00
Lucro		R$	1.000,00

CP = Custo fixo + custo variável

CP = R$ 600,00 + (200 unidades × R$ 30,00)

CP = R$ 6.600,00

CP unitário = R$ 6.600,00 / 200 unidades

CP unitário = R$ 33,00/unidade

Irmãos Poço Fundo Ltda.

Custeio absorção – 2016

Vendas	250 unidades × R$ 40,00	R$	10.000,00
(–) CPV	300 unidades × R$ 33,00	R$	9.900,00
Lucro Bruto		R$	1.000,00
(–) Despesas administrativas e vendas		R$	400,00
Lucro		R$	600,00

CP = custo fixo + custo variável

CP = R$ 600,00 + (300 unidades × R$ 30,00)

CP = R$ 9.900,00

CP unitário = R$ 9.900,00 / 300 unidades

CP unitário = R$ 33,00/unidade

Estoque

Estoque = Quantidade produzida – quantidade vendida

Estoque = 300 unidades – 250 unidades

Estoque = 50 unidades

Valor do estoque

Valor do estoque = quantidade no estoque × CP unitário

Valor do estoque = 50 unidades × R$ 33,00

Valor do estoque = R$ 1.650,00

Esse método de custeio é derivado da aplicação das normas de contabilidade, pois está de acordo com o regime de competência e a confrontação de receitas e despesas, ou seja, é considerado despesa do período apenas o custo de produção referente aos produtos que foram vendidos no período.

Esquematicamente, o fluxo global de custos e despesas para apuração de resultados no custeio por absorção pode ser visto na Figura 6.3.

Pode-se verificar, na Figura 6.3, que todas as despesas vão para o resultado do período, enquanto os custos somente são lançados ao resultado na parte correspondente aos produtos vendidos, com o restante permanecendo como estoque.

Suponha-se uma fábrica que tenha seis departamentos: três de serviço (Administração da Fábrica, Controle de Qualidade e Almoxarifado) e três de produto (Usinagem, Cromeação e Montagem). Os produtos da empresa passam pelos três departamentos produtivos e devem carregar os custos indiretos de cada um. Todavia, os três departamentos de serviço têm custos que também precisam ser lançados aos produtos segundo algum critério.

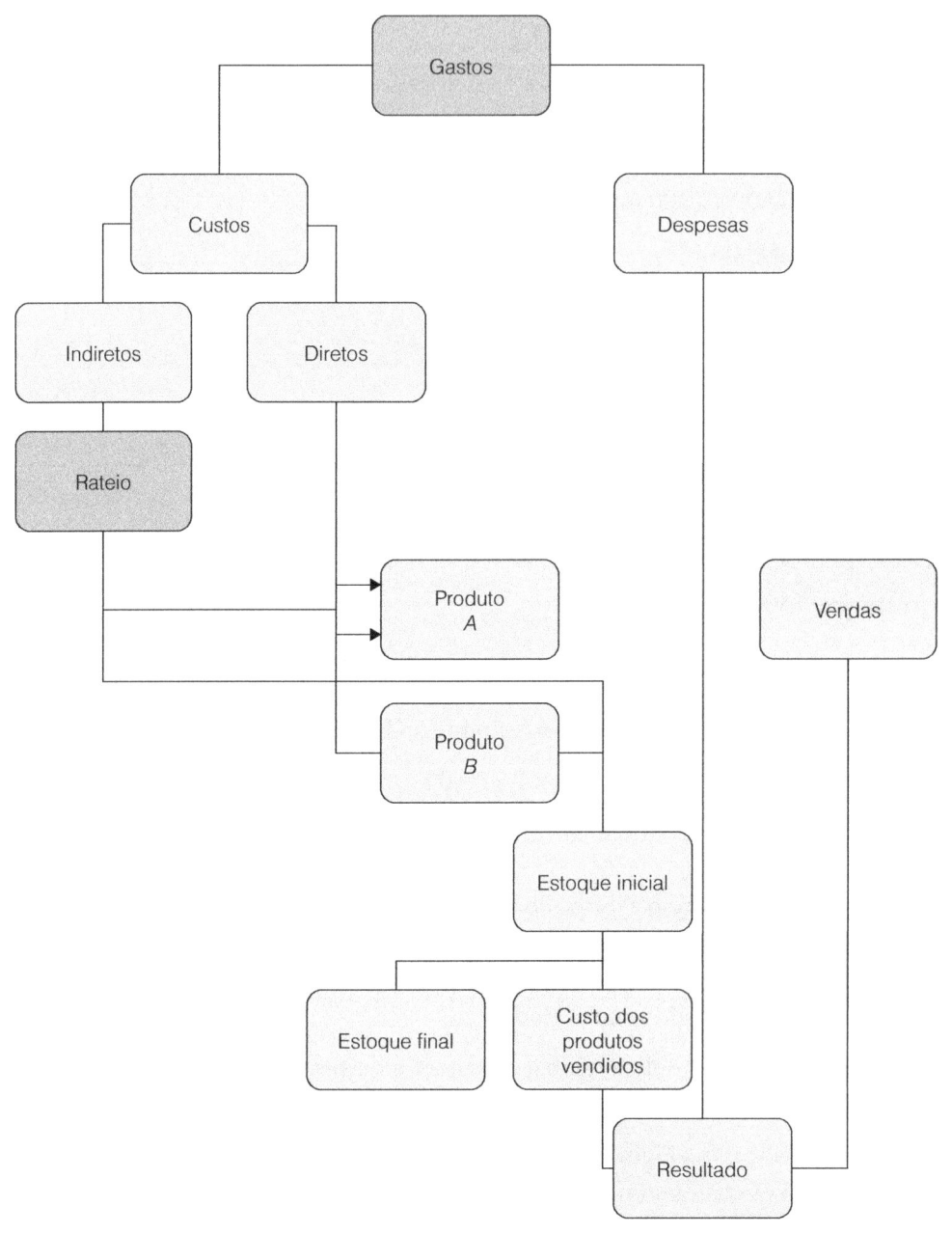

Figura 6.3 Fluxo global de custos e despesas.

Os custos dos departamentos de serviço são distribuídos aos departamentos de produção e, posteriormente, rateados a cada produto.

Exemplo 2:

A Indústria Divinópolis Ltda. produz apenas um produto. No mês de agosto, produziu e vendeu 300 unidades desse produto, tendo logrado vender 200 unidades ao preço unitário de R$ 40,00.

Os custos e as despesas para produzir e vender os produtos foram os seguintes:

- R$ 10,00 por unidade de custos variáveis;
- R$ 12,00 por unidade de custos fixos.

Com base nos dados fornecidos e considerando-se que não havia saldo inicial, determine o custo total dos produtos produzidos e vendidos, o estoque final de produtos e o lucro líquido do período, utilizando-se o custeio por absorção.

Solução:

Custo de produção

Custo variável unitário (CVu)	R$	10,00
Custo fixo unitário (CFu)	R$	12,00
Custo total unitário (CTu)	R$	22,00

Custo total de produção = quantidade produzida × custo total unitário

Custo total de produção = 300 unidades × R$ 22,00 = R$ 6.600,00

Indústria Divinópolis Ltda.

Custeio por Absorção

Vendas – 200 unidades × R$ 40,00	R$	8.000,00
(–) Custo dos produtos vendidos – 300 unidades × R$ 22,00	R$	6.600,00
Lucro bruto	R$	1.400,00

Estoque final

Estoque final = quantidade produzida – quantidade vendida

Estoque final = 300 unidades – 200 unidades

Estoque final = 100 unidades

Valor do estoque final

Valor do estoque final = unidades × CP unitário

Valor do estoque final = 100 unidades × R$ 22,00

Valor do estoque final = R$ 2.200,00

Os custos fixos são necessários para que a fábrica esteja em condições de produzir. São custos incorridos independentemente do volume de produção, pois não sofrem variações. Como os custos fixos são indiretos e em geral apropriados por estimativas mais ou menos arbitrárias, isso faz com que o custo de fabricação de um produto possa variar de acordo com os critérios adotados. Dessa forma, por consequência, o resultado apurado na venda de um produto pode variar de acordo com a parcela de custos fixos que a ele se decida apropriar.

Exemplo 3:

A Empresa Belém Ltda. produziu, no mesmo período, 100 unidades do Produto A, 200 unidades do Produto B e 300 unidades do Produto C.

Os custos indiretos totais foram de R$ 1.700,00. Os custos diretos unitários de matéria-prima representaram, respectivamente, R$ 1,50, R$ 1,00 e R$ 0,50, e os custos diretos unitários de mão de obra, R$ 1,00, R$ 0,50 e R$ 0,50.

O critério de rateio dos custos indiretos foi proporcional ao custo direto total de cada produto.

Considerando-se essas informações, quais são os custos unitários dos produtos A, B e C pelo custeio por absorção?

Solução:

Produto	Qtde.	MP (R$)	MOD (R$)	Total (R$)	CDT (R$)	%	Rateio (R$)	CI (R$)	CT (R$)
A	100	1,50	1,00	2,50	250,00	0,29	500,00	5,00	7,50
B	200	1,00	0,50	1,50	300,00	0,35	600,00	3,00	4,50
C	300	0,50	0,50	1,00	300,00	0,35	600,00	2,00	3,00
Total	600			5,00	850,00	1,00	1.700,00		

O custo unitário é: A = R$ 7,50; B = R$ 4,50; e C = R$ 3,00.

6.2.1 *Vantagens do método de custeio por absorção*

- Pode melhorar a utilização dos recursos, absorvendo todos os custos de produção, permitindo a apuração do custo total de cada produto.
- Está de acordo com as normas de contabilidade e a legislação tributária.
- Não requer a separação dos custos de manufatura nos componentes fixos e variáveis.
- Atende efetivamente à fixação de preços de venda mais reais.
- Só é considerada custo a parcela dos materiais utilizados na produção.

6.2.2 *Desvantagens do método de custeio por absorção*

- Os custos, por não se relacionarem com este ou aquele produto ou a esta ou aquela unidade, são quase sempre distribuídos à base de critérios de rateio, quase sempre com grande grau de arbitrariedade.
- O custo fixo por unidade depende ainda do volume de produção; e o que é pior: o custo de um produto pode variar em função da alteração de volume de outro produto.
- Os custos fixos existem independentemente da fabricação ou não desta ou daquela unidade e acabam presentes no mesmo montante, mesmo que ocorram oscilações (dentro de certos limites).
- A desvantagem desse método está no aspecto gerencial, já que todos os custos deverão se incorporar aos produtos, inclusive os fixos. Deve-se utilizar algum critério de rateio para alocação desses custos. Assim, mesmo que o critério de rateio seja o mais ideal, haverá certo grau de arbitrariedade na alocação de custos.

Um problema na utilização do método de custeio por absorção está na fixação dos preços sem conhecer a margem real de cada produto vendido e de forma menos eficaz visando a um resultado global.

Custeio por absorção
- **Todos os custos** de produção são **absorvidos** pelas unidades produzidas.
- Custos diretos **associados** aos produtos de forma **objetiva**.
- Custos indiretos **associados** aos produtos de forma **subjetiva** (rateio).
- Os custos de produção **retornam** aos estoques e tornam-se custos no resultado de acordo com a venda.

6.3 Método de custeio variável ou direto

O método de custeio variável, também conhecido como **custeio direto**, é um tipo de custeamento que considera como custo de produção de um período apenas os custos variáveis incorridos, desprezando os custos fixos, os quais são tratados como despesas do período. Entenda que o termo *custos* engloba também as despesas variáveis. Nesse método, o custo unitário de produção do período será o total de custo variável dividido pela quantidade produzida, e o custo fixo será apropriado direto ao resultado do exercício, não passando pelo estoque. Fundamenta-se na separação dos gastos em gastos variáveis e gastos fixos, isto é, em gastos que oscilam proporcionalmente ao volume da produção/venda e gastos que se mantêm estáveis perante volumes de produção/venda oscilantes dentro de certos limites. No critério de custeio variável, só são apropriados aos produtos os custos variáveis, ficando os custos fixos separados e considerados como despesas do período (CREPALDI, S. A.; CREPALDI, G. S., 2017).

Partindo do princípio de que os custos da produção são, em geral, apurados por mês e de que os gastos imputados aos custos devem ser aqueles incorridos com efetividade e registrados contabilmente, esse sistema de apuração de custos depende de um adequado suporte do sistema contábil, na forma de um plano de contas que separe, já no estágio de registro dos gastos, os custos variáveis e os custos fixos de produção com adequado rigor. É o método de custeio em que somente os custos claramente identificados com os produtos devem ser apropriados. No processo de seleção e produção no sistema de custeio variável, os fluxos dos componentes dos custos de produção são separados em dois grupos, os custos fixos e os custos variáveis, sendo que os custos variáveis tomam a direção dos estoques e os fixos são direcionados para o resultado do exercício (CREPALDI, S. A.; CREPALDI, G. S., 2017).

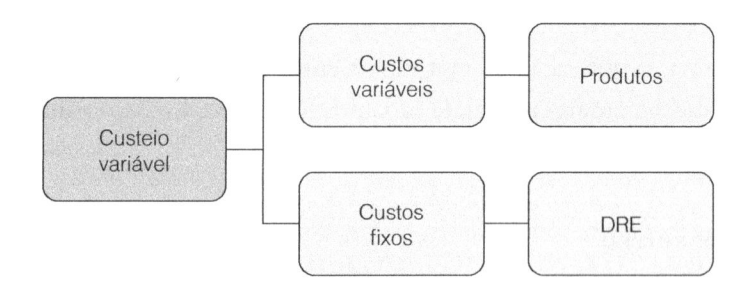

Figura 6.4 Custeio variável.
Fonte: Farias (s/d).

Classificam-se os custos em fixos e variáveis – não há preocupação em classificar os custos diretos e indiretos, assim os resultados apresentados sofrem influência direta do volume de vendas. É um critério administrativo e gerencial interno. No critério de custeio variável, só são apropriados aos produtos os custos variáveis, ficando os custos fixos separados e considerados como despesas do período.

Considera-se que o Custo da Produção do Período (CPP) consiste somente nos custos variáveis incorridos, excluindo-se os custos fixos, que não são considerados custos de produção, e sim despesas, sendo encerrados diretamente contra o resultado do período.

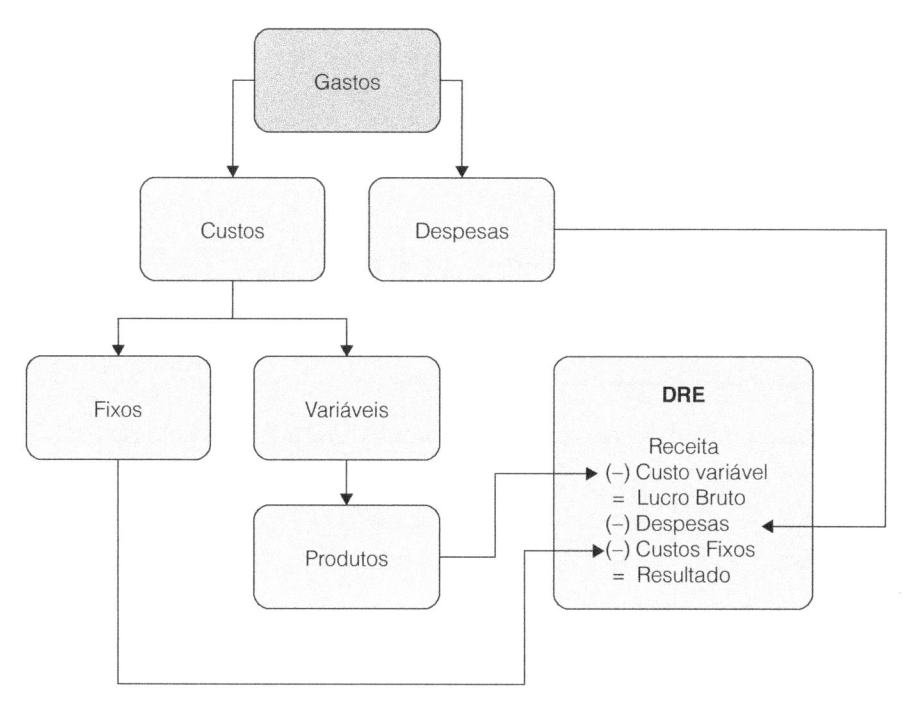

Figura 6.5 Gastos.
Fonte: Farias (s/d).

O método de custeamento variável, pelo qual todos os custos variáveis são alocados aos bens ou serviços, sejam eles diretos, sejam eles indiretos, apresenta a vantagem de possibilitar que se encontre a margem de contribuição unitária de cada produto, podendo, pois, servir como instrumento de decisão de curto prazo.

No custeio variável, os custos fixos são separados e considerados despesas do período, portanto não são alocados aos produtos. Esse procedimento evita que eventuais arbitrariedades, provocadas pelo rateio dos custos fixos, venham a afetar o cálculo do custo dos produtos.

Exemplo:

A Irmãos Poço Fundo Ltda. é uma empresa de manufatura que produziu e comercializou, nos exercícios sociais de 2015 e 2016, um único produto. A fábrica entrou em operação no ano de 2015, não havendo, portanto, qualquer tipo de estoque no início do exercício fiscal de 2015.

Durante o exercício social de 2015, a Contabilidade reportou dados da produção e das despesas incorridas:

- 200 unidades produzidas e acabadas.
- Custo variável de fabricação: R$ 30,00 por unidade.
- Custos fixos de fabricação: R$ 600,00.
- Despesas operacionais de administração e vendas: R$ 400,00.
- 200 unidades vendidas.
- Preço líquido de venda por unidade: R$ 40,00.

No exercício social de 2016, foram produzidas 300 unidades e vendidas 250 unidades, com a mesma estrutura de custos e despesas.

Com base nas informações, calcule o resultado final apurado pelo método de custeio variável.

Solução:

Irmãos Poço Fundo Ltda.

Custeio variável – 2015

Vendas – 200 unidades × R$ 40,00	R$	8.000,00
(–) CPV – 200 unidades × R$ 30,00	R$	6.000,00
Margem de contribuição	R$	2.000,00
(–) Custos fixos	R$	600,00
(–) Despesas administrativas e vendas	R$	400,00
Lucro	R$	1.000,00

CP = custo variável

CP = 200 unidades × R$ 30,00

CP = R$ 6.000,00

Irmãos Poço Fundo Ltda.

Custeio variável – 2016

Vendas – 250 unidades × R$ 40,00	R$	10.000,00
(–) CPV – 300 unidades × R$ 30,00	R$	9.000,00
Margem de contribuição	R$	1.000,00
(–) Custos fixos	R$	600,00
(–) Despesas administrativas e vendas	R$	400,00
Lucro	R$	000,00

CP = custo variável

CP = 300 unidades × R$ 30,00

CP = R$ 9.000,00

CP unitário = (custos fixos / produção) + custo variável

Estoque

Estoque = quantidade produzida – quantidade vendida

Estoque = 300 unidades – 250 unidades

Estoque = 50 unidades

Valor do estoque

Valor do estoque = quantidade no estoque × CP unitário

Valor do estoque = 50 unidades × R$ 30,00

Valor do estoque = R$ 1.500,00

Nos exemplos anteriores, vimos que, pelo custeio por absorção, quando se aumentaram as quantidades produzidas, aumentou-se o lucro (embora a empresa não tenha aumentado suas vendas), enquanto no custeio variável o lucro permaneceu constante nos dois anos.

Se parte da produção iniciada e acabada em determinado período permanecer em estoque, o lucro bruto nesse período será maior pelo custeio variável, pela falta dos custos fixos na composição do custo dos produtos vendidos. Mas o lucro líquido será maior pelo custeio por absorção, uma vez que o custo fixo é deduzido integralmente no sistema de custeio variável e, no sistema por absorção, a dedução é proporcional.

6.3.1 Vantagens na utilização do método de custeio variável ou direto

- Os custos dos produtos são mensuráveis objetivamente, pois não sofrerão processos arbitrários ou subjetivos de distribuição dos custos comuns.
- O lucro líquido não é afetado por mudanças de aumento ou diminuição de inventários.
- Os dados são necessários para a análise das relações custo-volume-lucro e são rapidamente obtidos do sistema de informação contábil.
- É mais fácil para os gerentes industriais entenderem o custeamento dos produtos sob o custeio direto, pois os dados são próximos da fábrica e de sua responsabilidade, possibilitando a correta avaliação de desempenho setorial.
- O custeamento direto é totalmente integrado com o custo-padrão e com o orçamento flexível, possibilitando o correto controle de custo.

Impede-se que aumentos de produção que não correspondem ao aumento de vendas distorçam o resultado: como os custos fixos são abatidos diretamente do resultado no custeio variável, o aumento de produção desvinculado do aumento de vendas não provoca qualquer alteração no lucro líquido da empresa. É uma ferramenta melhor para as tomadas de decisão dos administradores. O uso do custeio por absorção pode induzir a decisões errôneas sobre a produção.

6.3.2 Desvantagens do método de custeio variável ou direto

- A exclusão dos custos fixos indiretos para valoração dos estoques causa a sua subavaliação, fere os princípios contábeis e altera o resultado do período.
- Na prática, a separação de custo fixos e variáveis não é tão clara como parece, pois existem custos semivariáveis e semifixos, podendo o custeamento direto incorrer em problemas semelhantes de identificação dos elementos de custeio.
- O custeamento direto é um conceito de custeamento e análise de custos para decisões de curto prazo, mas subestima os custos fixos, que estão ligados à capacidade de produção e de planejamento de longo prazo, podendo trazer problemas de continuidade para a empresa.

No caso de custos mistos (custos que têm uma parcela fixa e outra variável), nem sempre é possível separar objetivamente a parcela fixa da parcela variável. Embora existam técnicas estatísticas para efetuar tal divisão, muitas vezes ela é tão arbitrária quanto o rateio dos CIFs no custeio por absorção.

O custeio variável não é aceito pela auditoria externa das empresas que têm capital aberto, nem pela legislação do Imposto de Renda. A razão disso é que o custeio variável fere as normas de contabilidade, em especial as normas de realização de receitas, de confrontação e da competência. Essas normas estabelecem que os custos associados aos produtos só podem ser reconhecidos à medida que estes são vendidos, já que somente quando reconhecida a receita (por ocasião da venda) é que devem ser deduzidos todos os sacrifícios necessários à sua obtenção (custos e despesas). Como o custeio variável admite que todos os custos fixos sejam deduzidos do resultado, mesmo que nem todos os produtos sejam vendidos, ele violaria tais normas.

> **Custeio Variável**
> - Atribui aos **produtos** apenas a parcela **variável** dos custos.
> - A parcela variável das despesas é reconhecida no resultado no momento em que ocorre a venda.
> - A **parcela fixa** (custos e despesas), que é reconhecida diretamente no resultado.
> - É reconhecida como **custo do produto** apenas a parcela variável dos gastos custos, sejam eles custo, sejam eles despesa.

6.4 Custeio por absorção × custeio variável ou direto

Exemplo 1:

A Empresa Castelo Ltda., no mês de agosto, apresentou custos com materiais diretos no valor de R$ 30,00 por unidade e custos com MOD no valor de R$ 28,00 por unidade. Os custos fixos totais do período foram de R$ 160.000,00. Sabe-se que a empresa produziu, no mês, 10.000 unidades totalmente acabadas, conseguiu vender 8.000 unidades por R$ 100,00 cada uma e incorreu em R$ 10,00 de despesas de vendas por unidade vendida.

Elabore a demonstração de resultado de exercício pelo método do custeio por absorção e custeio variável ou direto.

Solução:

Apuração do custo unitário de produção no custeio por absorção

CP do período unitário (custeio por absorção)

$$CPPu = CFu + CVu - Cfu$$

$$CFu = R\$\ 160.000,00\ /\ 10.000\ unidades$$

CFu = R$ 16,00

CVu = R$ 30,00 (MD) + R$ 28,00 (MOD)

CVu = R$ 58,00

CPPu = R$ 16,00 + R$ 58,00

CPPu = R$ 74,00

DRE

Custeio por absorção

Vendas	8.000 unidades × R$ 100,00	R$	800.000,00
(–) CMV	8.000 unidades × R$ 74,00	R$	592.000,00
Lucro bruto		R$	208.000,00
(–) Despesas de vendas	8.000 unidades × R$ 10,00	R$	80.000,00
Lucro líquido		R$	128.000,00

Estoque de produtos acabados

Estoque = 2.000 unidades × R$ 74,00 = R$ 148.000,00

Apuração do custo unitário de produção no custeio variável ou direto

CP do período unitário (custeio variável)

CPPu = CVu + despesas variáveis unitárias

CVu = R$ 30,00 (MD) + R$ 28,00 (MOD)

CVu = R$ 58,00

CPPu = R$ 58,00

DRE

Custeio variável ou direto

Vendas – 8.000 unidades × R$ 100,00	R$	800.000,00
(–) CMV – 8.000 unidades × R$ 58,00	R$	464.000,00
(–) Despesas de vendas – 8.000 unidades × R$ 10,00	R$	80.000,00
Margem de contribuição	R$	256.000,00
(–) Custo fixo	R$	160.000,00
Lucro líquido	R$	96.000,00

Estoque de produtos acabados

Estoque = 2.000 unidades × R$ 58,00 = R$ 116.000,00

Exemplo 2:

A Cia. Varginha produziu 30.000 unidades do produto X no ano-calendário em que iniciou suas atividades. Durante o período, foram vendidas 24.000 unidades ao preço de R$ 45,00 cada uma.

Os custos e as despesas da companhia, no referido exercício, foram os seguintes:

Custos e despesas variáveis, por unidade de X

Matéria-prima	R$	6,00
Materiais indiretos	R$	10,00
CIFs variáveis	R$	8,00
Despesas variáveis	20% do preço de venda	

Custos e despesas fixos totais do mês

Mão de obra da fábrica	R$	80.000,00
Depreciação dos equipamentos industriais	R$	36.000,00
Outros gastos de fabricação	R$	100.000,00
Salário do pessoal da Administração	R$	60.000,00
Demais despesas da Administração	R$	40.000,00

Determine o resultado do exercício utilizando-se o custeio por absorção e custeio variável.

Solução:

Custo variável unitário = R$ 6,00 + R$ 10,00 + R$ 8,00 = R$ 24,00

Custo fixo unitário = R$ 80.000,00 + R$ 36.000,00 + R$ 100.000,00 /30.000 unidades = R$ 7,20 por unidade

CUSTEIO POR ABSORÇÃO

Receita total 24.000 unidades × R$ 45,00	R$	1.080.000,00
(–) CPV	(R$	748.800,00)
Custo variável = 24.000 unidades × R$ 24,00 =	R$	576.000,00
Custo fixo = 24.000 unidades × R$ 7,20 =	R$	172.800,00

= Lucro bruto	R$	331.200,00
(–) Despesas variáveis 20% × R$ 1.080.000,00 =	R$	216.000,00
(–) Despesas fixas	R$	100.000,00
= Lucro	R$	15.200,00

CUSTEIO VARIÁVEL

Receita total 24.000 unidades × R$ 45,00	R$	1.080.000,00
(–) CPV	(R$	576.000,00)
Custo variável = 24.000 unidades × R$ 24,00 =	R$	576.000,00
= Lucro bruto	R$	504.000,00
(–) Despesas variáveis 20% × R$ 1.080.000,00 =	R$	216.000,00
(–) Despesas fixas	R$	100.000,00
(–) Custo fixo	R$	216.000,00
= Prejuízo	R$	28.000,00

A diferença está na apropriação do custo fixo no resultado do custeio por absorção:

R$ 7,20 × 6.000 unidades = R$ 43.200,00

R$ 15.200,00 – (– R$ 28.000,00) = R$ 43.200,00

6.5 Aplicações

Uma vez que os custos variáveis são inevitavelmente necessários, sua dedução da receita identifica a margem de contribuição do produto, sem nenhuma interferência de manipulação devido aos critérios de rateio dos custos fixos.

Também oportuniza saber:

- a identificação da quantidade de unidades a serem vendidas, para que um projeto seja viabilizado;
- o fornecimento de informações gerenciais, por haver relação entre o lucro e o volume de produção.

6.6 Margem de contribuição

No custeio variável, todos os custos e despesas variáveis (inclusive as despesas de vendas e administração) são deduzidos da receita de vendas, embora as despesas variáveis não façam parte do custo do produto, resultando na margem de contribuição. Pode ser conceituada como a diferença entre a receita menos a soma de custos e despesas variáveis (CREPALDI, S. A.; CREPALDI, G. S., 2017).

A margem de contribuição é o preço de venda menos os custos variáveis e as despesas variáveis. Desse modo, a margem de contribuição de um produto é o que resta após diminuir os custos variáveis e as despesas variáveis. É a quantia com a qual o produto contribui para amortizar os custos fixos mais as despesas fixas e para formar o lucro. Representa o valor que cobrirá os custos e despesas fixos da empresa e proporcionará o lucro.

O método de custeamento variável, pelo qual todos os custos variáveis são alocados aos bens ou serviços, sejam eles diretos, sejam eles indiretos, apresenta a vantagem de possibilitar que se encontre a margem de contribuição unitária de cada produto, podendo, pois, servir como instrumento de decisão de curto prazo.

Fórmulas:

Margem de contribuição total:

$$MC = RV - CV$$

em que: MC = margem de contribuição

RV = vendas totais

CV = custo variável total

Margem de contribuição unitária (MC/U):

$$MC/U = PV/U - CV/U$$

em que: MC/U = margem de contribuição unitária

PV/U = preço de venda unitário

CV/U = custo variável unitário

Exemplo:

A Empresa Industrial Real Ltda. apresentou os seguintes elementos de resultado, relativos a um período de produção e vendas:

Vendas totais	R$	920.000,00
Custos fixos totais	R$	145.000,00
Custos variáveis totais	R$	345.000,00
Despesas fixas totais	R$	100.000,00
Despesas variáveis totais	R$	78.000,00

Determine a margem de contribuição total.

Solução:

Margem de Contribuição = Receita de Vendas – (Custo Variável + Despesas Variáveis)

Margem de Contribuição = R$ 920.000,00 – (R$ 345.000,00 + R$ 78.000,00)

MC = R$ 497.000,00

A margem de contribuição é um conceito de extrema importância para o método de custeio variável e para a tomada de decisões gerenciais. Em termos de produto, a margem de contribuição é a diferença entre o preço de venda e a soma dos custos e despesas variáveis. É o valor que cada unidade efetivamente traz à empresa de sobra entre sua receita e o custo que de fato provocou e lhe pode ser imputado sem erro. A finalidade da margem de contribuição é cobrir as despesas fixas e formar o lucro da empresa.

As vantagens de conhecer as margens de contribuição de cada produto ou linha de produtos podem ser resumidas nos seguintes aspectos:

- A margem de contribuição ajuda a empresa a decidir que mercadorias merecem maior esforço de vendas e qual será o preço mínimo para promoções.
- As margens de contribuição são essenciais para auxiliar a administração da empresa a decidir pela manutenção ou não de determinados produtos, pela manutenção ou não de determinada filial.
- As margens de contribuição podem ser usadas também para avaliar alternativas de reduzir preços e aumentar o volume de vendas.
- A margem de contribuição é utilizada também para determinar o ponto de equilíbrio da empresa.

Outro conceito de fundamental importância é o de margem de contribuição unitária (MCu), que representa o quanto a produção e a venda de uma unidade de produto resultam em recursos monetários para a empresa, para que esta possa amortizar seus custos fixos e obter lucro.

$$MCu = PVu - CVu$$

em que:

$$CVu = \frac{CV}{Q}$$

Exemplo:

Na produção de 100.000 unidades de um produto X, são incorridos custos variáveis de R$ 1.500.000,00, sendo os custos fixos de R$ 900.000,00 e o preço unitário de venda de R$ 25,00. Indique o ponto de equilíbrio.

Solução:

Margem de contribuição unitária

MCu = PVu – CVu

CVu = R$ 1.500.000,00 / 100.000 unidades = R$ 15,00 por unidade

MCu = R$ 25,00 – R$ 15,00

MCu = R$ 10,00

Nas decisões sobre aumentar ou diminuir a quantidade produzida, devemos sempre usar a margem de contribuição como critério de seleção.

Sem qualquer restrição, o produto mais rentável será o que apresentar maior margem de contribuição unitária. Se houver alguma restrição (de matéria-prima, por exemplo), o produto mais rentável será o que apresentar maior margem de contribuição por fator de restrição. Nesse caso, devemos calcular a margem de contribuição de cada produto e dividir pela quantidade de fator de restrição que o produto utiliza.

Quando houver limitação na capacidade produtiva de uma empresa, o produto que mais vai contribuir para o aumento do resultado da empresa será aquele que tiver o maior valor do quociente da margem de contribuição unitária pelo fator limitante da referida capacidade.

A margem de contribuição pode auxiliar os gerentes das empresas de quatro formas diferentes:

- essa informação ajuda o gerente a decidir sobre se deve diminuir ou expandir uma linha de produção;

- ajuda a avaliar alternativas provenientes da produção, de propagandas especiais etc.;
- ajuda a decidir sobre estratégias de preço, serviços ou produtos;
- ajuda a avaliar o desempenho da produção.

Quanto maior for a margem de contribuição unitária de um produto, menor será o seu ponto de equilíbrio contábil.

Exemplo:

A Fábrica de Camisetas Só Sucessos Ltda. produz e vende, mensalmente, 3.500 camisetas ao preço de R$ 5,00 cada uma. As despesas variáveis representam 20% do preço de venda e os custos variáveis são de R$ 1,20 por unidade. A fábrica tem capacidade para produzir 5.000 camisetas por mês, sem alterações no custo fixo atual de R$ 6.000,00. Uma pesquisa de mercado revelou que, ao preço de R$ 4,00 a unidade, haveria demanda no mercado para 6.000 unidades por mês.

Caso a empresa adote a redução de preço para aproveitar o aumento de demanda, mantendo a estrutura atual de custos fixos e capacidade produtiva, qual será o resultado final da empresa?

Situação atual

Quantidade vendida mensal = 3.500 camisetas

PVu = R$ 5,00

Despesas variáveis = 20%

PVu = R$ 1,00

CVu = R$ 1,20

Capacidade de produção = 5.000 camisetas por mês

CF = R$ 6.000,00

Situação nova

Quantidade demandada mensal = 6.000 camisetas

PVu = R$ 4,00

Despesas variáveis = 20%

PVu = R$ 0,80

CVu = R$ 1,20

Capacidade de produção = 5.000 camisetas por mês

CF = R$ 6.000,00

Uma pesquisa de mercado revelou que, reduzindo o preço para R$ 4,00, a demanda, que antes era de 3.500 camisetas por mês, sofreria um aumento e iria para 6.000 camisetas/mês.

Apesar de a demanda com a redução do preço aumentar para 6.000 camisetas/mês, a capacidade de produção da fábrica é de 5.000 camisetas/mês. Portanto, a fábrica produzirá e poderá vender 5.000 camisetas por mês.

Cálculos para saber qual será o resultado dessa medida de redução de preço:

Antes – R$ 5,00

$MCu = PVu - CVu$ (inclui as despesas variáveis)

$MCu = R\$ 5,00 - (R\$ 1,20 + R\$ 1,00) = R\$ 5,00 - R\$ 2,20 = R\$ 2,80$

$MCT = MCu \times$ quantidade vendida

$(Qv)\ MCT = R\$ 2,80 \times 3.500$ unidades $= R\$ 9.800,00$

Logo, o resultado da fábrica quando o preço da camiseta era de R$ 5,00 foi de R$ 9.800,00.

Situação nova – R$ 4,00

$MCu = PVu - CVu$ (inclui as despesas variáveis)

$MCu = R\$ 4,00 - (R\$ 1,20 + R\$ 0,80) = R\$ 4,00 - R\$ 2,00 = R\$ 2,00$

$MCT = MCu \times$ quantidade vendida (Qv)

$MCT = R\$ 2,00 \times 5.000$ unidades $= R\$ 10.000,00$

Logo, o resultado da fábrica com a alteração do preço para R$ 4,00 será R$ 10.000,00.

Portanto, o resultado final da empresa sofrerá um aumento na receita de R$ 200,00.

6.7 Margem de contribuição como fator limitante da produção

É a quantia com a qual o produto contribui para amortizar os custos fixos mais as despesas fixas, e para formar o lucro (CREPALDI, S. A.; CREPALDI, G. S., 2017).

Preço de venda (PV) – custos e despesas variáveis (CV) = margem de contribuição (MC)

Exemplo 1:

A Indústria Araguari Ltda. fabrica quatro tipos de produtos e obtém as margens de contribuição a seguir discriminadas:

Itens	Produto 1 (R$)	Produto 2 (R$)	Produto 3 (R$)	Produto 4 (R$)
Preço de venda	150,00	300,00	200,00	350,00
Custos variáveis	80,00	180,00	170,00	290,00
Margem de contribuição unitária	70,00	120,00	30,00	60,00

Na fabricação dos quatro produtos, é utilizado um mesmo tipo de material secundário, nas seguintes quantidades:

Itens	Produto 1	Produto 2	Produto 3	Produto 4
Quantidades de material secundário necessárias à fabricação de uma unidade do produto	2	5	1	3

No mês de julho, houve escassez do material secundário no mercado. A indústria identificou que não dispõe, em seus estoques, de materiais em quantidade suficiente para fabricar os produtos e atender à demanda pelos quatro produtos.

Considerando-se as informações fornecidas e que o mercado absorve todas as unidades produzidas, é CORRETO afirmar que, diante da escassez de material secundário, a indústria deverá priorizar a fabricação de qual produto?

Solução:

Produto 1:
MCu / Fator limitante = R$ 70,00 / 2 = R$ 35,00

Produto 2:
MCu / Fator limitante = R$ 120,00 / 5 = R$ 24,00

Produto 3:
MCu / Fator limitante = R$ 30,00 / 1 = R$ 30,00

Produto 4:
MCu / Fator limitante = R$ 60,00 / 3 = R$ 20,00

Portanto, a empresa deverá priorizar o Produto 1 por possuir o maior valor do quociente da MCu pelo fator limitante.

Exemplo 2:

Os produtos Calça e Camisa, fabricados pela Companhia Araporã Ltda., são vendidos por R$ 100,00 e R$ 70,00, respectivamente. Os dados de seu processo de produção, envolvendo o material direto e o tempo unitário que os produtos demandam para ser confeccionados nos três departamentos produtivos, estão descritos na tabela:

Itens	Material (R$)	Tempo por unidade (horas)		
		Corte	Costura	Acabamento
Calça	64,00	0,10	0,30	0,10
Camisa	40,00	0,20	0,20	0,10

Sabendo-se que o mercado está disposto a comprar, mensalmente, 500 unidades do produto Calça e 1.000 unidades do produto Camisa, e que a capacidade produtiva de cada departamento é de 320 horas/mês, identifique o *mix* de produção que proporciona o maior resultado econômico possível.

Responda:

Qual produto a empresa priorizará para obtenção de maior resultado?

1º Passo: achar a margem de contribuição unitária (MCu)

Calça = R$ 100,00 – R$ 64,00 = R$ 36,00

Camisa = R$ 70,00 – R$ 40,00 = R$ 30,00

2º Passo: verificar se é possível produzir o máximo sem ultrapassar o tempo limite (320 horas/mês)

Produto	Qtde.	TEMPO					
		Corte	Total	Costura	Total	Acab.	Total
Calça	500	0,10	50	0,30	150	0,10	50
Camisa	1.000	0,20	200	0,20	200	0,10	100
Total			250		350		150

Obs.: O tempo limite de 320 horas/mês é ultrapassado. O que impede a produção máxima (FT – fator limitante) é o setor de costura, que ultrapassa o tempo estipulado.

Produto	Margem de contribuição
Calça	R$ 18.000,00
Camisa	R$ 30.000,00
Total	**R$ 48.000,00**

Aparentemente, a margem de contribuição das camisas é a maior e, portanto, mais indicada para a empresa.

3º Passo: fazer simulação

A) 500 calças e 850 camisas:

Produto	Qtde.	TEMPO					
		Corte	Total	Costura	Total	Acab.	Total
Calça	500	0,10	50	0,30	150	0,10	50
Camisa	850	0,20	170	0,20	170	0,10	85
Total			**220**		**320**		**135**

Produto	Margem de contribuição
Calça	R$ 18.000,00
Camisa	R$ 25.500,00
Total	**R$ 43.500,00**

B) 500 calças e 0 camisa:

Produto	Qtde.	TEMPO					
		Corte	Total	Costura	Total	Acab.	Total
Calça	500	0,10	50	0,30	150	0,10	50
Camisa	0	0,20	0	0,20	0	0,10	0
Total			**50**		**150**		**50**

Produto	Margem de contribuição
Calça	R$ 18.000,00
Camisa	R$ 0.000,00
Total	**R$ 18.000,00**

C) 400 calças e 1.000 camisas:

Produto	Qtde.	TEMPO					
		Corte	Total	Costura	Total	Acab.	Total
Calça	400	0,10	40	0,30	120	0,10	40
Camisa	1.000	0,20	200	0,20	200	0,10	100
Total			**240**		**320**		**140**

Produto	Margem de contribuição
Calça	R$ 14.400,00
Camisa	R$ 30.000,00
Total	**R$ 44.400,00**

D) 0 calça e 1.000 camisas:

Produto	Qtde.	TEMPO					
		Corte	Total	Costura	Total	Acab.	Total
Calça	0	0,10	0	0,30	0	0,10	0
Camisa	1.000	0,20	200	0,20	200	0,10	100
Total			**200**		**200**		**100**

Produto	Margem de contribuição
Calça	0
Camisa	R$ 30.000,00
Total	**R$ 30.000,00**

Resposta: 400 calças e 1.000 camisas.

Esquema da margem de contribuição

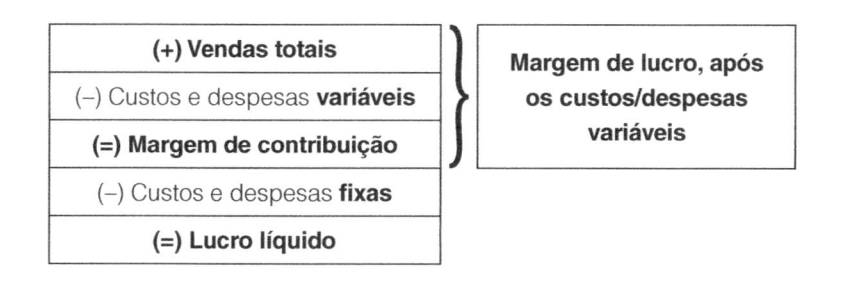

Não considera os custos e despesas fixos (diretos e indiretos), pois eles **não** estão vinculados com o volume de vendas.

6.8 Relações de custo-volume-lucro

É a técnica que permite estudar os inter-relacionamentos entre custo, volume ou nível de atividades e receitas para medir sua influência sobre o lucro. Na verdade, os fundamentos da análise de custo-volume-lucro estão intimamente relacionados ao uso de sistemas de custo no auxílio de decisões de curto prazo, característica do método de custeio variável.

Importância da análise custo-volume-lucro

Apoia a tomada de decisões relativamente a:

- fabricação ou compra;
- introdução de linhas de produto;
- determinação de preços de venda;
- dimensionamento da empresa.

Planejamento:

- facilita a elaboração de orçamentos;
- permite a projeção de lucros;
- induz à redução de gastos.

Controle:

- facilita o controle orçamentário;
- permite a realização de orçamentos flexíveis.

A relação custo-volume-lucro é a relação que o volume de vendas tem com os custos e lucros. O planejamento do lucro exige uma compreensão das características dos custos e de seu comportamento em diferentes níveis operacionais.

A relação entre os custos e as receitas em diferentes níveis de atividades pode ser representada gráfica ou algebricamente. A demonstração de resultado do exercício reflete o lucro somente em determinado nível das vendas, não se prestando à previsão de lucros em diferentes níveis de atividade.

Para alcançar o equilíbrio nas linhas de produção, deverá ser calculado o volume de vendas necessário para cobrir os custos, saber como usar corretamente essa informação e entender como os custos reagem com as mudanças de volume.

A análise de custo-volume-lucro é uma ferramenta gerencial utilizada para identificar a combinação mais favorável de custos variáveis, custos fixos, preço de venda, volume de vendas e *mix* de vendas para o aumento da rentabilidade da empresa.

Exemplo 1:

A empresa Capinópolis Ltda. produz um só produto e dispõe da seguinte estrutura de preço e custo.

Preço de venda por unidade	R$	200,00
Custos variáveis por unidade	R$	140,00
Custos fixos totais	R$	120.000,00

Qual deverá ser o volume de vendas, em unidades, que vai produzir lucro antes dos juros e do Imposto de Renda (lucro operacional) de 20% das vendas?

Solução:

Índice = (CVu / PVu) × RT

Índice = R$ 140,00 / R$ 200,00 × RT

Índice = 0,70 RT

RT = Lucro + CF + Índice do CV

RT = 0,20 RT + R$ 120.000,00 + 0,70 RT

RT − 0,90 RT = R$ 120.000,00

0,10 RT = R$ 120.000,00

RT = R$ 120.000,00 / 0,10

RT = R$ 1.200.000,00

Volume de vendas = RT / PVu

VV = R$ 1.200.000,00 / R$ 200,00

VV = 6.000 unidades

Exemplo 2:

Considerando a seguinte demonstração de resultado da Empresa Juína Ltda. e sabendo que a empresa quer lucro de 20% sobre as vendas, qual é o volume de vendas necessário?

Vendas	R$	40.000,00
Custos variáveis	R$	24.000,00
Margem de contribuição	R$	16.000,00
Custos fixos	R$	6.000,00
Lucro operacional	R$	10.000,00

Solução:

Índice do CV $= (CV / PV) \times RT$

Índice do CV $= R\$ 24.000,00 / R\$ 40.000,00 \times RT$

Índice do CV $= 0,60\, RT$

$RT = ICV + CF + lucro$

$RT = 0,60\, RT + R\$ 6.000,00 + 0,20\, RT$

$RT = 0,80\, RT + R\$ 6.000,00$

$RT - 0,80\, RT = R\$ 6.000,00$

$0,20\, RT = R\$ 6.000,00$

$RT = R\$ 6.000,00 / 0,20$

$RT = R\$ 30.000,00$

DRE

Empresa Juína Ltda.

Vendas (RT)	R$ 30.000,00	100%
(–) Custo variável	R$ 18.000,00	R$ 30.000,00 × 60%
Margem de contribuição	R$ 12.000,00	
(–) Custo fixo	R$ 6.000,00	
Lucro operacional	R$ 6.000,00	20%

Exemplo 3:

A Empresa Queluz Ltda. produz 200 unidades no nível máximo da sua capacidade de produção. Para essa produção, o custo total por unidade produzida é de R$ 1.500,00 e o custo variável unitário é de R$ 1.200,00. Se a produção diminuir para 160 unidades, qual será o custo total unitário?

Solução:

Custo Variável (unitário) = R$ 1.200,00

Custo Fixo (unitário) = Custo Total – Custo Variável

CF (unit.) = R$ 1.500,00 – R$ 1.200,00

CF = R$ 300,00

Custo Total = Custo Fixo + Custo Variável

CT = R$ 300,00 + R$ 1.200,00 = R$ 1.500,00

Como o custo variável já foi dado e o custo fixo unitário não varia de acordo com a quantidade produzida, o custo total para 160 unidades permanece em R$ 1.500,00 por unidade.

6.8.1 Ponto de equilíbrio

Para alcançar o equilíbrio nas linhas de produção e/ou no serviço do departamento, deverá ser calculado o volume de vendas necessário para cobrir os custos, saber como usar corretamente essa informação e entender como os custos reagem com as mudanças de volume.

É o ponto onde os custos totais e as receitas totais se igualam. A partir dele, a empresa entra na área da lucratividade.

A análise do ponto de equilíbrio é fundamental nas decisões referentes:

- a investimentos;
- ao planejamento de controle do lucro;
- ao lançamento ou corte de produtos;
- a análises das alterações do preço de venda conforme o comportamento do mercado.

A empresa está no ponto de equilíbrio quando não tem lucro ou prejuízo; nesse ponto, as receitas totais são iguais aos custos totais ou despesas totais.

A análise do ponto de equilíbrio – *break even point* – auxilia a compreender como o lucro pode ser afetado pelas variações de elementos que integram as receitas de vendas e os custos e as despesas totais. Acerca desse assunto, julgue o item seguinte. A margem de contribuição total e a margem de contribuição unitária constituem elementos importantes nas análises do ponto de equilíbrio e dos efeitos de alavancagem.

A análise do ponto de equilíbrio presume que há somente um produto ou grupo constante de produtos em que o preço de venda, a eficiência da produção e o custo variável por unidade são constantes.

Dessa forma:

Receita total: $RT = PVu \times Q$

em que:

RT = receita total

PVu = preço de venda unitário

Q = quantidade

Custo total: $CT = (Cvu \times Q) + CF$

em que:

CVu = custo variável unitário

Q = quantidade

CF = custo fixo

Cálculo do ponto de equilíbrio

Pode ser calculado de três maneiras para sua determinação e apresentação:

Método da equação

$$PEu = \frac{CDFT}{MCu}$$

Exemplo:

Na produção de 100.000 unidades de um produto X, são incorridos custos variáveis de R$ 1.500.000,00, sendo os custos fixos de R$ 900.000,00 e o preço unitário de venda de R$ 25,00. Determine o ponto de equilíbrio.

Solução:

Margem de contribuição unitária

$$MCu = PVu - CVu$$

CVu = R$ 1.500.000,00 / 100.000 unidades = R$ 15,00 por unidade

MCu = R$ 25,00 – R$ 15,00

MCu = R$ 10,00

Ponto de equilíbrio em unidades

PE = CF / MCu

PE = R$ 900.000,00 / R$ 10,00

PE = 90.000 unidades

6.8.2   Caso prático

A Empresa Vitória Ltda. produz e vende 60.000 unidades por mês, com custos fixos totais de R$ 1.100.000,00 e custos variáveis totais de R$ 5.000.000,00.

Almejando um ponto de equilíbrio de 20%, determine qual é o valor que a empresa deve fixar para o seu preço de venda.

Resolução

Custo fixo unitário

CFu = R$ 1.100.000,00 / 60.000 unidades

CFu = R$ 18,33/unidade

Custo variável unitário

CVu = R$ 5.000.000,00 / 60.000 unidades

CVu = R$ 83,33/unidade

PE = CF / MC

0,20 = R$ 1.100.000,00 / MC

0,20 MC = R$ 1.100.000,

MC = R$ 1.100.000,00 / 0,20

MC = R$ 5.500.000

MCu = R$ 5.500.000,00 / 60.000 unidades

MCu = R$ 91,67

MCu = PVu – Cvu

R$ 91,67 = PVu – R$ 83,33

PVu = R$ 91,67 + R$ 83,33

PVu = R$ 175

DRE

Empresa Vitória Ltda.

Receita bruta (R$ 175,00 × 60.000 un.)	R$	10.500.000,00	100%
(–) CVT	R$	5.000.000,00	
Lucro bruto	R$	5.500.000,00	
(–) Custo fixo	R$	1.100.000,00	
Lucro líquido	R$	4.400.000,00	42%

6.8.2.1 Método da margem de contribuição

O método da margem de contribuição é usado para determinar o ponto de equilíbrio e o lucro ou prejuízos operacionais a cada nível de produção.

6.8.2.2 Método gráfico

Obtém-se elaborando o gráfico com os dados dos cálculos.

Considerando o exemplo, vamos calcular seu ponto de equilíbrio graficamente.

Se os custos são fixos, em qualquer volume de atividade, eles são constantes e podem ser representados por uma reta paralela ao eixo das abscissas.

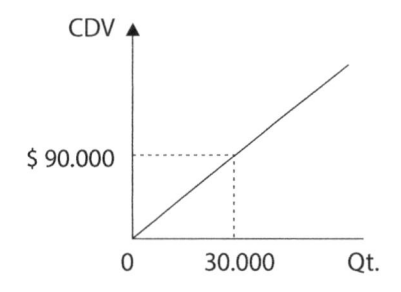

Se os custos são variáveis, à medida que aumenta o volume de atividade, eles também aumentam, podendo ser representados por uma reta que sai da coordenada 0,0. No nível de 30.000 unidades, seus custos variáveis totais são de R$ 90.000,00 (30.000 unidades × R$ 3,00).

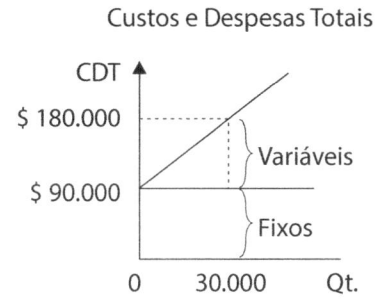

Custos e Despesas Totais

A reta dos custos e despesas totais sai do nível de R$ 90.000,00, que representam os custos e despesas fixos, pois, independentemente do nível de atividade, eles serão sempre R$ 90.000,00; à medida que aumenta o volume de atividade, os custos e despesas totais aumentam, pois aumentam também os custos e despesas variáveis. No nível de 30.000 unidades, os custos e despesas totais são de R$ 180.000,00.

A receita total pode ser representada por uma reta ascendente, pois, à medida que se aumentam as quantidades vendidas, aumenta-se a receita total. No nível de 30.000 unidades, a receita total é de R$ 180.000,00 (30.000 unidades × R$ 6,00).

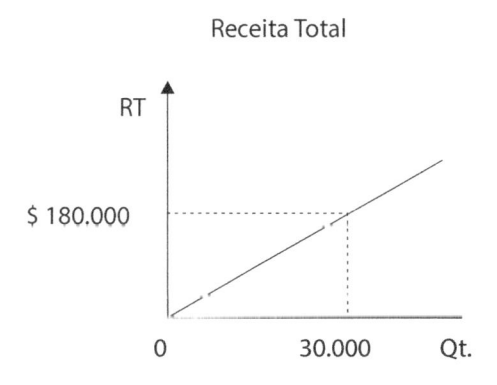

Receita Total

6.8.3 Gráfico do ponto de equilíbrio

Sobrepondo o gráfico da receita total sobre o gráfico dos custos e despesas totais no ponto em que a reta da receita total cruzar com a reta dos custos e despesas totais, a empresa não terá lucro nem prejuízo e esse será seu ponto de equilíbrio. Se a empresa vender uma unidade a mais, ela passará a ter lucro; se vender uma unidade a menos, passará a ter prejuízo.

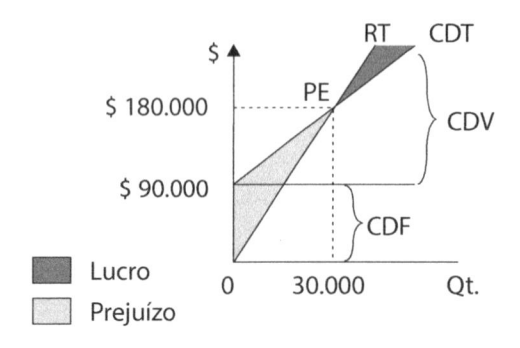

6.8.3.1 Cálculo algébrico do ponto de equilíbrio

A Companhia Industrial Botelhos Ltda. apresentou R$ 66.000,00 de custos fixos e R$ 192.000,00 de custos variáveis, tendo produzido 2.400 unidades. Considerando que a margem de contribuição unitária é de R$ 40,00, determine o preço de venda unitário e o ponto de equilíbrio.

Preço de venda unitário

Margem de contribuição unitária = preço de venda unitário – custo variável unitário

R$ 40,00 = PVu – R$ 80,00

PVu = R$ 80,00 + R$ 40,00

PVu = R$ 120,00

Custo variável unitário

Custo variável unitário = custo variável / quantidade

CVu = R$ 192.000,00 / 2.400 unidades

CVu = R$ 80,00

Ponto de equilíbrio em unidades

Ponto de equilíbrio = custo fixo / margem de contribuição unitária

PE = R$ 66.000,00 / R$ 40,00

PE = 1.650 unidades

A análise das relações entre custo-volume-lucro e o conceito de ponto de equilíbrio têm algumas limitações, sendo:

- os custos fixos são fixos dentro de determinado volume de produção; se a empresa aumentar seu volume de produção além de certos limites, seus custos fixos se elevarão, mas não proporcionalmente às quantidades;
- as retas de custos e despesas totais e receitas totais nem sempre são lineares;
- a análise supõe a existência de um único produto ou a manutenção da composição de vendas;
- o volume de produção é praticamente igual ao volume de vendas, não havendo variações nos estoques iniciais e finais.

A análise do ponto de equilíbrio é fundamental nas obrigações referentes a investimentos, nos planejamentos de controle do lucro, no lançamento ou corte de produtos e para análise das alterações do preço de venda, conforme o comportamento do mercado.

Exemplo:

A Gráfica Passo Fundo Ltda. pretende comercializar a *Revista Educação* no mercado brasileiro. Os gestores da empresa estimam gastos variáveis de R$ 1,50 por revista processada e gastos fixos na ordem de R$ 100.000,00 por mês. Por outro lado, os gestores comerciais esperam obter R$ 1,00 por revista comercializada, além de R$ 130.000,00 mensais relativos à receita de publicidade.

Permanecendo as demais condições constantes, para se alcançar um lucro de R$ 10.000,00 por mês, quanto será necessário comercializar?

Item	R$
Receita publicidade	130.000,00
Receita comercial	1,00
Custos variáveis	1,50
Margem de contribuição	129.999,50
Custos e despesas fixos	100.000,00
Lucro líquido	**29.999,50**

Opções	A	B	C	D	E
Quantidade	220.000	80.000	60.000	40.000	20.000
Receita de publicidade	R$ 130.000,00	R$ 130.000,00	R$ 130.000,00	R$ 130.000,00	R$ 130.000,00
Receita comercial	R$ 220.000,00	R$ 80.000,00	R$ 60.000,00	R$ 40.000,00	R$ 20.000,00

(Continua)

(Continuação)

Opções	A	B	C	D	E
Custos variáveis	R$ 330.000,00	R$ 120.000,00	R$ 90.000,00	R$ 60.000,00	R$ 30.000,00
Margem de contribuição	R$ 20.000,00	R$ 90.000,00	R$ 100.000,00	R$ 110.000,00	R$ 120.000,00
Custos e despesas fixos	R$ 100.000,00	R$ 100.000,00	R$ 100.000,00	R$ 100.000,00	R$ 100.000,00
Lucro líquido	**R$ 80.000,00**	**R$ −10.000,00**	**R$ 0,00**	**R$ 10.000,00**	**R$ 20.000,00**

Comercializar 40.000 assinaturas.

6.8.4 Ponto de equilíbrio contábil, econômico e financeiro

A diferença fundamental entre os três pontos de equilíbrio são os custos e as despesas fixos a serem considerados.

6.8.4.1 Ponto de Equilíbrio Contábil (PEC)

O Ponto de Equilíbrio Contábil (PEC) é obtido quando há volume (monetário ou físico) suficiente para cobrir todos os custos e as despesas fixas, ou seja, o ponto em que não há lucro ou prejuízo contábil. É o ponto de igualdade entre a receita total e o custo total (CREPALDI, S. A.; CREPALDI, G. S., 2017). Corresponde à quantidade que equilibra a receita total com a soma dos custos e despesas relativos aos produtos vendidos, cuja fórmula é dada por:

$$Qe = CF / MCu$$

Exemplo:

Considere os seguintes dados referentes à Empresa Catanduva Ltda.:

- Gasto fixo total: R$ 1.000,00
- Custo variável unitário: R$ 5,00
- Preço de venda unitário: R$ 10,00
- Gasto com depreciação: R$ 200,00
- CO: R$ 200,00

Calcule o PEC considerando os dados anteriores.

Solução:

Margem de contribuição unitária = preço de venda − (custo variável + despesas variáveis)

$MCu = R\$ 10,00 − (R\$ 5,00 + 0)$

$MCu = R\$ 5,00$

Ponto de equilíbrio contábil

PEC = custos e despesas fixas / margem de contribuição unitária

PEC = R$ 1.000,00 / R$ 5,00

PEC = 200 unidades

DRE

Empresa Catanduva Ltda.

Vendas – 200 unidades × R$ 10,00	R$ 2.000,00
(–) Custos variáveis – 200 unidades × R$ 5,00	R$ 1.000,00
Margem de contribuição	R$ 1.000,00
(–) Custos fixos	R$ 1.000,00
Lucro	0

6.8.4.2 Ponto de Equilíbrio Econômico (PEE)

O Ponto de Equilíbrio Econômico (PEE) ocorre quando existe lucro na empresa e esta busca comparar e demonstrar o lucro da empresa em relação à taxa de atratividade que o mercado financeiro oferece ao capital investido. Mostra a rentabilidade real que a atividade escolhida traz, confrontando-a com outras opções de investimento (CREPALDI, S. A.; CREPALDI, G. S., 2017). Corresponde à quantidade que iguala a receita total com a soma dos custos e despesas acrescidos do Custo de Oportunidade (CO).

O CO representa a remuneração que a empresa obteria se aplicasse seu capital em outro lugar qualquer em vez de em seu próprio negócio.

$$QeE = (CF + CO) / MCu$$

Exemplo:

Considere os seguintes dados referentes à Empresa Catanduva Ltda.:

- Gasto fixo total: R$ 1.000,00
- Custo variável unitário: R$ 5,00
- Preço de venda unitário: R$ 10,00
- Gasto com depreciação: R$ 200,00
- CO: R$ 200,00

Calcule o PEE considerando os dados anteriores.

Solução:

Margem de contribuição unitária = preço de venda – (custo variável + despesas variáveis)

MCu = R$ 10,00 – (R$ 5,00 + 0)

MCu = R$ 5,00

Ponto de equilíbrio econômico

PEE = custo e despesas fixas / margem de contribuição unitária

PEE = R$ 1.000,00 + R$ 200,00 / R$ 5,00

PEE = 240 unidades

DRE

Empresa Catanduva Ltda.

Vendas	240 unidades × R$ 10,00	R$	2.400,00
(–) Custos variáveis	240 unidades × R$ 5,00	R$	1.200,00
Margem de contribuição		R$	1.200,00
(–) Custos fixos		R$	1.000,00
(–) Custo de oportunidade		R$	200,00
Lucro			0

Interpretação: a empresa, para cobrir o retorno que o mercado daria ao capital investido, necessita vender 800 unidades/mês para estar no PEC mais 200 unidades para chegar ao PEE, ou seja, 1.000 unidades/mês.

6.8.4.3 Ponto de Equilíbrio Financeiro (PEF)

O Ponto de Equilíbrio Financeiro (PEF) é representado pelo volume de vendas necessárias para que a empresa possa cumprir seus compromissos financeiros. Nem todos os custos de produção representam desembolsos. Dessa forma, os resultados contábeis e econômicos não são iguais aos financeiros (CREPALDI, S. A.; CREPALDI, G. S., 2017).

Informa o quanto a empresa terá de vender para não ficar sem dinheiro e, consequentemente, quanto em empréstimos terá de fazer, prejudicando ainda mais os lucros. Corresponde à quantidade que iguala a receita total com a soma dos custos e das despesas que representam desembolso financeiro para a empresa.

Dessa forma, tem-se, por exemplo, que os encargos de depreciação são excluídos do cálculo do PEF:

$$QeF = (CF - Depreciação) / MCu$$

Exemplo:

Considere os seguintes dados referentes à Empresa Catanduva Ltda.:

- Gasto fixo total: R$ 1.000,00
- Custo variável unitário: R$ 5,00
- Preço de venda unitário: R$ 10,00
- Gasto com depreciação: R$ 200,00
- CO: R$ 200,00

Calcule o PEF considerando os dados anteriores.

Solução:

Margem de contribuição unitária = preço de venda – (custo variável + despesas variáveis)

MCu = R$ 10,00 – (R$ 5,00 + 0)

MCu = R$ 5,00

Ponto de equilíbrio financeiro

PEF = custos e despesas fixas / margem de contribuição unitária

PEF = R$ 1.000,00 + R$ 200,00 / R$ 5,00

PEF = 240 unidades

DRE

Empresa Catanduva Ltda.

Vendas	240 unidades × R$ 10,00	R$	2.400,00
(–) Custos variáveis	240 unidades × R$ 5,00	R$	1.200,00
Margem de contribuição		R$	1.200,00
(–) Custos fixos		R$	1.000,00
(–) Custo de oportunidade		R$	200,00
Lucro			0

Interpretação: mesmo operando com prejuízo, ou seja, abaixo do ponto de equilíbrio contábil, a empresa pode apresentar condições de liquidar suas obrigações financeiras.

6.8.4.4 Diferenças entre os métodos de cálculo de ponto de equilíbrio

As diferenças entre as metodologias de cálculo de ponto de equilíbrio são:

- Contábil: são levados em conta todos os custos e despesas relacionados com o funcionamento da empresa.
- Econômico: são também incluídos nos custos e despesas fixos todos os custos de oportunidade referentes ao capital próprio.
- Financeiro: os custos considerados são apenas os custos desembolsados que de fato oneram financeiramente a empresa.

6.8.4.5 Objetivo do ponto de equilíbrio

O objetivo do ponto de equilíbrio é fornecer importantes subsídios para um bom gerenciamento da empresa. Assim, o ponto de equilíbrio:

- financeiro informa o quanto a empresa terá de vender para não ficar sem dinheiro e, consequentemente, quanto em empréstimos terá de fazer, prejudicando ainda mais os lucros. Se a empresa estiver operando abaixo do PEF, poderá até cogitar uma parada temporária nas atividades;
- econômico mostra a rentabilidade real que a atividade escolhida traz, confrontando-a com outras opções de investimento.

6.8.4.6 Limitações ao uso do ponto de equilíbrio

A aplicação do ponto de equilíbrio de um único produto é facilmente entendida e simplificada. A limitação é justamente quando existem vários produtos, pelo fato de cada um envolver custos e despesas variáveis diferenciados, tornando impossível o cálculo do ponto de equilíbrio num âmbito global.

Exemplo com produtos com margens de contribuição iguais

Calcular o ponto de equilíbrio da Empresa Três Corações Ltda. considerando os seguintes dados, supondo que os custos e despesas fixos mensais são de R$ 30.000,00:

Produtos	Preço unitário (R$)	Custos + despesas variáveis unitárias (R$)	Margens de contribuição unitárias (R$)
A	800,00	400,00	400,00
B	1.200,00	800,00	400,00

$$PE = \frac{\text{custos + despesas fixas}}{\text{margem de contribuição unitária}}$$

$$PE = \frac{R\$\ 30.000,00}{R\$\ 400,00} = 75 \text{ unidades}$$

Essa quantidade corresponde a 75 margens de contribuição de R$ 400,00, o que equivale a 75 unidades de produtos A ou B, quaisquer que sejam as quantidades de cada um.

Exemplo com produtos com margens de contribuição diferentes

Calcular o ponto de equilíbrio da Empresa Poços de Caldas Ltda. considerando os seguintes dados, supondo que os custos e despesas fixos mensais são de R$ 45.300,00:

Produtos	Quantidade vendida em unidades	Preço unitário (R$)	Custos + despesas variáveis unitários (R$)	Margem de contribuição unitária (R$)
A	50	655,00	495,00	160,00
B	30	800,00	550,00	250,00
C	120	1.100,00	600,00	500,00

Solução:

Mix de produtos

Participação nas vendas, ou análise vertical da quantidade vendida.

Produtos	Quantidade	Análise vertical (%)
A	50	25
B	30	15
C	120	60
Total	**200**	**100**

Margem de contribuição média ponderada

Produtos	Margem de contribuição unitária (R$)		Análise vertical (%)	Margem de contribuição média ponderada (R$)
A	160,00	×	25	40,00

(Continua)

(Continuação)

Produtos	Margem de contribuição unitária (R$)		Análise vertical (%)	Margem de contribuição média ponderada (R$)
B	250,00	×	15	37,50
C	500,00	×	60	300,00
Total			**100**	**377,50**

$$PE = \frac{\text{custos + despesas fixas}}{\text{margem de contribuição unitária média ponderada}}$$

$$PE = \frac{R\$\ 45.300,00}{R\$\ 377,50}$$

PE = 120 unidades

Quantidades de cada produto:

A = 120 unidades × 25% = 30 unidades

B = 120 unidades × 15% = 18 unidades

C = 120 unidades × 60% = 72 unidades

Total = 120 unidades

Comprovação

Vendas	Preço unitário	Qtde.	Valor
Produto A	R$ 655,00 ×	30 un. =	R$ 19.650,00
Produto B	R$ 800,00 ×	18 un. =	R$ 14.400,00
Produto C	R$ 1.100,00 ×	72 un. =	R$ 79.200,00
Total		**120 un.**	**R$ 113.250,00**

CDV	Unitário	Qtde.	CDV
Produto A	R$ 495,00 ×	30 un. =	R$ 14.850,00
Produto B	R$ 550,00 ×	18 un. =	R$ 9.900,00
Produto C	R$ 600,00 x	72 un. =	R$ 43.200,00
Total		**120 un.**	**R$ 67.950,00**

DRE

Empresa Poços de Caldas Ltda.

Vendas	=	R$ 113.250,00
(–) CDV	=	R$ 67.950,00
MC	=	R$ 45.300,00
(–) CF	=	R$ 45.300,00
Lucro operacional	=	0

6.8.4.7 Análise do ponto de equilíbrio

A análise do ponto de equilíbrio é o processo de se calcularem as vendas necessárias para cobrir os custos, de forma que os lucros e os prejuízos sejam iguais a zero.

Essa análise é importante para o processo de planejamento do lucro da empresa, permitindo manter e melhorar os seus resultados operacionais.

Além disso, a análise do ponto de equilíbrio também pode ser usada:

- quando se introduz um novo produto ou serviço;
- quando se moderniza um dispositivo;
- quando se está iniciando um novo negócio;
- ou como primeira tentativa para determinar a viabilidade econômica de uma proposta de investimento.

Exemplo:

Os custos fixos da Empresa Lavras Ltda. equivalem a R$ 400.000,00 para uma produção mensal de 1.000 unidades, sendo que essa empresa tem capacidade de produção de 1.200 unidades. O custo variável é de R$ 300.000,00, e a receita de venda por produto é de R$ 500,00.

Calcule a quantidade de peças e o valor da receita para alcançar o ponto de equilíbrio.

Solução:

Ponto de equilíbrio = custo fixo / preço de venda unitário – custo variável unitário

CVu = R$ 300.000,00 / 1.000 unidades = R$ 300,00/unidade

PE = R$ 400.000,00 / R$ 500,00 – R$ 300,00
PE = R$ 400.000,00 / R$ 200,00
PE = 2.000 unidades

DRE

Empresa Lavras Ltda.

Receita de vendas	R$ 500,00 × 2.000 unidades	R$	1.000.000,00
(–) Custo dos produtos vendidos	R$ 300,00 × 2.000 unidades	R$	600.000,00
Margem de contribuição		R$	400.000,00
(–) Custo fixo		R$	400.000,00
Lucro bruto			0

6.8.5 Margem de segurança

A margem de segurança é um indicador de risco que aponta a quantidade a que as vendas podem cair antes de se ter prejuízo. É a parcela de produção e vendas que a empresa tem que estar acima do ponto de equilíbrio. Representa o quanto as vendas podem cair sem que a empresa incorra em prejuízo e pode ser expressa em valor, unidade ou percentual (CREPALDI, S. A.; CREPALDI, G. S., 2017).

Margem de Segurança Operacional (MS) equivale às unidades produzidas e vendidas acima do ponto de equilíbrio. É um indicador estático do risco econômico de exploração.

$$\text{MS (unidade)} = Qv - PEC \quad \text{ou} \quad \text{MS (valor)} = \text{MS (unidade)} \times MCu$$

em que:

MS = margem de segurança

Qv = quantidade vendida

PEC = quantidade no ponto de equilíbrio

MCu = margem de contribuição unitária

A margem de segurança com que uma empresa opera é função do montante de receita que ela pode perder até atingir o ponto de equilíbrio.

$$\% \, MS = \frac{\% \text{ margem de lucro}}{\% \text{ margem de contribuição}}$$

ou

$$\text{margem de segurança} = \frac{\text{vendas orçamentárias} - \text{equilíbrio das vendas}}{\text{vendas orçamentárias}}$$

A margem de segurança é o percentual de redução de vendas que a empresa pode suportar sem que tenha prejuízo e é dada pela fórmula já vista:

$$MS = \frac{Q - Qe}{Q}$$

Ou seja, quanto mais distante o volume de vendas Q estiver do ponto de equilíbrio Qe, maior será o valor de MS.

6.8.6 Caso prático

Um analista de custos resolveu aplicar as técnicas de análise do PEC para verificar o desempenho da Empresa Divinópolis Ltda. Ele sabia que a empresa vinha vendendo, nos últimos meses, 30.000 pacotes de produtos/mês, à base de R$ 35,00 por pacote. Seus custos e despesas fixas têm sido de R$ 472.500,00 ao mês e os custos e despesas variáveis, de R$ 15,00 por pacote.

Determine a margem de segurança.

Solução:

Margem de contribuição unitária

MCu = PVu – (CVu + DVu)

MCu = R$ 35,00 – R$ 15,00

MCu = R$ 20,00

Ponto de equilíbrio

$$Qe = \frac{R\$ \ 472.500,00}{R\$ \ 20,00}$$

Qe – 23.625 unidades

Margem de segurança

$$MS = \frac{30.000 - 23.625}{30.000}$$

MS = 0,2125

Ou seja, MS = 21,25% das vendas.

Como a empresa vende mensalmente 30.000 pacotes a R$ 35,00, temos que:

MS = 21,25% de 30.000 pacotes × R$ 35,00

MS = 21,25% de R$ 1.050.000,00 = R$ 223.125,00

6.8.7 Análise do custo-volume-lucro

A análise do custo-volume-lucro é um instrumento utilizado para projetar o lucro que seria obtido a diversos níveis possíveis de produção e vendas, bem como para analisar o impacto sobre o lucro de modificações no preço de venda, nos custos e em ambos. É baseada no custeio variável e, por meio dela, pode-se estabelecer qual é a quantidade mínima que a empresa deverá produzir e vender para que não incorra em prejuízo.

A análise do ponto de equilíbrio (análise custo-volume-lucro) permite tanto determinar o nível de operação que uma empresa precisa manter para cobrir todos os seus custos operacionais quanto para avaliar a lucratividade associada a vários níveis de venda. É uma ferramenta importante no planejamento de curto prazo, porque explora o relacionamento entre as suas quatro principais variáveis: custos totais, receita total, volume de saídas e lucro das operações (CREPALDI, S. A.; CREPALDI, G. S., 2017).

6.8.7.1 Aplicações

Ao planejarem suas estratégias de curto prazo, os gestores de uma reorganização precisam saber qual será o efeito das mudanças em uma ou mais dessas variáveis e o efeito dessas mudanças no lucro.

Assim:

- auxilia o estabelecimento das estratégias de preço e também o melhor *mix* de vendas;
- possibilita selecionar os níveis de lucro e a adoção de uma política apropriada de preços.

6.8.8 Comparação entre os métodos de custeio

Analisando-se a diferença entre os sistemas por absorção e direto, verifica-se que ela corresponde à apropriação dos custos fixos no custeio por absorção. As decisões devem ser tomadas pelos administradores baseadas na margem de contribuição fornecida pelo custeio direto, e não pelo lucro fornecido pelo sistema de custeio por absorção.

Por meio da margem de contribuição, pode-se avaliar o potencial de cada produto e o volume adequado da produção a fim de amortizar os custos fixos e as despesas fixas e ainda gerar o lucro desejado.

Custeio variável	Custeio por absorção
Utiliza a margem de contribuição e o ponto de equilíbrio.	Obedece aos preceitos contábeis.
Destaca o custo fixo e facilita o controle.	Pode melhorar a utilização dos recursos.
Evita o rateio de custos.	É aceito para fins de relatório externo.
As vendas aumentam e o lucro aumenta.	As vendas aumentam e o lucro pode cair.
Dificuldades para classificar os custos e valor do estoque sem relação com o custo.	No rateio, pode perder de vista os custos controláveis e áreas a que se aplicam.
Não faz distinção entre dispêndio e utilização da capacidade.	Os lucros são dissociados das vendas, variando com produtos no período anterior.
Pode relegar os custos fixos nos preços de vendas.	As alocações, os custos fixos podem distorcer análises para fins gerenciais.

O custo por absorção parte do princípio de que os custos e as despesas indiretas fixas são adicionados aos estoques e ao custo dos produtos vendidos.

Por sua vez, os princípios que norteiam a metodologia do custo direto não consideram os custos indiretos como custos de produção. Esses custos são lançados nas planilhas de produção como custos inaplicáveis ao processo produtivo, qualquer que seja o volume da atividade hospitalar.

Na verdade, as duas filosofias utilizam-se de princípios diferentes para fazer os custos indiretos chegarem ao produto. Uma agrega-os ao custo de produção, enquanto a outra debita da receita de vendas esses custos, obviamente apresentando resultados distintos nos balancetes de receitas e despesas.

Na comparação entre os sistemas de custeio direto e por absorção, a regra geral é que, sendo a quantidade produzida superior à vendida, as despesas, no período, tenderão a ser maiores com o custeio direto, e o lucro operacional será maior com o custeio por absorção.

Considerações finais

Independentemente da finalidade da apuração dos custos, o método de custeio utilizado na empresa tem grande influência na gestão de custos, uma vez que é através dele que o custo unitário do produto ou serviço prestado é apurado e sobre o qual todos os fundamentos de custeio são modelados.

Os métodos de custeio são:

1) **Método de custeio variável ou direto**: consiste em considerar custo de fabricação ou serviços prestados somente os custos variáveis diretos ou indiretos, sendo os custos fixos considerados juntamente com as despesas operacionais normais da empresa industrial.

2) **Método de custeio por absorção**: consiste em considerar custos de fabricação ou serviços prestados todos os custos incorridos no processo de fabricação do período, diretos (variáveis) ou indiretos (fixos).

Convém ressaltar que, no Brasil, o custeio por absorção somente pode ser utilizado para fins de apuração do custo de fabricação, conforme determina a legislação do Imposto sobre a Renda.

A escolha do método de custeio a ser utilizada pela empresa deve levar em consideração vários fatores, como: porte da empresa, faturamento, nível de informatização, quantidade e linhas de produto fabricado ou serviços prestados e, principalmente, seu planejamento. Num mercado competitivo, a informação sobre os custos da empresa é fundamental para sua continuidade, por esse motivo a atualização dos custos deve ser feita quase diariamente e sempre acompanhada pela gerência.

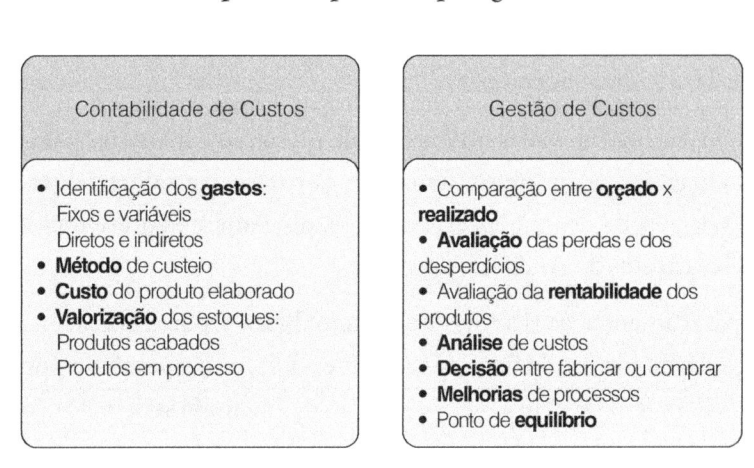

Figura 6.6 Contabilidade e Gestão de Custos.

A adequada mensuração dos custos dos estoques registrados em uma empresa é determinante para a apuração do custo das mercadorias vendidas e dos produtos vendidos. Os métodos de custeio e critérios de mensuração dos estoques incluem custeio real por absorção, custeio direto, custo-padrão, custeio baseado em atividades e RKW.

Quando a produção é maior que as vendas no mesmo período contábil, o lucro líquido obtido por meio do custeio por absorção tende a ser maior que o lucro líquido apurado de acordo com o custeio variável.

Questões de múltipla escolha

1) No critério de custeio variável, só são apropriados aos produtos os custos variáveis, ficando os custos fixos separados e:

   (A) considerados despesas do período;

   (B) alocados aos produtos por um critério de rateio;

   (C) alocados aos produtos através de rastreadores;

   (D) atribuídos aos produtos proporcionalmente.

2) A margem de contribuição pode ser conceituada como:

   (A) a receita menos a soma de custos e despesas variáveis;

   (B) alternativa não utilizada numa análise de projetos;

   (C) divisão do lucro pela receita;

   (D) soma de custos variáveis e despesas variáveis;

   (E) resultado da expressão: receita – custos variáveis + custos fixos.

3) De acordo com a terminologia de custos, julgue os itens a seguir, como verdadeiros (**V**) ou falsos (**F**) e, em seguida, assinale a opção **CORRETA**.

   I. Gargalo compreende um ponto da estrutura organizacional ou um recurso que limita as atividades operacionais.

   II. Margem de segurança operacional corresponde à quantidade de produtos ou receitas que uma empresa opera abaixo do ponto de equilíbrio.

   III. Produção em série é um sistema produtivo no qual as empresas necessitam de um pedido formal do cliente. Os produtos não são padronizados, sendo produzidos de acordo com as características pedidas pelos clientes.

   IV. Rateio de custo é a alocação dos custos aos objetos de custeio tendo por base um critério de rateio previamente definido.

   V. Sistema de acumulação de custos por processo é o sistema de acumulação de custos utilizados pelas empresas que trabalham em produção em série. Consiste em acumular os custos em uma conta representativa de um centro de custos e dividi-los pela produção equivalente para obter o custo de uma unidade de produto.

A sequência **CORRETA** é:

(A) V, F, F, V, V.

(B) V, F, F, V, F.

(C) F, F, F, V, V.

(D) F, V, V, V, F.

4) Dentre as sentenças seguintes, sobre métodos e técnicas relacionados a custos, é **CORRETO** afirmar que:

(A) com base no custeio variável são alocados aos produtos apenas os custos e despesas variáveis; assim, nos estoques de produtos acabados constam custos e despesas variáveis;

(B) custo-padrão consiste em uma técnica auxiliar para o controle de custos, baseada no custeio por absorção;

(C) o custeio por absorção aloca aos produtos todos os custos, empregando para isso critérios de rateio;

(D) o custo unitário de um produto, em uma empresa multiprodutora que utiliza o custeio por absorção, poderá variar de um período para outro em função, exclusivamente, de dois fatores: o volume de produção daquele produto e o total de custo incorrido pela empresa em cada um dos períodos.

5) O ponto de equilíbrio contábil, também chamado de ponto de ruptura ou *break-even point*, ocorre quando a:

(A) margem de contribuição total igualar as despesas fixas totais;

(B) margem de contribuição total igualar os custos fixos totais;

(C) receita total igualar custos e despesas totais;

(D) receita total superar os custos fixos totais gerando o lucro desejado pelos proprietários.

6) Considere as afirmações seguintes e identifique **AQUELA** que melhor define a relação custo-volume-lucro.

(A) Análise da margem de contribuição e suas diferentes aplicações, para apoio a decisões pontuais de curto prazo da empresa.

(B) Relação entre o ponto de equilíbrio econômico, financeiro e contábil, em diferentes condições.

(C) Análise do impacto no lucro em decorrência de variações em custos e no volume de vendas, e cujo conceito central é a margem de contribuição.

(D) Avaliação das decisões que podem ser tomadas a partir do conceito de margem de contribuição e ponto de equilíbrio.

7) A quantidade de produto, no ponto de equilíbrio contábil, é aumentada quando:

(A) a empresa aumenta o custo fixo e o restante permanece constante;

(B) a empresa aumenta o preço de venda unitário do produto e o restante permanece constante;

(C) a empresa diminui o custo fixo e o restante permanece constante;

(D) a empresa diminui o custo variável unitário do produto e o restante permanece constante.

8) A Indústria Minas Gerais Ltda. fabrica 10.000 caixas de arruelas por mês. Por meio de uma pesquisa, verificou-se o seguinte: se vender a R$ 20,00 a caixa, conseguirá vender 80% da produção; se vender a R$ 19,00 a caixa, conseguirá vender 10% a mais; se vender a R$ 18,00, poderá vender 10% a mais do que o volume anterior; e, se vender a R$ 17,00, poderá vender toda a produção.

Verificou, também, que, se vier a vender a caixa por R$ 15,00, poderá vender 2.000 unidades a mais do que produz hoje.

Sabendo-se que os custos e despesas variáveis somam R$ 10,00 por caixa e que os custos e despesas fixos totalizam R$ 50.000,00 por mês, o preço de venda que trará a maior lucratividade possível à empresa é de:

(A) R$ 17,00.

(B) R$ 18,00.

(C) R$ 19,00.

(D) R$ 20,00.

9) A Sociedade Empresária Rio Pomba Ltda. produz um produto com preço de venda de R$ 10,00 por unidade. Os custos variáveis são R$ 8,00 por unidade e os custos fixos totalizam R$ 18.000,00 por ano, dos quais R$ 4.000,00 são relativos à depreciação. O patrimônio líquido da empresa é de R$ 50.000,00 e a sua taxa mínima de atratividade é de 10% ao ano.

O ponto de equilíbrio contábil, econômico e financeiro são, respectivamente:

(A) 9.000 unidades por ano, 11.500 unidades por ano e 7.000 unidades por ano.

(B) 9.000 unidades por ano, 11.500 unidades por ano e 9.500 unidades por ano.

(C) 9.000 unidades por ano, 7.000 unidades por ano e 9.500 unidades por ano.

(D) 9.000 unidades por ano, 9.500 unidades por ano e 7.000 unidades por ano.

10) No primeiro trimestre, a Indústria Reunidas Crepaldi Ltda. concluiu a produção de 600 unidades de um produto, tendo vendido 400 unidades ao preço unitário de R$ 120,00. No mesmo período, foram coletadas as informações a seguir:

Custo variável unitário	R$ 20,00
Total de custos fixos	R$ 18.000,00
Despesas variáveis de vendas	R$ 2,00 por unidade
EIPA	R$ 0,00

Com base nas informações acima, feitas as devidas apurações, o custo dos produtos vendidos calculado, respectivamente, por meio do custeio por absorção e do custeio variável, alcançou os seguintes valores:

(A) R$ 18.000,00 e R$ 8.000,00.

(B) R$ 18.000,00 e R$ 8.800,00.

(C) R$ 20.000,00 e R$ 8.000,00.

(D) R$ 20.000,00 e R$ 8.800,00.

11) A Sociedade Empresária Curvelo Ltda. apresentou os seguintes dados:

Vendas	R$ 375.000,00
Custo variável	R$ 200.000,00
Despesas variáveis	R$ 45.000,00
Custos fixos totais	R$ 100.000,00

Com base nesses dados, a margem de contribuição total é:

(A) R$ 30.000,00.

(B) R$ 130.000,00.

(C) R$ 175.000,00.

(D) R$ 230.000,00.

12) A Indústria Caruaru Ltda. apresentou os seguintes custos de produção no período, referentes aos produtos A e B:

Custos	Produto A	Produto B
MOD	R$ 60.000,00	R$ 40.000,00
Matéria-prima	R$ 50.000,00	R$ 50.000,00

Os custos indiretos de produção foram de R$ 80.000,00.

Utilizando-se o custeio por absorção e o total de custos diretos como critério de rateio, é **CORRETO** afirmar que:

(A) o custo de produção do Produto A é R$ 150.000,00;

(B) o custo de produção do Produto A é R$ 154.000,00;

(C) o custo de produção do Produto B é R$ 122.000,00;

(D) o custo de produção do Produto B é R$ 130.000,00.

13) A Indústria Ribeirão Preto Ltda. produz apenas um produto e incorreu nos seguintes gastos durante o mês de fevereiro:

MOD	R$ 99.000,00
Salário da supervisão da fábrica	R$ 22.500,00
Salário da administração geral da empresa	R$ 31.500,00
Comissões dos vendedores	R$ 18.000,00
Outros custos de fabricação	R$ 36.000,00
Compra de matéria-prima (líquida dos tributos recuperáveis)	R$ 45.000,00

Saldos em fevereiro:

EIPP	R$ 54.000,00
EFPP	R$ 9.000,00
Estoque inicial de matéria-prima	R$ 13.500,00
Estoque final de matéria-prima	R$ 31.500,00

O custo da produção acabada em fevereiro, pelo método de custeio por absorção, é de:

(A) R$ 229.500,00.

(B) R$ 211.500,00.

(C) R$ 202.500,00.

(D) R$ 184.500,00.

14) A Empresa Solange Ltda. atinge seu PEC (lucro zero) vendendo 250 unidades de seu produto, conforme discriminado na tabela a seguir.

Demonstração do lucro (no ponto de equilíbrio)

Vendas: 250 unidades a R$ 8,00	R$ 2.000	100%
(−) Custos variáveis: 250 unidades a R$ 2,00	R$ 500	25%
(−) Despesas variáveis: 250 unidades a R$ 0,80	R$ 200	10%
= Lucro marginal	R$ 1 300	65%
(−) Custos fixos	(R$ 1.300)	65%
= Lucro operacional	R$ 0	0%

A empresa deseja avaliar o impacto de aumentar, simultaneamente, no próximo período, os custos fixos para R$ 1.500,00, o preço de venda unitário para R$ 10,00, o custo variável por unidade para R$ 4,00 e as despesas variáveis para $ 1,00. Além disso, deseja alcançar lucro operacional de R$ 500,00.

Considerando que essa empresa implemente todas as alterações projetadas para o próximo período, para atingir seu novo ponto de equilíbrio (econômico), ela deverá vender:

(A) 260 unidades.

(B) 360 unidades.

(C) 400 unidades.

(D) 600 unidades.

15) A Cia. Recife Ltda. fabrica equipamentos de irrigação agrícola modular. Em determinado mês, produz e vende 450 unidades ao preço unitário de R$ 3.500,00. A estrutura de custos e despesas da empresa é a seguinte:

1. Custos e despesas variáveis	R$ 2.500,00 por mês
2. Custos e despesas fixas	R$ 360.000,00 por mês

Com base nos dados apresentados e considerando o conceito de alavancagem operacional, é **CORRETO** afirmar:

(A) A empresa opera com uma margem de segurança de 20%.

(B) A empresa nessas condições obtém um lucro de R$ 60.000,00.

(C) O ponto de equilíbrio da empresa se dá após a venda de 308 unidades.

(D) A empresa apura, no período, um prejuízo de R$ 100.000,00.

16) A Indústria Benedito Ltda. iniciou suas atividades em fevereiro e apresentou os seguintes dados no dia 28 do mesmo mês:

Itens	Valor (R$)
Depreciação do equipamento de produção	700,00
MOI	9.400,00
Custos indiretos consumidos na fábrica	12.530,00
Estoque final de matérias-primas	15.600,00
MOD	18.800,00
EFPA	25.300,00
Matérias-primas compradas	37.600,00

Considerando o custeio de absorção e que não havia outros saldos, o valor de matéria-prima consumida no período foi de:

(A) R$ 15.600,00.

(B) R$ 22.000,00.

(C) R$ 37.600,00.

(D) R$ 63.430,00.

17) A Indústria Mossoró Ltda. iniciou suas atividades em fevereiro de 2020 e apresentou os seguintes dados no dia 28 do mesmo mês:

Itens	Valor (R$)
Comissão dos vendedores	846,00
Custos indiretos consumidos na fábrica	18.800,00
Depreciação do equipamento de produção	1.034,00
Despesas administrativas	8.460,00
Estoque final de matérias-primas	23.500,00
EFPA	37.976,00
MOD	28.200,00
MOI	14.100,00
Matérias-primas compradas	56.400,00
Receita bruta de vendas	72.850,00

Considerando o método de custeio por absorção e a inexistência de outros saldos, o custo dos produtos vendidos foi de:

(A) R$ 15.792,00.

(B) R$ 32.900,00.

(C) R$ 57.058,00.

(D) R$ 95.034,00.

18) No mês de janeiro, a Indústria Andradas Ltda. produziu 1.100 unidades de seu único produto. Nesse mês, não havia estoque inicial e ficaram 110 unidades acabadas e não vendidas até o dia 31.

Os custos do mês de janeiro foram:

Mão de obra variável	R$ 63.800,00
Matéria-prima	R$ 55.000,00
Outros custos variáveis	R$ 28.600,00
Custos fixos	R$ 33.000,00

Os valores totais do estoque final pelo custeio por absorção e pelo custeio variável são, respectivamente:

(A) R$ 18.040,00 e R$ 14.740,00.

(B) R$ 15.180,00 e R$ 11.880,00.

(C) R$ 14.740,00 e R$ 18.040,00.

(D) R$ 11.880,00 e R$ 15.180,00.

19) A Indústria São Paulo Ltda. apresentou os seguintes dados da produção em determinado período:

Custos fixos totais no período	R$ 1.800.000,00
Depreciação (já inclusa nos custos fixos totais)	R$ 585.000,00
Custos variáveis totais no período	R$ 27.000.000,00
Produção acabada e vendida no período	36.000 unidades

Considerando que o preço de venda unitário é de R$ 1.200,00, é **CORRETO** afirmar que:

(A) O PEF é de 36.000 unidades no período.

(B) A margem de segurança no período é de R$ 16.200.000,00.

(C) A margem de contribuição unitária é de R$ 450,00.

(D) O PEC é de 22.500 unidades no período.

20) A Indústria Belo Horizonte Ltda. está lançando no mercado um produto com os seguintes dados de custos:

Custos indiretos fixos totais	R$ 650.000,00
Depreciação incluída nos custos indiretos fixos totais	R$ 32.500,00
Montante de lucro desejado	R$ 97.500,00
Custo direto variável unitário	R$ 12,50
Preço de venda unitário	R$ 32,50
Expectativa de venda mensal	35.000 unidades

Com base nos dados apresentados, é **CORRETO** afirmar que:

(A) A margem de segurança é de R$ 12,50 por unidade.

(B) O PEC é de 20.000 unidades.

(C) A margem de contribuição é de R$ 20,00 por unidade.

(D) O PEE é de 23.000 unidades.

Exercícios propostos

1) A Indústria São Lourenço Ltda. fabrica três modelos de seu único produto. Em julho, houve um defeito em uma das máquinas operadoras, reduzindo em 15% a sua capacidade máxima instalada de 81.000 horas-máquina. Num período produtivo normal, operando a plena capacidade instalada, foram anotados os seguintes dados da produção:

Modelo	Matéria-prima unitária (R$)	MOD unitária (R$)	Custos indiretos variáveis unitários (R$)	Horas-máquina por unidade (R$)	Volume de vendas (R$)	Preço de venda unitário (R$)
A	120,00	100,00	70,00	1,5 h/m	14.000	410,00
B	130,00	80,00	60,00	2,5 h/m	12.000	400,00
C	140,00	90,00	80,00	3,0 h/m	10.000	480,00

Considere:
- os custos fixos que montam a R$ 3.300.000,00 por mês;
- o novo plano de produção decorrente da limitação existente;
- a redução do volume de horas-máquina disponível no processo produtivo;
- o conceito do fator limitante e da margem de contribuição.

Qual é o modelo do produto a ser sacrificado e quantas unidades devem ser produzidas na limitação ocorrida?

(A) A e 5.900.

(B) B e 4.860.

(C) B e 17.850.

(D) C e 4.050.

2) A Indústria Capitólio S.A. apresentou, em determinado mês, o seguinte quadro de custos e despesas variáveis e fixas, com valores em reais:

Custos variáveis 50% do preço de venda	Custos fixos 50% das despesas fixas
Despesas variáveis 50% dos custos variáveis	Despesas fixas 3.000.000,00/mês
Preço de venda 6.000,00 por unidade	Nível de atividade 5.000 unidades por mês

Com base exclusivamente nos dados acima, o PEC (operacional) da empresa, em unidades, é:

(A) 3.000 unidades.

(B) 2.500 unidades.

(C) 2.000 unidades.

(D) 1.500 unidades.

3) A Empresa San Marino Indústria e Comércio Ltda. produz e vende sabonetes líquidos e apresentou os seguintes dados:

Vendas	220.000 unidades
Preço de venda	R$ 1,90/unidade
Custos variáveis	R$ 120.000,00
Despesas variáveis	R$ 70.000,00
Custos fixos	R$ 95.000,00

A margem de contribuição da empresa será de:

(A) R$ 298.000,00.

(B) R$ 228.000,00.

(C) R$ 203.000,00.

(D) R$ 133.000,00.

4) A Empresa Gurupi Ltda., que produz e vende determinado produto, apresentou as seguintes informações:

Preço de venda	R$ 8,00/unidade
Custo variável	R$ 5,00/unidade
Custo fixo	R$ 150.000,00

Quantas unidades devem ser vendidas para que a empresa alcance seu ponto de equilíbrio?

(A) 50.000 unidades.
(B) 30.000 unidades.
(C) 18.750 unidades.
(D) 11.538 unidades.

5) Considere os seguintes dados da Empresa Lambari Ltda.:

- Quantidade produzida no período: 100 unidades
- Quantidade vendida: 60 unidades
- Custo fixo total: R$ 2.000,00
- Custo variável por unidade: R$ 10,00
- Preço de venda unitário: R$ 35,00

Com base nos dados acima, o estoque final e o resultado com mercadorias utilizando o custeio por absorção serão, respectivamente, de:

(A) R$ 1.200,00 e R$ 300,00.
(B) R$ 6,00 e (R$ 500,00).
(C) R$ 1.500,00 e R$ 300,00.
(D) R$ 6,00 e R$ 300,00.

Exercícios para avaliação

1) A Indústria Xavante Ltda. fabrica aparelhos celulares. Em determinado mês, sua estrutura de custos e despesas, em reais, foi a seguinte:

Custo variável	30,00/unidade	Custo fixo	3.000.000,00/mês
Despesa variável	5,00/unidade	Despesa fixa	5.000.000,00/mês
Preço de venda	55,00/unidade	Nível de atividade	450.000 unidades/mês

Sabe-se que:

- a empresa deseja um retorno mínimo mensal igual a 10% ao ano sobre seu patrimônio líquido de R$ 24.000.000,00;
- 10% dos seus custos e despesas fixos representam depreciações.

Fórmulas necessárias:

$$PEC = \frac{CDF}{MCu} \quad PEE = \frac{CDF + LD}{MCu} \quad PEF = \frac{CDF - DND}{MCu}$$

LD = lucro desejado

Com base nas informações citadas, apresente o solicitado nos itens a seguir.

(A) Calcule os pontos de equilíbrio contábil, econômico e financeiro dessa empresa.

(B) Demonstre o lucro operacional da Indústria Y para cada um dos pontos de equilíbrio calculados.

(C) Explique os resultados apurados.

2) Em determinado período de produção dos modelos de um de seus produtos, a Indústria Montes Claros Ltda. apurou e apresentou as informações a seguir:

Elementos	Modelo leve	Modelo médio
Produção em unidades	50.000	40.000
Matéria-prima R$/unidade	20,00	25,00
MOD R$/unidade	2,00	3,00
Custos indiretos R$/unidade atual	1,40	1,95

Informações adicionais da indústria:

- Estimativa de aumento da produção: 40% do modelo leve e 30% do modelo médio.
- Expectativa de unidades vendidas: 90% do modelo leve e 85% do modelo médio.
- A indústria adota o método de custeio por absorção em toda a linha.
- O estoque inicial de produtos acabados inexiste.

Considerando-se exclusivamente as informações recebidas, o custo do estoque de cada modelo, após o aumento da produção, é, em reais, respectivamente:

(A) 163.800,00 e 233.610,00.
(B) 161.000,00 e 233.610,00.
(C) 161.000,00 e 230.100,00.
(D) 154.000,00 e 218.400,00.

3) A Empresa Tangará da Serra Ltda. tem o seguinte custo por unidade de seu único produto:

MD – R$ 20,00; MOD e variável – R$ 10,00; custos indiretos de produção fixos – R$ 10,00.

Se o preço de venda do produto é de R$ 50,00 por unidade e se são produzidas, atualmente, 8.000 unidades por período, a receita no ponto de equilíbrio é de:

(A) R$ 320.000,00.
(B) R$ 200.000,00.
(C) R$ 80.000,00.
(D) R$ 400.000,00.

4) A Companhia Boa Esperança Ltda. fabrica um único tipo de produto e apresentou as seguintes informações em determinado período:

- Quantidade produzida: 16.000 unidades.
- Custos variáveis: R$ 200.000,00.
- Custos fixos: R$ 120.000,00.
- Despesas variáveis: R$ 70.000,00.
- Despesas fixas: R$ 30.000,00.
- Quantidade vendida: 11.000 unidades.
- Preço de venda unitário: R$ 35,00.

De acordo com as informações e considerando o custeio por absorção, assinale a alternativa correspondente ao Resultado Bruto e ao Resultado Líquido do Período, respectivamente.

(A) R$ 165.000,00 e R$ 27.500,00.
(B) R$ 165.000,00 e R$ 65.000,00.
(C) R$ 177.500,00 e R$ 27.500,00.
(D) R$ 177.500,00 e R$ 65.000,00.

Custeio baseado em atividades – ABC

7

- **Objetivos**

  » Identificar o conjunto de custos de cada transação ou evento na organização e como age um direcionador de custos.

  » Conhecer e justificar como o custeio baseado em atividades (*Activity-Based Costing* – ABC) permite minimizar as distorções ocorridas no método de custeio por absorção.

  » Conhecer quais são as atividades que estão consumindo de forma mais significativa os recursos da produção.

  » Propiciar uma avaliação mais precisa dos custos das atividades e dos processos, favorecendo a sua redução por meio de aprimoramentos contínuos e descontínuos.

7.1 Introdução

O mundo evolui e a economia tem que acompanhar essa evolução. Num mercado cada vez mais globalizado, a concorrência passa a ter escala mundial e favorece a oferta de bens e serviços de alta qualidade e de baixo custo. Melhorar a eficiência e reestruturar a empresa, voltando-a para eficácia, tornaram-se metas comuns no atual ambiente de negócios e com isso as informações de custos passaram a ser cada vez mais relevantes (CREPALDI, S. A.; CREPALDI, G. S., 2017).

O ABC surgiu por volta da década de 1980, quando Kaplan e Cooper (1998) desenvolveram uma importante ferramenta para as decisões gerenciais e estratégicas, através da qual as companhias cortavam desperdícios, melhoravam os serviços, avaliavam iniciativas de qualidade e impulsionavam para o melhoramento contínuo. O surgimento do custo ABC está ligado à administração científica, que usou para seu desenvolvimento o estudo dos tempos e movimentos que eram observados diretamente das atividades desempenhadas pelos operários da época.

Com esse sistema, pode-se ter uma visão mais ampla dos custos por meio de uma criteriosa análise das atividades executadas dentro da empresa, relacionando-as com os objetos de custos. O ABC tem como principal fundamento buscar o princípio da causa/ação, ou seja, rastrear e identificar o agente causador do custo para lhe imputar o valor.

7.2 Definição

Pode-se definir um custeio por atividade como um método que identifica um conjunto de custos para cada transação ou evento na organização, e este age como um direcionador de custos. Assim, os custos indiretos podem ser alocados aos produtos de acordo com o número de eventos ou transações que os produtos geram ou consomem.

O custeio baseado em atividades (*Activity-Based Costing* – ABC) permite minimizar as distorções ocorridas no método de custeio por absorção. O pressuposto do ABC é que os fatores produtivos (recursos) são consumidos pelas suas atividades, e não pelos produtos fabricados. Os produtos são uma mera consequência das atividades, efetuadas pela empresa para fabricá-los e comercializá-los.

No método ABC, o objetivo é rastrear quais são as atividades que estão consumindo de forma mais significativa os recursos da produção. Os custos são, então, direcionados para essas atividades e destas para os bens fabricados, conforme Nakagawa (2001).

Tal método de custeio pode ser resumido da seguinte forma:

- Os custos são alocados a cada departamento de produção (departamentalização).
- Posteriormente, os custos de cada departamento são distribuídos para as atividades desenvolvidas por meio dos denominados direcionadores de atividades.

Os custos são distribuídos através do rastreamento, o qual difere do rateio. No rastreamento, ocorre maior vinculação dos custos com os produtos, tornando a alocação menos arbitrária. Geralmente, é estabelecida por direcionadores de custos. Já o rateio será utilizado apenas quando não há possibilidade de utilizar a alocação direta ou o rastreamento.

Os direcionadores de custos (*cost drivers*) são uma transação que determina a quantidade de trabalho necessária para a produção de determinado produto e serviço e têm influência na quantidade de recursos que serão necessários para essa atividade, podendo ser usados para duas situações: direcionadores de custos de recursos que identificam a maneira como as atividades consomem recursos e servem para demonstrar o custo de cada atividade; direcionadores de custos de atividades, que identificam a maneira como os produtos consomem atividades e servem para demonstrar o custo de cada produto. O direcionador de custo deve ser o fator que determina ou influencia a maneira como os produtos consomem as atividades, ou seja, é a base utilizada para atribuir os custos das atividades aos produtos.

Exemplos de direcionadores de custos:

- homem-hora;
- hora-máquina;
- quantidade de energia;
- área ocupada;
- número de empregados.

Basicamente, o processo consiste em atribuir os custos às atividades e, em seguida, atribuir os custos das atividades aos produtos. Para isso, é preciso rastrear os custos que cada atividade causou, atribuindo-lhes valores. Por fim, é feita uma verificação dos portadores finais de custos, que realizarão o consumo dos serviços das atividades; só então é feita a atribuição dos custos definidos. Consiste na identificação, análise e alocação de custos aos processos de uma determinada empresa, visando a melhor gerenciar a lucratividade. O uso desse método permite melhor mensuração dos custos. Os recursos são atribuídos a cada atividade; em seguida, as atividades são atribuídas a objetos de custo com base no seu uso. O custo baseado em atividades reconhece os relacionamentos de causa dos responsáveis pelos custos das atividades. Também ameniza as distorções provocadas pelo uso do rateio usado na tradicional lógica de absorção dos custos (CREPALDI, S. A.; CREPALDI, G. S., 2017).

O sistema de custeio ABC permite melhor visualização dos custos através da análise das atividades executadas dentro da empresa e suas respectivas relações com os objetos de custos. Nele, os custos tornam-se visíveis e passam a ser alvos de programas para sua redução e de aperfeiçoamento de processos, auxiliando, assim, as organizações a tornarem-se mais lucrativas e eficientes.

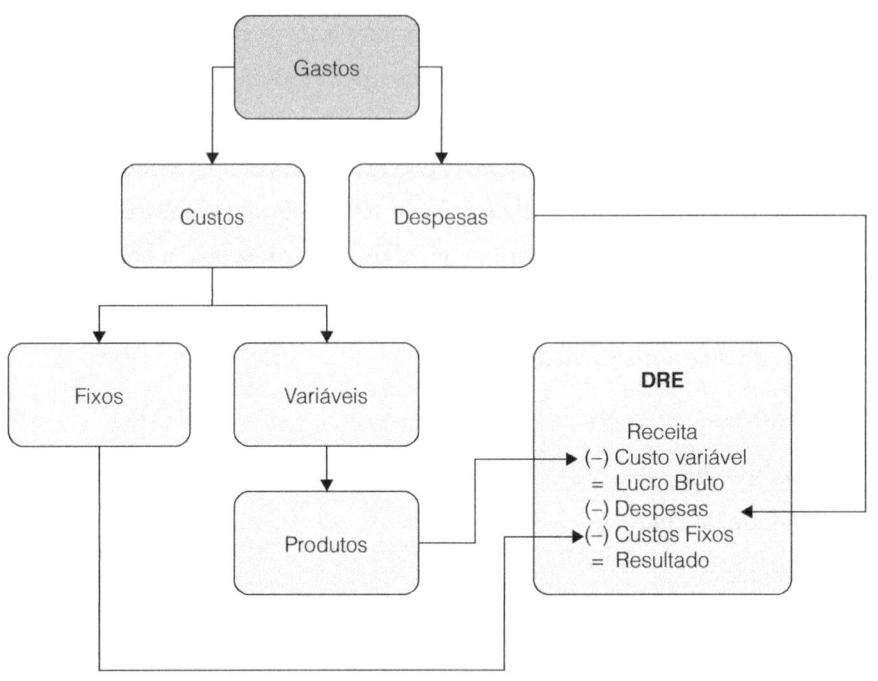

Figura 7.1 Gastos.
Fonte: Farias (s/d).

7.3 Sistema de custeio baseado em atividades

O sistema de custos ABC propicia uma avaliação mais precisa dos custos das atividades e dos processos, favorecendo sua redução por meio de aprimoramentos contínuos e descontínuos, preenchendo, assim, o vazio representado pela distorção dos rateios volumétricos pregados pela tradicional Contabilidade de Custos. É não apenas uma nova maneira de se apropriarem os custos para o produto que o gerou, mas também uma nova maneira de se administrar, tendo como dados suporte dos custos pelo ABC e suas características. As empresas estão usando o ABC para apoiar as decisões principais em linhas de produtos e segmentos de mercado, assim como o relacionamento com clientes, e para assimilar o impacto da parte financeira e gerencial do ABC como um sistema de medida (CREPALDI, S. A.; CREPALDI, G. S., 2017).

O custeio baseado em atividades consiste na identificação, análise e alocação de custos aos processos da empresa visando a gerenciar melhor a lucratividade. A finalidade primordial para a qual se utiliza o custeio ABC refere-se ao tratamento dado aos custos indiretos. A alocação de custos às atividades deve ser feita da forma mais criteriosa possível, de acordo com a seguinte ordem de prioridade de alocação direta, rastreamento e rateio. A metodologia ABC trata de definir e custear as atividades desenvolvidas pela empresa e entender como estas são demandadas pelos produtos ou serviços. Dessa maneira, reduzem-se sensivelmente as distorções do sistema tradicional de custeio.

O sistema tradicional de custeio (absorção) aloca aos produtos ou serviços os custos dos insumos diretamente utilizados neles (materiais, MOD etc.). Os demais custos são repartidos arbitrariamente, seguindo algum critério preestabelecido e muitas vezes gerando significativas distorções.

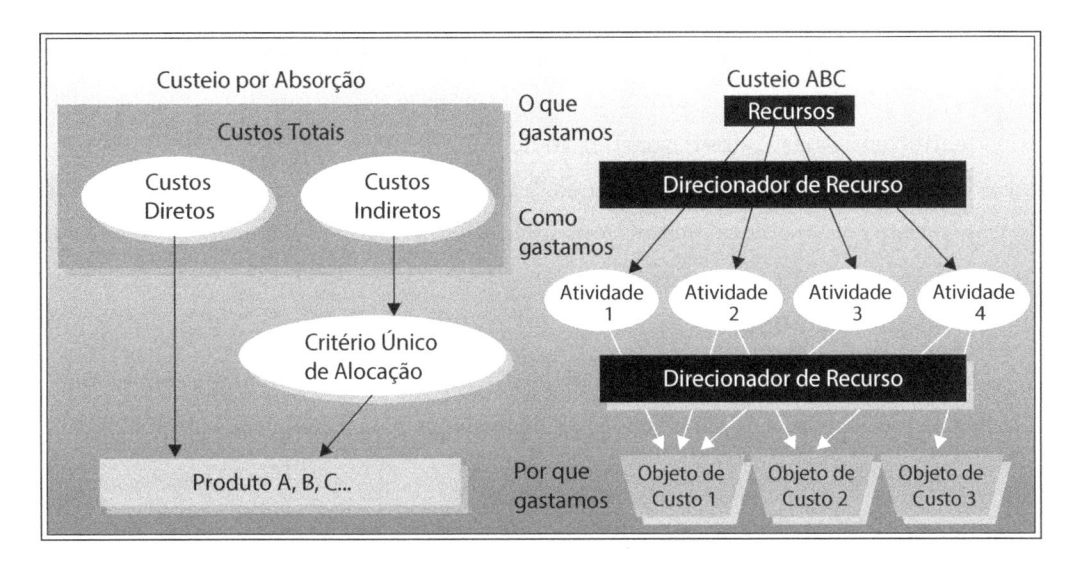

Figura 7.2 Custeio por Absorção × Custeio ABC.

Atividade é a combinação de pessoas, materiais, tecnologias, métodos e seu ambiente com o objetivo de produzir produtos ou serviço. Pode-se ainda dizer que a atividade pode assumir a característica de um simples processamento, uma transação que, na maioria das vezes, é materializada através de documentos. Existe uma distinção entre as atividades primárias (as que cumprem a missão que lhes foi conferida) e as secundárias (do suporte das atividades primárias). A alocação dos CIFs através de rateios sofre inúmeras críticas em razão de estes causarem distorção nos custos dos produtos porque os custos podem variar de acordo com o volume de produção, crescer mais do que proporcionalmente aos custos com mão de obra ou ainda sofrer a arbitrariedade pessoal de quem os utiliza, porém o rateio é necessário para atribuir os custos aos produtos. O custo ABC deve fazer o "rastreamento" desses custos através da identificação de suas diversas rotas de consumo. O rastreamento feito pelo ABC tem como objetivo identificar, classificar e mensurar, numa primeira etapa, as maneiras como as atividades consomem recursos e, em uma segunda etapa, como os produtos consomem as atividades de uma empresa (CREPALDI, S. A.; CREPALDI, G. S., 2017).

Assim, quando analisamos a distribuição dos custos pelo sistema ABC, primeiramente verificamos a existência de custos que sejam ligados direta e exclusivamente à atividade, produtos e serviços desenvolvidos pela empresa conhecida como alocação direta. Em segundo lugar, analisamos as alocações baseadas nas atividades casuais da empresa, devendo ter cuidado diante das dificuldades na medição e baixa disponibilidade de dados. Em terceiro lugar, fazemos a análise baseada no volume.

O sistema de custeio baseado em atividades não se diferencia do sistema de custeio baseado em volume apenas pela mudança das bases de alocação de custos, mas também pela identificação que faz dos custos por atividade e da maneira como se aloca aos produtos por meio de maior número de bases. É um sistema de gestão de custos que pode ser implantado com maior ou menor grau de detalhamento, dependendo das necessidades de informações gerenciais para cada empresa, sendo que está intimamente ligado ao seu ramo de atividade e porte.

Devemos pensar em todos os processos de produção e nas atividades envolvidas, seja de um produto, seja de um serviço. As prioridades para a atribuição de custos para as atividades são:

- alocação direta: é feita quando temos uma identificação objetiva dos itens dos custos de algumas atividades;
- rastreamento: é feito por meio de uma alocação que se baseia na relação de causa e efeito entre a ocorrência da atividade e a geração de custos;
- rateio: é feito quando não existe a possibilidade de utilizar a alocação direta e o rastreamento.

7.4 Importância

A importância que se dá à utilização do sistema de custeio ABC é em virtude de ele proporcionar informações gerenciais que auxiliam os tomadores de decisão, como, por exemplo, os custos das atividades, que possibilitam aos gestores atribuir responsabilidade aos responsáveis pela sua ocorrência. É um método de custeamento que atribui os custos primeiro para as atividades e, depois, para os produtos conforme o uso das atividades de cada produto. Produtos consomem atividades, atividades consomem recursos.

7.5 Vantagens e desvantagens do custeio baseado em atividades

Para realizar a implementação do ABC, devemos analisar cuidadosamente todo o sistema de controle interno da entidade. Caso esse procedimento seja deixado de lado ou seja feito de maneira pouco criteriosa, podemos inviabilizar a aplicação do ABC de forma eficiente e eficaz.

Para efeito comparativo, vamos apresentar as vantagens e desvantagens da aplicação do método ABC.

7.5.1 *Vantagens*

O sistema ABC surgiu para fornecer informações mais precisas. Essa metodologia permite um controle mais efetivo dos gastos, e os custos indiretos não são tratados mais por produtos, mas sim por atividade. Esse sistema traz informações gerenciais mais seguras por meio da utilização do rateio, sendo mais adequado para as empresas que prestam serviços pelas dificuldades que têm na definição de seus custos, gastos e despesas, tendo essas empresas menor necessidade de imposição de seus rateios. Havendo necessidade de revisão dos custos internos, pode ser identificado de forma transparente, em que se consome mais recurso; pode também ser identificado em cada atividade seu custo real em relação aos custos totais.

Esse sistema, quando bem aplicado e adaptado, pode servir de ferramenta de grande valor para todos os tipos de empresas, seja de prestação de serviços com ou sem fins lucrativos, seja de indústria, comércio, setor bancário etc. Não sendo utilizado paralelamente ao sistema de contabilidade, pode passar informações às gestões econômicas, tendo, assim, condições de eliminar das atividades aquilo que não acrescenta valor ao produto.

Nota-se que algumas empresas obtiveram sucesso na aplicação do sistema de custeio, trazendo grandes resultados e, com isso, tornando-as mais competitivas e sólidas, pois proporciona melhor gerenciamento dos seus custos, além de manter a competitividade num mercado globalizado.

Em resumo:

- informações gerenciais relativamente mais fidedignas por meio de redução do rateio;
- proporcionar melhor visualização dos fluxos dos processos;
- eliminar/reduzir atividades que não agregam ao produto um valor percebido pelo cliente;
- identificar os produtos e clientes mais lucrativos;
- melhorar significativamente sua base de informações para tomadas de decisão.

7.5.2 *Desvantagens*

A implantação do sistema tem alto custo, necessitando de elevado nível de controle interno e revisão constante. Muitos dados são de difícil obtenção e, para tanto, a empresa deve estar plenamente organizada antes de sua implantação.

Resumindo:

- gastos elevados para implantação;
- alto nível de controles internos a serem implantados e avaliados;
- levar em consideração muitos dados com informações de difícil extração;
- dificuldade de envolvimento e comprometimento dos empregados da empresa;
- não é aceita pelo Fisco, levando à necessidade de ter dois sistemas de custeio.

O sistema de custeio ABC apresenta diversas vantagens que devem ser cuidadosamente analisadas pelas empresas, para se tirar proveito de suas informações, colocando a entidade em uma posição privilegiada. Contudo, a necessidade imposta pelo mercado, os custos de implantação e acompanhamento, os recursos humanos necessários, os produtos envolvidos, as necessidades dos gestores, entre outros aspectos, devem ser analisados para que se dimensionem as vantagens e desvantagens para cada instituição.

Justificativa do custeio baseado em atividades (ABC)

A alta **competitividade** existe no mercado atual, com produtos similares disputando o mesmo cliente, o que vem motivando a busca pela produtividade, em termos de qualidade e controle de custos.

Modernos processos de produção, qualidade, logística e atendimento ao cliente fizeram os custos indiretos **crescerem** em maior proporção que os custos diretos.

Dependência **menor** de mão de obra.

Aumento em processos **automatizados**.

7.6 Como iniciar o ABC

As demandas do mercado, cada vez mais competitivo, devem pesar na decisão de implantação do sistema ABC.

Para a implantação do ABC, necessita-se não apenas do apoio contábil, mas também do conhecimento técnico da operação a ser custeada. Um projeto de ABC pode ser dividido nos seguintes passos básicos:

- definição do escopo do projeto (processos a serem mensurados);
- identificação de atividades;

- mapeamento dos recursos consumidos;
- definição dos direcionadores de recursos e alocação para as atividades;
- identificação dos objetos de custo (produtos, serviços e clientes);
- definição dos direcionadores de atividades e alocação para o objeto de custos.

O modelo de custeio por atividade consiste em secionar as unidades da empresa em atividades, calcular o custo dessas atividades através dos recursos consumidos por elas, compreender o comportamento dessas atividades, identificando as causas dos custos relacionados com elas (direcionadores de custo) e, em seguida, alocar os custos das atividades aos procedimentos, produtos e serviços prestados. Utiliza o conceito de direcionadores de custo, os quais podem ser definidos como aquelas atividades ou variáveis que determinam os custos das atividades, ou seja, são as causas principais dos custos das atividades. Com a utilização dos direcionadores de custo, o ABC objetiva encontrar os fatores que causam os custos, isto é, determinar a origem dos custos de cada atividade para, dessa maneira, alocá-los corretamente aos produtos, considerando o consumo das atividades por eles assim determinados.

Recursos: são todos os gastos incorridos pelas diversas unidades ou centros de custo de uma empresa, representados pelas despesas consumidas, os quais são necessários à realização de suas atividades. Os recursos básicos utilizados são:

- recursos humanos – mão de obra própria;
- serviços de terceiros – mão de obra contratada;
- materiais e medicamentos aplicados;
- equipamentos e instalações utilizadas;
- recursos financeiros.

Atividade: é qualquer evento executado por uma unidade ou centro de custo que consome os recursos da empresa. Pode ser definida como um conjunto de tarefas e operações, no nível apropriado para o gerenciamento de custos. No processo de mapeamento e detalhamento das atividades, é necessário que se busquem algumas definições, tais como:

- Que recursos são consumidos?
- Como esses recursos são consumidos?
- Quais são os clientes de cada atividade?
- Como esses clientes consomem essa atividade?

- Qual é o centro de custo responsável por ela?
- Quem é o responsável pela execução da atividade?
- Quais são os indicadores para medir o seu desempenho?

As atividades deverão ser definidas no nível de detalhe de interesse do gestor e que seja possível medir e acompanhar. O sistema permite que, em uma primeira fase de implantação, seja definida apenas uma atividade básica para cada centro de custo, para que posteriormente sejam detalhadas aquelas atividades nas quais haja relevância dos custos ou distinção de processos que determinem em diferenciação nos custos dos produtos e serviços prestados.

As atividades serão custeadas a partir de direcionadores de custo, os quais vão ligar cada recurso de cada unidade ou centro de custo às atividades executadas por eles, através de padrões de alocação de recursos em atividades.

Produto/objeto de custo: é tudo o que se deseja medir e avaliar o desempenho dos seus custos: um produto destinado ao estoque, um procedimento médico, um serviço destinado a um cliente, ou um produto intermediário.

Os produtos, procedimentos e serviços serão custeados a partir de direcionadores de custo, os quais vão ligar as atividades de cada unidade ou centro de custo da empresa aos produtos, através de padrões de alocação de atividades aos produtos.

Direcionadores de custo: são os parâmetros através dos quais são identificados e medidos os recursos necessários à execução de uma atividade e à elaboração de um produto ou serviço, ou seja, são os fatores que determinam os consumos dos recursos pela atividade e pelo produto.

São exemplos de direcionadores de custo: as horas gastas para a realização de uma atividade, as quantidades consumidas de recursos variáveis, a área ocupada, a quantidade de funcionários, a quantidade de processo de compras, a quantidade de faturas emitidas, ou seja, poderão ser definidos como direcionadores de custo qualquer variável do processo que possa ser medida.

7.7 Casos práticos

7.7.1 *Caso prático 1*

As seguintes informações foram extraídas do departamento de escuderia da Indústria Cana Verde Ltda., que utiliza o sistema de custeio ABC, no mês de junho:

Produto	Materiais diretos (R$)	MOD (R$)	Pedidos de alterações de engenharia	Quilowatt-hora
A	22.000,00	8.000,00	15	7.000
B	28.000,00	12.000,00	25	13.000
Total	50.000,00	20.000,00	40	20.000

Foram identificadas as seguintes atividades relevantes:

ATIVIDADE	DIRECIONADOR DE CUSTO
Realizar engenharia	Pedidos de alterações de engenharia
Energizar	Quilowatt-hora

Os custos indiretos de manufatura para o mês foram:

Realizar engenharia	R$ 84.000,00
Energizar	R$ 15.000,00
Total dos custos indiretos de manufatura	R$ 99.000,00

Com base nos dados apresentados, calcule o custo total do Produto A e do Produto B, utilizando o método ABC, respectivamente.

Solução:

Direcionadores de custos

Para a atividade de realizar engenharia = quantidade de pedidos de alterações de engenharia.

Para a atividade de energizar = quantidade de quilowatt-hora.

```
Total dos direcionadores de custos
Pedidos de alterações de engenharia do Produto A          = 15
Pedidos de alterações de engenharia do Produto B          = 25
Quantidade total de pedidos de alterações de engenharia   = 40

Quantidade de quilowatt-hora Prod. A          =  7.000 W
Quantidade de quilowatt-hora Prod. B          = 13.000 W
Quantidade total de quilowatt-hora            = 20.000 W
```

Custos indiretos

Realizar engenharia	= R$ 84.000,00
Energizar	= R$ 15.000,00
Total	= R$ 99.000,00

Cálculo do custo por unidade de cada atividade:

1. Atividade	2. Custos indiretos (R$)	3. Total (direcionadores de custo)	4. Custo por unidade da atividade (2 / 3) (R$)
Realizar engenharia	84.000,00	40	2.100,00
Energizar	15.000,00	20.000	0,75

Cálculo do custo por produto da atividade de realizar engenharia:

1. Produto	2. Pedidos de alterações de engenharia	3. Custo por unidade da atividade (R$)	4. Custo total (2 × 3) (R$)
A	15	2.100,00	31.500,00
B	25	2.100,00	52.500,00
Total	40		84.000,00

Cálculo do custo por produto da atividade de energizar:

1. Produto	2. Energizar (quilowatt-hora)	3. Custo por unidade da atividade (R$)	4. Custo total (2 × 3) (R$)
A	7.000	0,75	5.250,00
B	13.000	0,75	9.750,00
Total	20.000		15.000,00

Cálculo do custo total de cada produto:

1. Produto	2. Material (R$)	3. MOD (R$)	4. Custos indiretos (R$)	4. Custo total da produção (R$)
A	22.000,00	8.000,00	36.750,00	66.750,00
B	28.000,00	12.000,00	62.250,00	102.250,00
Total	50.000,00	20.000,00	99.000,00	169.000,00

No sistema de custeio ABC (*Activity-Based Costing*, custeio com base em atividades), a alocação de custos às atividades deve ser feita da forma mais criteriosa possível, de acordo com a seguinte ordem de prioridade: alocação direta, rastreamento e rateio.

7.7.2 Caso prático 2

O Departamento de Custos da Sociedade Industrial Formiga Ltda. apresentou os seguintes dados:

I) Referentes à produção do período

Itens	Produto 1	Produto 2	Total
Produção (unidades)	10.000	200	10.200
Custo direto (por unidade)	R$ 15,00	R$ 10,00	
Custo direto total	R$ 150.000,00	R$ 2.000,00	R$ 152.000,00
Custo indireto de fabricação			R$ 223.400,00
Número de lotes recebidos e produzidos	50	30	80
Quantidade de ordens de produção	16	4	20
Horas-máquina para operação do equipamento	900	400	1.300

II) Referentes à distribuição dos CIFs

Gasto	Valor (R$)	Direcionador de custo
Recebimento e movimentação de material	72.400,00	Número de lotes recebidos e produzidos
Planejamento e controle de produção	47.000,00	Quantidade de ordens de produção
Operação do equipamento	104.000,00	Horas-máquina para operação do equipamento
Total	**223.400,00**	

Considerando que a empresa adota o custeio baseado em atividades, determine o custo de produção do Produto 1.

Solução:

Esse caso prático apresenta dois produtos e pede o custo total de um deles. Os dados iniciais, que são os custos diretos e a quantidade produzida, trazem alguns aspectos relacionados com as atividades em que serão feitos os rateios dos custos indiretos. A primeira tabela traz a quantidade de cada item, o valor do custo direto unitário e o total.

Quantidade	Produto	Custo direto (R$)	Total custo direto (R$)
10.000	1	15,00	150.000,00
200	2	10,00	2.000,00
TOTAL			152.000,00

A questão fornece três bases para o rateio dos custos indiretos. Então, deve-se determinar em que percentagem cada produto participa dessas bases. Fazemos o cálculo sempre dividindo a parte pelo todo. Veja o exemplo a seguir: os lotes são 80 no total e do Produto 1 foi utilizado 50, então pegamos 50 dividido por 80 e chegamos a 0,63, ou seja, 63%.

Produto	Lotes	Rateio (%)	Ordens	Rateio (%)	Horas	Rateio (%)
1	50	62,5	16	80	900	69
2	30	37,5	4	20	400	31
TOTAL	**80**	**100**	**20**	**100**	**1.300**	**100**

Agora que já sabemos as bases para rateio, basta aplicar os percentuais em cima dos custos indiretos dados na questão. São três custos relacionados com as atividades para as quais já definimos os rateios anteriores.

Produto	Rateio Lotes (%)	Custo indireto 1 (R$)
1	62,5	45.250,00
2	37,5	27.150,00
TOTAL	**100**	**72.400,00**

Produto	Rateio Ordens (%)	Custo indireto 2 (R$)
1	80	37.600,00
2	20	9.400,00
TOTAL	**100**	**47.000,00**

Produto	Rateio Horas (%)	Custo indireto 3 (R$)
1	69	71.760,00
2	31	32.240,00
TOTAL	**100**	**104.000,00**

Produto	Total custo indireto (R$)
1	154.610,00
2	68.790,00
TOTAL	**223.400,00**

Após fazer todos os rateios e apurações, somamos os custos indiretos relativos a cada produto e descobrimos quanto cada um terá de custo indireto no total. Depois disso, levamos para a primeira tabela e somamos o custo indireto ao custo direto e, assim, obtemos o custo total dos produtos:

Produto	Total custo direto (R$)	Total custo indireto (R$)	Custo total (R$)
1	150.000,00	154.610,00	304.610,00
2	2.000,00	68.790,00	70.790,00

Considerações finais

O ABC é um sistema de custos que visa a quantificar as atividades realizadas por uma empresa, utilizando vetores (direcionadores) para alocar as despesas de uma forma mais realista aos produtos e serviços. O princípio básico do ABC é que as atividades são as causas dos custos e os produtos incorrem nesses mesmos custos através das atividades que exigem. Na prática, leva a um rastreamento de dados que, habitualmente, não são considerados nos sistemas de custeio tradicionais. Por extensão, ajuda a redimensionar a mentalidade gerencial das empresas em que é aplicado. Esse método de custeio visa basicamente a detectar os custos ocultos existentes para produzir bens e serviços, porém auxilia no descobrimento de custos reais dos produtos e processos, na análise mais precisa dos custos de administração e na aferição de propostas mais competitivas em relação aos concorrentes.

Os sistemas convencionais de gerenciamento de custeio não permitem análises mais consistentes quanto a problemas graves das empresas, como retrabalhos de produtos defeituosos ou gargalos de produção. Medir passo a passo o processo produtivo permite a gerentes e a supervisores a quantificação econômica de atrasos e ineficiências do processo produtivo.

Não necessariamente o custeio ABC (por atividade) apresentará um custo maior daquele apurado pelo custeio por absorção, uma vez que o balizador/indicador para apuração desse custeio é o número de pedidos gerados para produção de cada produto (nesse caso, quantidade).

Questões de múltipla escolha

1) No sistema de custeio ABC, a alocação de custos às atividades deve ser feita da forma mais criteriosa possível, de acordo com a seguinte ordem de prioridade:

   (A) plotagem, empoderamento e divisão proporcional;

   (B) proporção, rateio simples e rateio misto;

   (C) confrontação, subordinação e distribuição;

   (D) alocação direta, rastreamento e rateio.

2) A finalidade primordial para a qual se utiliza o custeio ABC refere-se à(ao):

   (A) alocação da mão de obra aos produtos;

   (B) rastreamento dos custos diretos às atividades;

   (C) tratamento dado aos custos indiretos;

   (D) rateio dos custos fixos aos departamentos.

3) Em relação ao custeio baseado em atividades (ABC), é **CORRETO** afirmar que:

   (A) se for desenvolvido para atender à Contabilidade Financeira, deve obedecer à determinação do Decreto-lei nº 1.598/1977 em relação aos itens que integrarão o custo de produção dos bens ou serviços vendidos;

   (B) os direcionadores de custos de primeiro estágio são determinados a partir das relações de causa e efeito entre atividades e objetos de custos;

   (C) um dos benefícios do ABC em relação aos sistemas tradicionais de custeio é a melhoria nas informações de custos, que ocorre porque o ABC emprega critérios baseados em volume de produção para fazer as alocações;

   (D) a partir do ABC, pode ser desenvolvido o gerenciamento baseado em atividades (ABM), dividido em ABM estratégico e ABM operacional. O ABM estratégico toma a demanda de atividades organizacionais como um dado e tenta suprir essa demanda com menor volume de recursos organizacionais, assim, tenta aumentar a capacidade ou reduzir os gastos.

4) O custeio baseado em atividades (ABC) diferencia-se, significativamente, do custeio por absorção pela(o):

  (A) metodologia aplicada na alocação dos custos de transformação;

  (B) metodologia aplicada no reconhecimento dos custos dos materiais diretos aos produtos;

  (C) critério de alocação dos custos indiretos de fabricação;

  (D) tratamento dado aos estoques de produtos semiacabados;

  (E) forma de reconhecimento das receitas aos produtos e ao resultado do exercício.

5) Os produtos A, B e C são fabricados pela Companhia Lua Nova em quantidades iguais e consomem, em seus processos produtivos, quantidades idênticas do mesmo material (custo direto e variável), porém demandam diferentes esforços de produção (custos indiretos e fixos).

  A empresa utiliza, atualmente, o método de custeio por absorção e faz o rateio dos custos indiretos em função da quantidade de material. Sabendo-se que o Produto A é o maior consumidor dos esforços de produção, a implantação do custeio baseado em atividades (ABC) fará com que seu lucro seja inferior àquele apurado atualmente.

  PORQUE

  No método de custeio anteriormente utilizado, o Produto A recebe, mediante rateio, menor parcela dos custos indiretos.

  Analisando-se essas frases, é **CORRETO** afirmar que:

  (A) a primeira afirmação é falsa, e a segunda é verdadeira;

  (B) a primeira afirmação é verdadeira, e a segunda é falsa;

  (C) as duas afirmações são falsas;

  (D) as duas afirmações são verdadeiras, e a segunda é uma justificativa correta da primeira;

  (E) as duas afirmações são verdadeiras, mas a segunda não é uma justificativa correta da primeira.

6) Nas opções a seguir, assinale a afirmativa **CORRETA**.

  (A) O custeamento por ordem de produção ocorre quando a empresa programa sua atividade produtiva a partir de encomendas específicas, caracterizando uma produção contínua.

(B) A grande desvantagem da análise do ponto de equilíbrio está na sua complexidade. Dificulta os estudos de viabilidade econômica para avaliar empreendimentos potenciais.

(C) O custeio por absorção é um processo cujo objetivo é ratear todos os elementos variáveis do custo em cada fase de produção.

(D) Custo-padrão é um custo estabelecido pela empresa como meta para os produtos de sua linha de fabricação e se divide nos tipos: estimado, convencional e corrente.

(E) O sistema ABC é um sistema de custeio baseado nas atividades que a empresa realiza no processo de fabricação, caracterizando uma forma analítica de ratear custos indiretos aos produtos.

7) Um dos aspectos mais importantes na aplicação do custeio ABC é a identificação e seleção dos direcionadores de custos. Desse modo, é relevante saber que direcionador de custo é o(a):

(A) critério de rateio usado para atribuir um custo fixo a um produto;

(B) fator que determina o custo de uma atividade;

(C) indicador da relação custo-benefício no levantamento do custeio ABC;

(D) ferramenta utilizada para se atribuir um custo direto a um produto;

(E) forma como se pode ratear um custo fixo a um departamento ou atividade.

8) São razões que auxiliaram o surgimento do custeio baseado em atividades, **EXCETO**:

(A) aumento de competitividade;

(B) aumento de qualidade;

(C) economia de tempo;

(D) redução de custos;

(E) baixo custo indireto dos produtos.

9) O custeio ABC:

(A) é um sistema de custeio onde os custos são apropriados à produção, não pelo seu valor efetivo (ou real), mas por uma estimativa do que deveriam ser;

(B) é um sistema de custeio que tem por objetivos o controle dos gastos e medida de eficiência;

(C) é um sistema de custeio baseado na análise das atividades significativas da empresa. Baseia-se na premissa de que são as atividades e não os produtos que provocam o consumo de recursos, e essas atividades, conforme são requeridas, é que formarão os custos dos produtos;

(D) é um sistema de custeio que vai considerar como custo de produção do período apenas os custos variáveis incorridos;

(E) nesse sistema de custeio, os custos fixos não são considerados como custo de produção e sim como despesas, sendo encerrados diretamente contra o resultado do período.

10) Leia com atenção as afirmativas a seguir:

I. O custeio ABC assemelha-se ao custeio por absorção. O método ABC leva em consideração, no cálculo do gasto unitário dos produtos, tanto os custos indiretos como os custos diretos e, em alguns casos, as despesas.

II. O custeio ABC procura reduzir sensivelmente as distorções provocadas pelo rateio arbitrário dos custos indiretos.

III. O custeio ABC fundamenta-se na separação dos gastos em gastos variáveis e gastos fixos.

IV. Esse custeio consiste na apropriação de todos os custos (sejam eles fixos ou variáveis) à produção do período.

Marque a alternativa **CORRETA**.

(A) As afirmativas I e II são corretas.

(B) Somente a afirmativa III é correta.

(C) As afirmativas II e IV são corretas.

(D) As afirmativas I e III são corretas.

(E) Nenhuma afirmativa está correta.

11) Marque a alternativa **ERRADA**.

(A) O custeio ABC é um método que atribui custos às atividades com base no consumo de recursos.

(B) Atribuir custos a produtos e serviços com base no consumo de atividades.

(C) Reconhece os fatores que determinam os custos das atividades, e o consumo destas pelos produtos ou outras atividades.

(D) O custeio ABC é um sistema de custeio estabelecido pela empresa como meta para os produtos de sua linha de fabricação levando-se em consideração as características tecnológicas do processo produtivo de cada um, a quantidade e os preços dos insumos necessários para a produção e o respectivo volume desta.

(E) Nesse sistema de custeio, as atividades são o foco do processo de custeio. As bases de alocação usadas no ABC são medições das atividades executadas que podem incluir horas do tempo de ajuste de máquina ou número de vezes em que isso foi feito.

12) É uma etapa muito relevante do custeio baseado em atividades:

(A) a distribuição dos custos acumulados dos departamentos de serviços aos departamentos de produção;

(B) a atribuição dos custos dos departamentos aos produtos;

(C) o rateio dos custos indiretos aos departamentos;

(D) a identificação e seleção dos direcionadores de custos.

13) São etapas para aplicação do ABC, **EXCETO**:

(A) identificação de atividades relevantes;

(B) atribuição de custos às atividades;

(C) identificação e seleção dos direcionadores de custos;

(D) identificação de despesas indiretas variáveis;

(E) atribuição de custos das atividades aos produtos.

14) Assinale a alternativa **CORRETA**.

(A) No custeio ABC, para custear as atividades, devemos alocar a elas parte de cada custo indireto dos departamentos, utlizando-nos dos direcionadores de recursos, como, por exemplo, aluguel, energia elétrica, salários, depreciação, entre outros.

(B) A maior utilidade do custeio ABC é servir de controle dos custos reais e de instrumento para a empresa detectar suas ineficiências.

(C) No custeio ABC, a maioria dos rateios é feita através da utilização de fatores que, na realidade, não vinculam cada custo a cada produto.

(D) No custeio baseado em atividades, os custos dos produtos podem ser comparados em bases unitárias, independentemente do volume de produção.

(E) Esse método de custeio não oferece informações suficientes para tomada de decisões, já que muitas dessas decisões se baseiam em análise separada dos custos fixos e variáveis.

15) Assinale a alternativa **CORRETA**.

(A) No custeio tradicional por absorção, os produtos consomem os recursos, que são mensurados como custos, e no custeio ABC as atividades consomem os recursos, os produtos consomem as atividades, que geram os custos.

(B) No custeio baseado em atividades, o custo fixo é rateado com base no volume produzido.

(C) No custeio ABC, nem todas as atividades, são relacionadas aos volumes produzidos.

(D) O custeio ABC, é um sistema de custeio que se baseia na apropriação de custos diretos e indiretos aos produtos.

(E) Nesse sistema de custeio, o CPV é rateado entre os produtos.

16) Leia as afirmações a seguir e assinale a resposta **CORRETA**.

I. O sistema de custeio baseado em atividade (ABC) determina o custo dos produtos de forma o mais científica possível pela engenharia de produção da empresa, dentro de condições ideais, de qualidade dos materiais, de eficiência da mão de obra, com o mínimo de desperdício de todos os insumos envolvidos.

II. Os direcionadores de custos (*cost drivers*) foram uma inovação do ABC, visto que é por meio deles que os custos, provenientes do consumo de recursos, vão sendo agregados a suas respectivas atividades.

III. O ABC causou um *frisson* no mundo empresarial pelo fato de ter quebrado o vínculo com as tradicionais formas de custeamento.

IV. Uma das formas de custeio baseado em atividades consiste em se registrar todos os custos pelos seus valores-padrao nas contas referentes aos produtos em elaboração e controlar as variações entre o real e o padrão em contas especiais.

(A) As afirmativas I e III estão corretas.

(B) As afirmativas III e IV estão erradas.

(C) As afirmativas II e IV estão erradas.

(D) As afirmativas II e III estão corretas.

(E) As afirmativas I e IV estão corretas.

17) São objetivos do custeio ABC, **EXCETO**:

(A) diminuir desperdício;

(B) aumentar produtividade;

(C) elaborar um orçamento baseado no desempenho;

(D) reduzir custos sem queda na produção;

(E) verificar a viabilidade de se terceirizarem alguns processos de produção.

18) Sobre os objetos de custeio na metodologia ABC, é **CORRETO** afirmar que:

(A) a determinação dos objetos de custeio ficam a cargo dos gerentes, que vão determinar o nível de profundidade a ser trabalhado pelo sistema ABC;

(B) os objetos de custeio representam a etapa final da alocação de custos na metodologia ABC;

(C) os objetos de custeio podem ser representados por custos diretos e indiretos;

(D) as alternativas "a" e "b" estão corretas;

(E) nesse método, os objetos de custeio são representados pelos custos fixos e variáveis.

19) O *cost driver*:

(A) é o fator que causa mudança no desenvolvimento de uma atividade, mensurando os respectivos recursos exigidos por essa atividade, ou seja, é causa do volume de recursos consumidos pela atividade;

(B) é apenas classificado como custo direto na metodologia ABC;

(C) é um direcionador de custo utilizado para critérios de rateio;

(D) é aplicado tanto no custeio tradicional como ABC;

(E) as alternativas "b" e "d" estão corretas.

20) Nas opções a seguir, assinale a alternativa **CORRETA**.

(A) No custeio baseado em atividades (ABC), nem todas as atividades são relacionadas aos produtos. Ex.: *setup* de máquinas, gastos com manutenção, recebimento de matérias.

(B) No custeio baseado em atividades, o custo direto não é considerado.

(C) No custeio ABC, os produtos consomem os CIFs que são mensurados como custos.

(D) No custeio ABC, não há rateio, há apropriação de custos indiretos pelas atividades consumidas pelos produtos.

(E) As alternativas "A" e "D" são corretas.

Exercícios propostos

1) As categorias de custos existentes para o custeio da atividade de atendimento ao contribuinte da Prefeitura de Acácia Amarela Ltda. são energia, depreciação de computadores, folha de pagamento e custos diversos, de acordo com a tabela a seguir:

Categorias	Direcionadores	Total no mês	Valor total – R$	Consumo na atividade por pessoa atendida
Energia	KW	100 KW	200,00	0,5 KW
Depreciação de computadores	atendimentos	880 pessoas	880,00	1 atendimento
Folha de pagamento	minuto	10.000 minutos	1.800,00	5 minutos
Custos diversos	atendimentos	880 pessoas	1.760,00	1 atendimento

Com base no quadro anterior, o valor do custo por pessoa para a atividade atendimento da prefeitura é de:

(A) R$ 6,90.

(B) R$ 4,90.

(C) R$ 5,90.

(D) R$ 3,90.

2) As seguintes informações foram extraídas do departamento de escuderia da Indústria Uberlândia Ltda., que utiliza o sistema de custeio ABC, no mês de junho:

Produto	Materiais diretos (R$)	MOD (R$)	Pedidos de alterações de engenharia	Quilowatt-hora
A	22.000,00	8.000,00	15	7.000

(Continua)

(Continuação)

Produto	Materiais diretos (R$)	MOD (R$)	Pedidos de alterações de engenharia	Quilowatt-hora
B	28.000,00	12.000,00	25	13.000
Total	50.000,00	20.000,00	40	20.000

Foram identificadas as seguintes atividades relevantes:

ATIVIDADE	DIRECIONADOR DE CUSTO
Realizar engenharia	Pedidos de alterações de engenharia
Energizar	Quilowatt-hora

Os custos indiretos de manufatura para o mês foram:

Realizar engenharia	R$ 84.000,00
Energizar	R$ 15.000,00
Total dos custos indiretos de manufatura	R$ 99.000,00

Com base nos dados apresentados, assinale a opção que apresenta o custo total do Produto A e do Produto B, utilizando o método ABC, respectivamente:

(A) R$ 66.750,00 e R$ 102.250,00.
(B) R$ 69.600,00 e R$ 99.400,00.
(C) R$ 72.429,00 e R$ 96.571,00.
(D) R$ 73.560,00 e R$ 95.440,00.
(E) R$ 68.650,00 e R$ 92.250,00.

Exercício para avaliação

1) A Indústria Cuiabá Ltda. tem três departamentos: X, Y e Z. Os gastos em cada um desses departamentos totalizam R$ 2.000, R$ 4.000 e R$ 6.000, respectivamente.

Sabe-se que, no Departamento X, são consumidos 70% das horas de trabalho em função do Produto A e 30% em função do Produto B.

O Departamento Y, responsável pela cotação de preços de matéria-prima, consome 30% de seu tempo em função do Produto A e 70% em função do Produto B, conforme constatado por meio do número de cotações feitas por produto.

O Departamento Z presta serviços aos Departamentos X e Y. Com base nos serviços prestados a eles, constatou-se que o Departamento X recebeu 150 atendimentos, enquanto o Departamento Y recebeu 100 atendimentos.

Assinale a alternativa que apresente os custos a serem alocados aos produtos A e B, respectivamente, empregando o critério ABC (para rateio de custos indiretos) e considerando apenas as informações citadas.

(A) R$ 6.000 e R$ 6.000.
(B) R$ 5.840 e R$ 6.160.
(C) R$ 5.600 e R$ 6.400.
(D) R$ 6.400 e R$ 5.600.

Custeio pleno (RKW)

8

■ **Objetivos**

» Identificar o método de custeio RKW ou método dos centros de custos.

» Saber que o RKW busca melhor distribuição dos custos indiretos em determinados períodos da produção.

» Saber e justificar que a distribuição de custos indiretos nos departamentos permite melhor distribuição dos produtos fabricados, reduzindo a probabilidade de erros e a transferência indevida de custos indiretos de um produto para outro.

8.1 Introdução

Uma forma de alocação de custos e despesas é o RKW (*Reichskuratorium für Wirtschaftlichkeit*), sistema alemão de custeamento. Para melhor compreensão desse sistema de custeio industrial, é preciso conhecer o sistema de direcionadores de custo ABC, o qual consiste no rateio não só dos custos de produção, como também de todas as despesas da empresa – inclusive financeiras – a todos os produtos. Ou seja, tudo com base na alocação dos custos e despesas aos diversos departamentos da empresa para depois proceder às várias séries de rateio de forma que, ao final, todos os custos e despesas estejam recaindo exclusivamente sobre os produtos.

Com esse rateio, chega-se ao valor de "produzir e vender" (incluindo administrar e financiar), que, fossem os rateios perfeitos, nos daria o gasto completo de todo o processo empresarial de obtenção de receita. Bastaria adicionar o lucro desejado (ou fixado governamentalmente, como na época em que essa metodologia nasceu na Alemanha) para obter o preço de venda final. Aliás, muitas vezes é exatamente isso o que se faz, mas de outra forma: a empresa fixa o lucro desejado para o período como um valor global e procede então a seu rateio aos produtos em função de alguma base de alocação (custo, custo mais despesa etc.).

Para a fixação do preço, seria necessário não só fixar a base de distribuição dos custos, despesas e lucro, como também prefixar o volume de cada produto, caso contrário, o cálculo não seria possível.

O mercado, e não os custos de obtenção dos produtos, é o grande responsável pela fixação dos preços. É muito mais provável que uma empresa analise seus custos e suas despesas para verificar se é viável trabalhar com um produto, cujo preço de mercado influencia marcantemente ou mesmo fixa, do que determinar o preço em função dos custos ou despesas.

O método de custeio integral é sinônimo do método de custeio pleno. A propósito, muitos autores de Contabilidade de Custos confundem o método de custeio pleno com o método de custeio por absorção. O método de custeio pleno é aquele em que todos os custos e despesas de uma entidade são levados aos objetos de custeio, geralmente unidades de produtos e/ou ordens de serviço. Na ideia de *absorver*, não está implícita a noção da *totalidade* dos custos do ciclo operacional; por conseguinte, a expressão correta é *integral*, cuja semântica está precisamente alicerçada na ideia da totalidade, seguindo, aliás, a expressão alemã original *Vollkostenrechnung* (total).

Pode-se dizer que os produtos elaborados ou fabricados vão para estoques, tal qual ocorre com as mercadorias adquiridas para revenda nas empresas comerciais. Ora, no preço de aquisição de mercadorias já estão incluídos os gastos que a empresa produtora teve com matérias-primas, mão de obra e outros gastos gerais de fabricação, conforme Ferrari (2015).

Também se inclui no valor das mercadorias o custo do frete. Esse valor total vai para estoque, tornando-se despesa no momento da venda das mercadorias (CMV).

Na fabricação de produtos, o funcionamento ou a sistemática não são diferentes, ou seja, todos os gastos realizados à obtenção de um produto são a ele atribuídos, vale dizer, são ativados (vão para estoque – ativo), tornando-se despesa somente por ocasião de sua venda. Esse procedimento atende perfeitamente aos princípios contábeis. Daí o nome custeio por absorção: o produto absorve todos os gastos com ele realizados em sua produção. É o método derivado da aplicação das normas de contabilidade, nascido da situação histórica mencionada. Consiste na apropriação de todos os custos de produção aos bens elaborados, e só os de produção; todos os gastos relativos ao esforço de fabricação são distribuídos para todos os produtos feitos. Esse método consiste em ratear aos produtos todos os gastos da empresa, não só custos, mas também despesas comerciais, administrativas e, até mesmo, despesas financeiras e juros sobre o capital próprio.

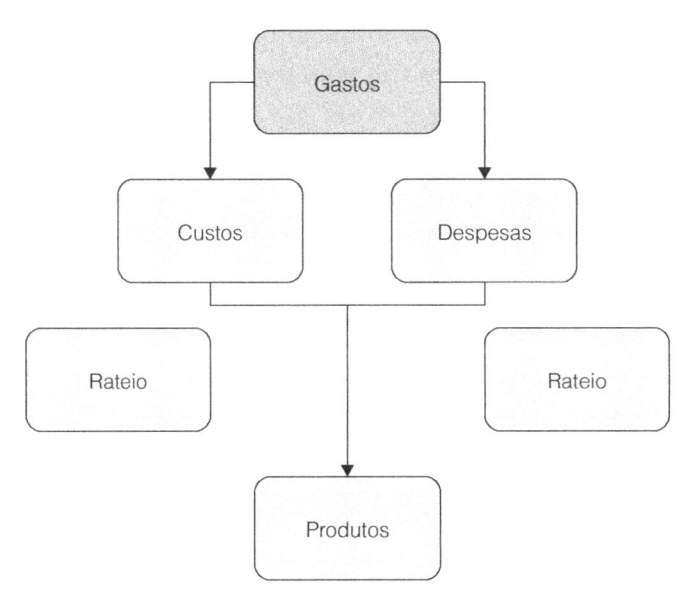

Figura 8.1 Gastos.
Fonte: Farias (s/d).

8.2 Origem

No Brasil, o método de custeio pleno é mais comumente conhecido pela sigla RKW, que são as iniciais de um antigo instituto alemão de pesquisas aziendais (*Reichskuratorium für Wirtschaftlichkeit*). Tal instituto impunha às empresas alemãs uma metodologia para o cálculo de todos os seus custos, numa época em que a economia era totalmente centralizada e até o lucro era fixado pelo governo. Por meio dessa técnica, alocavam-se aos produtos e serviços todos os custos e despesas, inclusive as financeiras, fornecendo dessa maneira o montante total gasto pela empresa no esforço completo de obter receitas. Bastava no final dos cálculos acrescentar a margem de lucro fixada pelo governo alemão para o produto/serviço em questão e estava fixado o preço de venda (NASCIMENTO, 1989, p. 30; MARTINS, 2003; LUZ; ROCCHI, 1998, p. 22; SANTOS, 1998, p. 66). É digno de nota o fato de que o modelo original do RKW continha uma noção de custo de oportunidade, representado pela figura da remuneração do capital próprio.

Na história da economia norte-americana, a primeira aparição do método de custeio pleno pode ter-se dado nos anos 1880, época em que engenheiros mecânicos contemporâneos de Frederick W. Taylor, tido como um dos principais nomes da chamada Administração Científica, estavam preocupados em aperfeiçoar a eficiência dos processos de manufatura. Um desses homens era Alexander Hamilton Church, que "estava particularmente interessado no desenvolvimento de métodos gerenciais que assegurassem que partes eficientes se juntassem num todo rentável" (COOPER; KAPLAN, 1991, p. 52). Church acreditava que a informação acerca do custo do produto deveria revelar os reais recursos usados para fazer os produtos. Esses "reais recursos" utilizados para fabricar os produtos incluiriam "gastos de todas as classes" (COOPER; KAPLAN, 1991, p. 55).

O método de custeio RKW apropria ao objeto de custeio todos os custos e despesas de uma entidade. O método de custeio integral é sinônimo do método de custeio pleno e é aquele em que todas as despesas e custos de uma organização são levados em conta.

8.3 Aplicações

As aplicações do método de custeio pleno são eminentemente gerenciais. Os primeiros usos observados desse tipo de informação de custos, na época em que engenheiros mecânicos desempenhavam o papel de contadores de custos – com grande destaque para Church e Norton –, consistiam na monitoração de eficiência de processos fabris e de produtos e também na avaliação de sua rentabilidade, desde que a massa de custos indiretos e de despesas fosse cuidadosamente rastreada aos produtos (JOHNSON; KAPLAN, 1994). Havia uma preocupação em relacionar os resultados globais da empresa com os resultados individuais de todos os produtos vendidos, o que se tornaria possível por meio de uma aplicação cabal do custeio pleno; dessa forma, o total da diferença entre o preço de venda (realmente praticado) de todos os produtos comercializados no período e seus custos plenos (que carregam uma parcela de todos os gastos da empresa) seria igual ao lucro líquido obtido no período, conforme o saldo final da conta "lucros e perdas" (JOHNSON; KAPLAN, 1994).

O processo é composto por duas fases:

- na primeira, os gastos são alocados, elemento a elemento, aos centros de custos;
- na segunda, destes aos produtos.

O RKW também não é aceito para avaliação dos estoques por incluir gastos que não são vinculados ao processo de fabricação. É uma variação do custeio por absorção, que aloca tanto os custos como as despesas aos produtos. Esse método pode ser usado quando a empresa quer uma informação de custo pleno dos produtos. É recomendado para decisões de preços e pode ser empregado sem departamentalização ou com departamentalização, da mesma forma que o custeio por absorção (CREPALDI, S. A.; CREPALDI, G. S., 2017).

8.4 Vantagens

Custeio RKW é a junção de todos os tipos de custos, despesas aos produtos a serem vendidos pela empresa, em que se define um número agregado médio para as unidades, minimizando os gastos totais da empresa e auxiliando a gerenciar esses números agregados.

O principal mérito do método de custeio pleno é o fato de serem levados em conta todos os gastos ocorridos em uma organização, sem exceções, o que resulta numa informação de custos unitários completa e conservadora. Diz-se "conservadora" porque nessa opção de informação de custos teríamos o maior valor possível gasto por unidade! Poderíamos, inclusive, chamar essa informação de **custo pleno** como o pior custo possível, por consubstanciar-se no maior valor calculado de custos unitários quando comparado aos números provindos de outros métodos de custeio.

Por outro lado, tal informação de custos plenos pode ser bastante tranquilizadora para um gestor que, ao comparar o preço de venda que vem praticando para um produto específico, com o custo pleno apurado para o mesmo produto, percebe que o preço de venda está cobrindo seu pior custo. Antes dos cálculos referentes ao custo pleno, ele poderia até crer que suas receitas cobrissem seus custos; agora, porém, ele sabe que está conseguindo ser lucrativo.

8.5 Desvantagens

No que tange à utilização dos custos plenos nas decisões de determinação de preços de venda, Backer e Jacobsen (1973, p. 216) discorrem sobre quatro grandes limitações:

- Primeiro, não leva em consideração a elasticidade da procura. Admitidamente, a procura não pode ser calculada de pronto, mas um sistema de preços que depende por completo dos custos dificilmente é realista para a maioria dos negócios. É provável que a maioria das empresas que declaram usar o método dos custos plenos faça, na realidade, ajustes em seus cálculos de preços para levar em conta as condições do mercado.

- Segundo, deixa de levar em conta a concorrência. Uma empresa não pode operar no vácuo. Não deve presumir que suas funções estejam necessariamente sendo desempenhadas com eficiência máxima e que se pode fazer abstração dos preços mais baixos dos concorrentes. Isso resultaria na perpetuação das ineficiências existentes e em sua incorporação à estrutura dos preços da empresa. Ao contrário, uma empresa deve esforçar-se, constantemente, para reduzir seus custos de maneira que seus preços sejam iguais aos da concorrência ou menores, sem deixar de proporcionar um lucro satisfatório.

- Terceiro, o método do custo pleno não distingue entre os custos fixos e os variáveis. Uma empresa que adota esse método tenderia a rejeitar as encomendas que não cubram, pelo menos, os custos totais do produto. Entretanto, a aceitação de tal encomenda poderia, em realidade, resultar em lucros acrescidos, bastando que fossem cobertos, no mínimo, os custos adicionais decorrentes da encomenda.

- Quarto, no método do custo pleno, aplica-se aos custos dos produtos uma porcentagem uniforme como provisão para os lucros. Isso deixa de reconhecer que nem todos os produtos podem auferir lucros a uma mesma taxa.

Considerações finais

O método de custeio pleno é aquele em que todos os custos e despesas de uma entidade são levados aos objetos de custeio; portanto, não deve ser confundido com o método de custeio por absorção, que leva aos objetos de custeio apenas os custos. É muito conhecido no Brasil pela sigla RKW. Contém uma noção de custo de oportunidade, representado pela figura da remuneração do capital próprio.

Suas aplicações são eminentemente gerenciais. Entre elas destacam-se: monitoração de eficiência de processos fabris e de produtos, avaliação da lucratividade de processos fabris e de produtos, mensuração do preço de transferência, análise e posterior avaliação de desempenho de áreas e de gestores, decisões envolvendo preços de venda.

O uso do custeio pleno para custeamento de estoques já não ocorre na atualidade.

O modelo original do RKW considera o custo de oportunidade, referindo-se à remuneração do capital próprio. A utilidade do método em considerar o rateio dos custos e despesas totais, expressa que é possível se chegar ao valor de "produzir e vender", bastando acrescentar, então, o lucro desejado para se obter o preço de venda final.

Questões de múltipla escolha

1) Julgue cada conceito a seguir, todos aplicáveis à área de custos, como **CORRETO** ou **INCORRETO**.

   (A) Gasto é o sacrifício financeiro com que a entidade arca para a obtenção de um produto ou serviço qualquer, sacrifício representado por entrega ou promessa de entrega de ativos (geralmente dinheiro).

(B) Custeio por absorção é o método que consiste na apropriação de todos os custos de produção aos bens elaborados, e somente os de produção.

(C) Custo indireto de fabricação é o custo que não depende de critério de rateio ou outro estimativo para sua apropriação ao custo do produto.

(D) Todos os custos diretos são custos primários.

(E) O RKW é o método de alocação de custos aos produtos, o qual considera todos os custos, diretos e indiretos, e as despesas, exceto as de vendas e as financeiras.

2) Assinale a alternativa **CORRETA** sobre o RKW.

(A) Conhecido como método de custeio integral, muito utilizado por atender aos princípios contábeis.

(B) Método de custeio que apropria ao objeto de custeio somente os custos e as despesas da produção.

(C) Método de custeio que leva em conta a média dos custos observados no passado.

(D) Método de custeio alemão que apropria ao objeto de custeio todos os custos e despesas de uma entidade.

(E) Método de custeio alemão que apropria apenas os custos de uma entidade.

3) As opções a seguir indicam desvantagens do método de custeio RKW nas decisões para determinar preços de venda, **EXCETO** uma. Assinale-a.

(A) Não faz distinções entre custos fixos e variáveis.

(B) Aplica-se uma mesma porcentagem aos custos dos produtos, como provisão de vendas.

(C) Não considera a elasticidade da procura.

(D) Não leva em conta a concorrência.

(E) Leva em conta todos os gastos ocorridos em uma organização, sem exceções.

4) Aponte a alternativa que completa a sentença corretamente:

O método de custeio _____ é sinônimo do método de custeio _____, e é aquele em que todas as _____ e _____ de uma organização são levados em conta.

(A) Pleno, absorção, despesas, custos.

(B) Integral, pleno, despesas, custos.

(C) Integral, absorção, receitas, despesas.

(D) Pleno, integral, receitas, lucros.

(E) Integral, pleno, receitas, lucros.

5) Assinale a alternativa **INCORRETA**:

(A) RKW é um sistema alemão de custeamento, mais conhecido no Brasil por método de custeio pleno.

(B) O principal mérito do RKW é o fato de serem levados em conta todos os gastos ocorridos em uma organização.

(C) As aplicações do RKW são eminentemente gerenciais.

(D) Uma das principais desvantagens do método de custeio pleno é que ele não leva em consideração a elasticidade da procura.

(E) O RKW tem como vantagem a não distinção entre custos fixos e variáveis.

6) O método de custeio RKW é também conhecido como:

(A) Método de custeio pleno.

(B) Método de custeio-padrão.

(C) Método de custeio por absorção.

(D) Método de custeio Kaizen.

(E) Método de custeio ABC.

7) No que diz respeito às aplicações do RKW, destacamos as alternativas a seguir, **COM EXCEÇÃO** de uma. Assinale-a.

(A) Monitoração de eficiência de processos fabris.

(B) Mensuração do preço de transferência.

(C) Custeamento de estoque, o mais utilizado atualmente.

(D) Análise e posterior avaliação de desempenho de áreas e gestores.

(E) Decisões envolvendo preços de venda.

8) Marque a alternativa **CORRETA** a respeito do método de custeamento RKW.

(A) Criado por japoneses com base na ideia americana de engenharia de valor.

(B) Nasceu nos Estados Unidos; é uma metodologia que procura reduzir distorções no rateio de custos indiretos.

(C) Método que mede o custo e desempenho de processos e produtos.

(D) Método de custeio alemão conhecido pela sigla RKW, que são as iniciais de um instituto alemão de pesquisas.

(E) Desenvolvido por engenheiros da General Electric (GE) durante a Segunda Guerra Mundial.

9) Preencha as lacunas.

Na ideia de _____, não está implícita a noção da _____dos custos do ciclo operacional; por conseguinte, expressão correta é _____, cuja semântica está precisamente alicerçada na ideia da totalidade, seguindo, aliás, a expressão alemã original *Vollkostenrechnung* (total).

(A) Fixação, igualdade, pleno.

(B) Lucro, distribuição, integral.

(C) Absorver, totalidade, integral.

(D) Absorver, distribuição, pleno.

(E) Lucro, totalidade, integral.

10) Na história da economia norte-americana, a primeira aparição do método de custeio pleno pode ter-se dado nos anos de 1880, época em que engenheiros mecânicos contemporâneos de _____, tido como um dos principais nomes da chamada administração científica, estavam preocupados em aperfeiçoar a eficiência dos processos de manufatura. Qual foi esse engenheiro?

(A) Frederick W. Taylor.

(B) Robert S. Kaplan.

(C) Jefferson B. Mendes.

(D) Nilton Facci.

(E) James A. Brimson.

11) As aplicações do método de custeio pleno são:

(A) Eminentemente gerenciais.

(B) Eminentemente de rateio.

(C) Eminentemente de produtos.

(D) Eminentemente de mercado.

(E) Eminentemente de lucro.

12) É a primeira desvantagem do custeio pleno:

(A) Primeiro, ele não leva em consideração a elasticidade da procura.

(B) Primeiro, ele leva em consideração a elasticidade da procura.

(C) Primeiro, ele deixa de levar em conta a concorrência.

(D) Primeiro, ele não deixa de levar em conta a concorrência.

(E) Nenhuma das alternativas.

13) Assinale a alternativa **CORRETA**.

(A) Segundo Backer e Jacobsen, custeio pleno não deixa de levar em conta a concorrência.

(B) Segundo Backer e Jacobsen, custeio pleno deixa de levar em conta a concorrência.

(C) Segundo Backer e Jacobsen, custeio pleno deixa de levar em conta as decisões.

(D) Segundo Backer e Jacobsen, custeio pleno deixa de levar em conta o preço.

(E) Segundo Backer e Jacobsen, custeio pleno deixa de levar em conta as aplicações.

14) Assinale a alternativa **CORRETA**.

(A) O uso do custeio pleno para custeamento de estoques ocorre na atualidade.

(B) O uso do custeio pleno para custeamento de estoques já não ocorre na atualidade.

(C) O uso do custeio pleno para custeamento de estoques e mão de obra ocorre até hoje.

(D) O uso do custeio pleno para custeamento de estoques de produto e da indústria ocorre até hoje.

(E) O uso do custeio pleno para custeamento de matéria-prima já não ocorre na atualidade.

15) A respeito do processo de custeio RKW, podemos afirmar que:

(A) O rateio do CIF é baseado na relação homem-hora/hora-máquina.

(B) São rateados aos produtos todos os custos de produção e todas as despesas, exceto as despesas financeiras.

(C) São rateados aos produtos todos os custos e todas as despesas, inclusive as financeiras.

(D) São rateadas aos produtos somente as despesas administrativas com mão de obra.

(E) São rateadas aos produtos somente as despesas financeiras.

16) O sistema de custeio RKW difere dos métodos de custeio direto e absorção em função do tratamento dado a todos os gastos. Nesses termos, assinale a afirmativa **CORRETA**.

(A) No RKW, os custos fixos são rateados ao produto em função da mão de obra utilizada.

(B) No RKW, as despesas são apropriadas aos produtos por rateio baseado no gasto com custos indiretos.

(C) Todos os gastos são apropriados aos produtos, sejam eles custos ou despesas, inclusive as financeiras.

(D) Os custos são rateados aos produtos em função das despesas financeiras.

(E) O RKW só pode ser utilizado baseado no plano de contas contábil utilizado pela contabilidade financeira.

17) Para fixação do método RKW, é necessário, **EXCETO**:

(A) Fixação de base de distribuição de lucro.

(B) Fixação de base de distribuição de custos.

(C) Fixação de base de distribuição das despesas.

(D) Prefixação do volume de cada produto.

(E) Prefixação dos custos de obtenção dos produtos.

18) Qual é a origem do RKW?

(A) Brasileira.

(B) Norte-americana.

(C) Francesa.

(D) Alemã.

(E) Japonesa.

19) No que tange à utilização dos custeios plenos nas decisões de determinação de preço de venda, esses custos discorrem sobre quatro grandes limitações, **EXCETO:**

(A) Não leva em consideração a elasticidade da procura.

(B) Deixa de levar em conta a concorrência.

(C) Distingue entre os custos fixos e variáveis.

(D) Aplica-se aos custos dos produtos uma ampla porcentagem uniforme, como provisão para os lucros.

(E) NDA.

Exercícios propostos

1) Quem se destacou nos primeiros usos observados desse tipo de informação de custos (RKW) na época em que engenheiros mecânicos desempenharam o papel de contadores de custo?

(A) Silvio Crepaldi.
(B) Church e Norton.
(C) Johnson e Kaplan.
(D) Leoni e Martins.
(E) Joel Stern.

2) As aplicações do método RKW são eminentemente gerenciais. A **EXCEÇÃO** é:

(A) Monitoração de eficiência de processos fabris e de produtos.
(B) Mensuração do preço de transferência.
(C) Decisões envolvendo preço de venda.
(D) Análise anterior à avaliação de desempenho diária e de gestores.
(E) Avaliação da lucratividade dos processos fabris e de produtos.

3) O custeio RKW é confundido com outro sistema de custeio. Identifique-o.

(A) Custeio Kaizen.
(B) Custeio por absorção.
(C) Custeio alvo convencional.
(D) Custeio ABC.
(E) Custeio de gargalo.

4) Marque a alternativa **CORRETA**.

(A) Método de custeamento RKW é conhecido no Brasil como método de custeio-padrão.

(B) O RKW tem como vantagem a não distinção entre custo fixo e variável.

(C) As aplicações do RKW são eminentemente gerenciais.

(D) A expressão original do RKW é *Vollkostenrechnung*.

(E) NDA.

5) O método do custeio pleno para custeamento do estoque leva em consideração:

(A) custos e despesas;

(B) somente custos;

(C) fixação de preço;

(D) somente despesas;

(E) NDA.

Exercício para avaliação

1) O método de custeio por absorção, também chamado de custeio integral, foi derivado de um sistema desenvolvido na Alemanha no início do século XX, conhecido por RKW (*Reichskuratorium für Wirtschaftlichtkeit*). O método consiste na apuração dos custos totais, fixos e variáveis, por unidade de produto ou serviço prestado. Alguns desses custos são efetivamente desembolsáveis e outros são chamados de fictícios e não são desembolsáveis, porque não geram efetiva saída de caixa.

Disponível em: http://www.portaldecontabilidade.com.br/tematicas/custeioporabsorcao.htm. Acesso em: 17 jul. 2017 (adaptado).

Suponha que um fabricante produz e vende, mensalmente, 100 unidades de um único produto, cujo custo de matéria-prima é de R$ 10,00 por unidade produzida. A empresa apresenta custos mensais de R$ 700,00 com mão de obra fixa, além de R$ 200,00/mês com depreciações de equipamentos. Nessa situação, o custo unitário efetivamente desembolsável do produto é de:

(A) R$ 10,00.

(B) R$ 17,00.

(C) R$ 12,00.

(D) R$ 10,00.

(E) R$ 9,00.

Custos para controle: sistemas de custeio histórico e padrão

9

- **Objetivos**
  - » Conhecer e justificar o uso do custo-padrão como instrumento de controle à Administração da empresa.
  - » Saber tomar conhecimento da realidade de custos e compará-la com aquilo que deveria ser em termos ideais.
  - » Identificar oportunamente os desvios e tomar providências para corrigi-los.
  - » Proporcionar à Administração informações oportunas que lhe possibilitem tomadas de decisão ótimas, fixando uma base de comparação entre o que ocorreu (custo real) e o que deveria ter ocorrido (custo ideal).

9.1 Introdução

O sistema de custeio é a forma de registrar os custos, podendo ser por custo histórico ou por custo-padrão. Ele pode ser usado com qualquer sistema de acumulação de custos e qualquer método de custeio.

No custo histórico, os custos são apropriados à medida que ocorrem e os resultados só podem ser apurados no final do período.

O custo-padrão é o custo planejado para a produção de um bem. Funciona como uma forma de planejamento, dentro de condições previstas. Também serve de medida de eficiência do processo produtivo, já que, ao ser comparado com o custo real, identifica os pontos em que podem ocorrer ineficiências ou desvios de recursos. O custo-padrão é atribuído previamente, tomado como base para o registro da produção antes da determinação do custo efetivo. Em sua concepção gerencial, indica o custo ideal, ou seja, aquele que deveria ser obtido pela indústria nas condições de plena eficiência e máximo rendimento (CREPALDI, S. A.; CREPALDI, G. S., 2017).

Os custos, nesse sistema, são determinados antes da produção. São custos estabelecidos pela empresa como meta para seus produtos, levando em consideração as características tecnológicas do processo produtivo, a quantidade e os preços dos insumos necessários para a produção e o respectivo volume. São utilizadas contas para registrar os custos reais (históricos) e contas para registrar os custos-padrão. As variações entre essas contas são apropriadas às contas de estoques e CPV. O custo-padrão tem grande utilidade na contabilidade de custos e é usado para fins gerenciais. Desde que usado juntamente com o custeio por absorção, é aceito para fins legais, conforme Horngren (1986).

A apuração de custos com base em padrões preestabelecidos (custo-padrão ou *standard*), que muitas empresas adotam como instrumento de controle de gestão, será aceita para efeitos fiscais desde que (Parecer Normativo CST nº 6/1979):

I – o padrão preestabelecido incorpore todos os elementos constitutivos do custeio por absorção (matéria-prima, mão de obra e gastos gerais de fabricação);

II – as variações de custos (negativas e positivas) sejam distribuídas aos produtos, de modo que a avaliação final dos estoques não difira da que seria obtida com o emprego do custo real;

III – as variações de custos sejam identificadas em nível de item final de estoque, de forma a permitir a verificação do critério de neutralidade do sistema adotado de custos sobre a valoração dos inventários.

Ainda segundo o mencionado Parecer Normativo (1979), a distribuição das variações entre os produtos (em processo e acabados) em estoque e o custo dos produtos vendidos deverá ser feita em intervalos não superiores a três meses ou em intervalos de maior duração, desde que, em qualquer caso, não seja excedido qualquer um dos seguintes prazos (ROCCHI, 1998): o período de apuração do lucro real; o ciclo usual de produção, assim entendido o tempo normalmente despendido no processo industrial do produto avaliado.

9.2 Objetivos

Antes de estudarmos a sistemática a ser observada para a apuração e determinação do custo-padrão, devemos ter em mente que sua finalidade básica é proporcionar um instrumento de controle à administração da empresa. Nesse sentido, podemos dizer que *controlar* significa tomar conhecimento de determinada realidade, compará-la com aquilo que deveria ser em termos ideais, identificar oportunamente os desvios e tomar providências para corrigi-los. A maior utilidade do custo-padrão é servir de parâmetro para o controle dos custos reais e de instrumento para a empresa detectar suas ineficiências (CREPALDI, S. A.; CREPALDI, G. S., 2017).

Analisando-se esse conceito, podemos perceber que nenhum sistema de custo permite, por si só, controlar os custos de uma empresa. Isso ocorre porque a fase mais importante é a tomada de decisão com o objetivo de corrigir os desvios. Assim, a Contabilidade de Custos é um instrumento que tem por objetivo proporcionar à Administração informações oportunas que lhe possibilitem tomadas de decisão ótimas, fixando uma base de comparação entre o que ocorreu (custo real) e o que deveria ter ocorrido (custo ideal).

9.3 Conceito

O custo-padrão ou *standard* é aquele determinado *a priori* como o custo normal de um produto. É o custo estabelecido pela empresa como meta para os produtos de sua linha de produção. Consideram-se as características tecnológicas do processo produtivo de cada um dos produtos, os preços dos insumos, a quantidade, bem como o respectivo volume dessa produção (CREPALDI, S. A.; CREPALDI, G. S., 2017).

O método de custeio-padrão apresenta as seguintes características essenciais:

- valor do custo prefixado com base no histórico ou em metas a serem perseguidas pela empresa;
- utilização pela contabilidade, com ajustes periódicos levando em conta variações de custo para acompanhar o valor efetivo real (pelo método do custeio por absorção);
- facilidade de apuração do balancete de verificação.

A Resolução nº 750/1993 do Conselho Federal de Contabilidade fixou os princípios de contabilidade. Dentre esses, aparece o princípio do registro pelo valor original, que determina que os elementos patrimoniais devem ser registrados pela contabilidade por seus valores originais, expressos em moeda corrente do país, o que descarta a utilização do custo-padrão para fins de avaliação dos estoques e dos custos dos produtos vendidos, pois este pode divergir da transação efetiva.

Por outro lado, o item 37 da NPC 2 (Pronunciamento do Instituto dos Auditores Independentes do Brasil – IBRACON nº 2 de 30/04/1999) admite o custo-padrão, desde que ajustado periodicamente, nos seguintes termos: custos-padrão são também aceitáveis se revisados e reajustados periodicamente, sempre que ocorrerem alterações significativas nos custos dos materiais, dos salários, ou no próprio processo de fabricação, de forma a refletir as condições correntes. Na data do balanço, o custo-padrão deve ser ajustado ao real.

O método de custeio-padrão pode ser utilizado, contábil e gerencialmente, porém, é imprescindível que seu ajuste com os custos reais se faça regularmente, no mínimo a cada três meses, exigindo-se tal procedimento quando por ocasião do levantamento do balanço patrimonial (GUERREIRO, 1996).

O valor-padrão de custo é determinado com base em padrões técnicos de produção, que são definidos mediante a quantificação do consumo de materiais, mão de obra e outros gastos necessários à fabricação de uma unidade de produto.

A quantificação do consumo de materiais engloba todos os materiais necessários, tais como a matéria-prima propriamente dita, materiais auxiliares que compõem o produto e ainda material de embalagem normal. É feita por meio de pesagem e/ou medição desses materiais para uma unidade de produto, levando em conta as quebras e perdas normais do processo.

Os padrões técnicos de mão de obra são quantificados por cronometragem de tempo das operações produtivas, segundo princípios estatísticos de amostragem, tendentes a conferir elevado grau de exatidão a esses tempos. Em vista dos custos elevados que um setor de cronometragem acarreta em certas empresas, pode-se optar por tempos reais apontados em operações de produção no passado, tomando-se as médias desses tempos como padrões para o futuro, desde que esses tempos reais sejam cuidadosamente examinados quanto a sua representatividade.

Os padrões técnicos de produção devem ser revisados sempre que ocorrerem mudanças no processo de fabricação.

Os valores-padrão de custo são obtidos valorizando-se os padrões técnicos, isto é, multiplicando-se as quantidades pelos respectivos custos-padrão. Dependendo de fatores de política ou de disponibilidade de informação, as taxas aplicáveis aos padrões de materiais para obtenção dos valores de custo-padrão respectivos poderão ser os preços pagos nas últimas compras efetuadas de cada material ou os preços em vigor no início do exercício.

As taxas horárias aplicáveis aos padrões técnicos de mão de obra baseiam-se na expectativa de horas-homens de trabalhos normais ou de calendário, no exercício, levando-se naturalmente em conta uma margem para férias e absenteísmo por centro de custo. Essas taxas horárias são de dois tipos:

a) Taxa horária de mão de obra e encargos, geralmente por centro de custo produtivo.

É calculada computando-se o custo normal de mão de obra e seus respectivos encargos, por centro de custo, o que implica seu desdobramento em tantas taxas horárias quantos forem os centros de custo produtivos.

b) Taxa horária de custos indiretos de fabricação, geralmente também por centro de custo produtivo.

Deriva do cômputo de custos indiretos de fabricação, tais como a depreciação do equipamento industrial, a manutenção normal desses equipamentos por centro de custo, bem como a parte proporcional, que cabe a cada centro, de gastos, como a supervisão geral da fábrica, o custo de programação e controle de produção, o custo de centros auxiliares e depreciação de edifícios e instalações. Também se desdobra na quantidade dos centros de custo produtivos.

Todas as taxas de custo-padrão são atualizadas, em geral, no início de cada exercício. Em sua determinação, é levada em conta, muitas vezes, a condição inflacionária da economia, definindo-se taxas-padrão correspondentes ao custo normal do meio do exercício. Essas taxas geram, então, um custo de produção mais alto do que o custo real do início do exercício e, portanto, diferenças (variações) favoráveis entre o custo real e o custo-padrão.

Apresentam, contudo, a tendência de gerar variações desfavoráveis (custo real mais alto do que o custo-padrão) no fim do exercício, compensando as variações negativas do primeiro semestre. Essa técnica pressupõe, naturalmente, um desenvolvimento linear da inflação.

O custo da produção, nesse sistema, desdobra-se em três componentes:

- padrão de materiais;
- padrão de mão de obra;
- padrão de custos indiretos de fabricação.

As variações entre o custo-padrão e o custo real da produção são estabelecidas também separadamente para esses três componentes:

- variação de materiais: entre o custo-padrão de materiais e o consumo real de materiais;

- variação de mão de obra: entre o custo-padrão de mão de obra e o custo real de mão de obra e encargos;
- variação de custos indiretos de fabricação: entre o custo-padrão e o custo real desses gastos.

O custo-padrão, o custo real e as variações são, em geral, apurados mensalmente. Embora seja determinado *a priori* como sendo o custo normal de um produto, o custo-padrão é apurado por meio de sistemática muito semelhante à de outros sistemas de apuração de custo industrial, incluindo, naturalmente, detalhes necessários ao cálculo de um custo antecipado.

Os passos da sistemática de apuração são:

- determinação dos tempos-padrão de fabricação por produto e por centro de custo;
- determinação de quantidade-padrão e do valor dos materiais na forma já indicada, por produto;
- orçamento de custos para o exercício em totais separados para mão de obra e encargos e custos indiretos de fabricação;
- distribuição dos custos de mão de obra e encargos e de outros gastos de fabricação, separadamente, aos centros de custo, tanto auxiliares como produtivos, mediante critérios racionais;
- apropriação dos custos dos centros auxiliares aos custos dos centros produtivos, ainda separadamente para os dois componentes citados;
- estimativa das horas-homens de força de trabalho no exercício, por centro de custo produtivo;
- determinação do custo-padrão por produto mediante multiplicação dos tempos-padrão de cada produto, em cada centro de custo, pelas respectivas taxas, por componente, e soma dos custos assim calculados de todos os centros, por componente.

Dessa forma, obtém-se o custo-padrão de cada produto, separado para cada um de seus três componentes. O custo-padrão de cada produto é lançado numa ficha de custo-padrão, que é emitida para todos os produtos da empresa e compõe o livro de padrões.

Por outro lado, a fim de determinar, nesse sistema, o custo real da produção e as variações dos três componentes, há necessidade de apurar:

- quantidades efetivamente produzidas;
- mão de obra e encargos;
- consumo real de materiais;
- gastos reais de fabricação, por natureza.

Multiplicadas as quantidades reais de fabricação de cada produto pelos respectivos custos-padrão, componente a componente, determina-se o custo-padrão da produção global acabada.

A produção em processo é também valorizada pelo padrão para o componente materiais e para os demais componentes às taxas horárias dos centros de custos produtivos, segundo o estágio do processo em que se encontra. O procedimento descrito pressupõe, como é regra geral, que a totalidade da matéria-prima seja requisitada no início da fabricação. A soma do custo-padrão global de cada componente de produção acabada e da produção em processo é cotejada com o consumo real de materiais, a mão de obra e os encargos, bem como com o total de outros gastos de fabricação do período. Desse cotejo são extraídas variações de materiais, de mão de obra e de outros gastos de fabricação.

O custo-padrão ideal é determinado da forma mais científica possível, dentro de condições ideais de qualidade dos materiais, de eficiência da mão de obra, com o mínimo de desperdício de todos os insumos. Seria uma meta de longo prazo para a empresa. O estimado seria o custo previsto com base na série histórica de custos da empresa, sem qualquer preocupação em avaliar se ocorreram ineficiências na produção (CREPALDI, S. A.; CREPALDI, G. S., 2017).

Já o custo corrente situa-se entre o ideal e o estimado. Seria o valor que a empresa fixa como meta para o próximo período para um determinado produto. Difere do custo-padrão estimado por levar em consideração as ineficiências existentes em termos de qualidade de materiais, mão de obra, insumos etc.

O custo real é o custo efetivo incorrido pela empresa num determinado período de produção. Caso o custo real seja superior ao custo-padrão, a variação (diferença) será dita desfavorável; caso contrário, a variação será considerada favorável.

Conclui-se que o custo-padrão é uma poderosa ferramenta de controle de custos, haja vista que permite que a empresa compare os custos planejados ou previstos (custo-padrão) com o efetivamente realizado (custo real).

9.4 Tipos de custo-padrão

- Custo-padrão ideal: supõe a utilização com a máxima eficiência dos recursos produtivos (MD, MOD e CIF) e não leva em consideração desperdícios normais de MD, diminuições no ritmo de trabalho dos funcionários, nem possíveis quebras de equipamentos. Na prática, é difícil de ser atingido. É um custo determinado da forma o mais científica possível pela engenharia de produção da empresa, dentro de condições ideais de qualidade dos materiais, de eficiência da mão de obra, com o mínimo de desperdício de todos os insumos envolvidos. Pode ser considerado como uma meta de longo prazo da empresa. Entretanto, em curto prazo, por existirem na prática deficiências no uso e na qualidade dos insumos, é muito difícil de ser alcançado (CREPALDI, S. A.; CREPALDI, G. S., 2017).

- Custo-padrão estimado: é aquele determinado simplesmente através de uma projeção de uma média dos custos observados no passado, sem qualquer preocupação em se avaliar se ocorreram ineficiências na produção (por exemplo, se o nível de desperdício dos materiais poderia ser diminuído, se a produtividade da mão de obra poderia ser melhorada, se os preços pagos pelos insumos poderiam ser menores etc.) (CREPALDI, S. A.; CREPALDI, G. S., 2017).

- Custo-padrão corrente: leva em consideração um desempenho passível de ser alcançado, considerando perdas de MD, queda na produtividade dos funcionários, possíveis quebras nos equipamentos. Na prática, é usado o custo-padrão corrente. Situa-se entre o ideal e o estimado. Ao contrário deste último, para fixar o custo-padrão corrente, a empresa deve proceder a estudos para uma avaliação da eficiência da produção. Ao contrário do ideal, leva em consideração as deficiências que reconhecidamente existem, mas que não podem ser sanadas pela empresa, pelo menos em curto e médio prazos, tais como as relativas a materiais comprados de terceiros, inexistência de mão de obra especializada e outras similares. Esse tipo de custo-padrão pode ser considerado um objetivo de curto e médio prazos da empresa e é o mais adequado para fins de controle etc. (CREPALDI, S. A.; CREPALDI, G. S., 2017).

9.5 Dimensões do custo-padrão

Para a contabilização, todos os dados devem ser expressos em termos monetários. A conversão para custo-padrão nesses termos é feita pela multiplicação do padrão físico pelo padrão de custo.

Custo-padrão = padrão físico × padrão de custo
(unidade, tempo)   (valor)

As variações entre o custo-padrão e o custo histórico são obtidas da seguinte maneira:

- Variação do material direto = variação no preço do material direto + variação na quantidade de material direto.
- Variação da MOD = variação na taxa de MOD + variação no tempo de MOD.
- Variação do CIF = variação no custo do CIF + variação no volume do CIF.

Exemplo:

O custo-padrão para uma unidade do Produto A é o seguinte:

Componentes	Quantidade	Preço	Custo
MP	3 kg	R$ 4,00	R$ 12,00
MOD	4 horas	R$ 5,00	R$ 20,00
CIF variável	2 h/máquina	R$ 4,00	R$ 8,00
CIF fixo			R$ 112.500,00
Quantidade-padrão			4.500

Dados reais do período

Matérias-primas compradas no período: 10.000 kg a R$ 5,00 por quilo = R$ 50.000,00

Matérias-primas consumidas para fabricar 4.000 unidades = 16.000 kg

Mão de obra incorrida: 20.000 horas a R$ 7,00 = R$ 140.000,00

CIF:

- variáveis 12.000 horas-máquina a R$ 5,00 = R$ 60.000,00
- fixos R$ 130.000,00

Com essas informações, podemos obter o custo real unitário:

Componentes	Quantidade	Preço	Custo
MP	4 kg	R$ 5,00	R$ 20,00
MOD	5 horas	R$ 7,00	R$ 35,00
CIF variável	3 horas-máquina	R$ 5,00	R$ 15,00
CIF fixo	–	–	R$ 130.000,00

Variação entre padrão e real

Componentes	Padrão	Real	Variação
MP	R$ 12,00	R$ 20,00	R$ 8,00
MOD	R$ 20,00	R$ 35,00	R$ 15,00
CIF	R$ 33,00	R$ 47,50	R$ 14,50
Total	R$ 65,00	R$ 102,50	R$ 37,50

$$Cif_p = \frac{R\$\ 112.500}{4.500\ un.} + R\$\ 8 = R\$\ 33 \qquad Cif_r = \frac{R\$\ 130.000 + R\$\ 60.000}{4.000\ un.} = R\$\ 47,50$$

A variação unitária total entre padrão e real de R$ 37,50 é devido à variação de R$ 8,00 na MP, R$ 15,00 na MOD e R$ 14,50 no CIF.

Como sabemos, o custo tem duas dimensões, ou seja, temos a variação em virtude da quantidade e do preço. Essa variação é mostrada graficamente, a seguir, para o caso da matéria-prima:

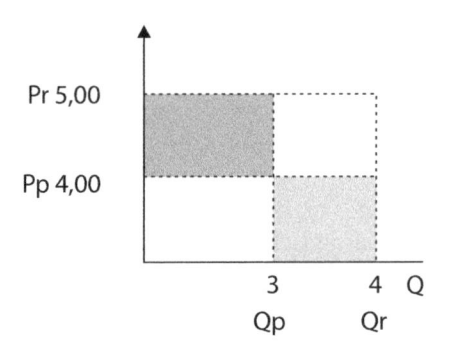

O custo-padrão da MP é representado pelo retângulo menor, ou seja, Pp × Qp = 4 × 3 = R$ 12. O custo real da MP é representado pelo retângulo maior, ou seja, Pr × Qr = R$ 5 × 4 = R$ 20.

A variação entre eles é representada pela diferença entre os retângulos e pode ser calculada pelas seguintes fórmulas:

Variação de preço = Qp (Pp – Pr) = 3 × (R$ 4 – R$ 5) =   R$ 3 Desfavorável

Variação de quantidade = Pp (Qp – Qr) = R$ 4 (3 – 4) =   R$ 4 Desfavorável

Variação de quantidade e preço = (Pp – Pr) (Qp – Qr) =
(R$ 4 – R$ 5) (3 – 4) =   R$ 1 Desfavorável

Variação total unitária na matéria-prima =   **R$ 8 Desfavorável**

Assim, temos a variação em virtude do preço da matéria-prima, a variação em virtude da quantidade consumida e a variação em virtude da quantidade e do preço.

Como a variação de quantidade e preço (mista) é geralmente pequena e é difícil atribuí-la a algum responsável, pois inclui variação de preço e quantidade, na prática, ela pode ser incluída na variação de preço. No exemplo anterior, as variações seriam calculadas da seguinte forma:

Variação de preço = Qr (Pp – Pr) = 4 (R\$ 4 – R\$ 5) =	R\$ 4 Desfavorável
Variação de quantidade = Pp (Qp – Qr) = 4 (3 – 4) =	<u>R\$ 4</u> Desfavorável
Variação total =	**R\$ 8 Desfavorável**

Variação na MOD

O custo-padrão da MOD é representado pelo retângulo menor – $Tp \times Hp = 5 \times 4 = R\$ 20$.

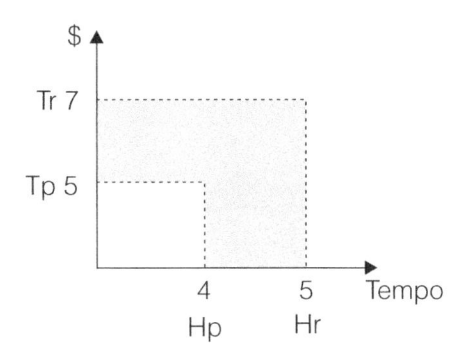

O custo real da MOD é representado pelo retângulo maior – $Tr \times Hr = 7 \times 5 = R\$ 35$.

A variação entre elas é representada pela diferença entre os retângulos e pode ser calculada da seguinte maneira:

Variação na taxa de MOD = Hp (Tp – Tr) = 4 × (R\$ 5 – R\$ 7) =	R\$ 8 desfavorável
Variação no tempo de MOD = Tp (Hp – Hr) = 5 (4 – 5) =	R\$ 5 desfavorável
Variação na taxa e no tempo = (Tp – Tr) (Hp – Hr) = (5 – 7) (4 – 5) =	<u>R\$ 2</u> desfavorável
Variação total unitária na MOD =	**R\$ 15 desfavorável**

Nesse caso, a variação mista também pode ser incluída na variação de preço.

Variação de preço = Hr (Tp – Tr) = 5 (5 – 7) =   R$ 10 desfavorável
Variação de quantidade = Tp (Hp – Hr) = 5 (4 – 5) =   R$ 5 desfavorável
Variação total =   **R$ 15 desfavorável**

Variação no CIF

CIF padrão = (2 × 4.500 × 4) + 112.500 =   R$ 148.500
CIF padrão unitário = 148.500 / 4.500 =   R$ 33,00
CIF real = (3 × 4.000 × 5) + 130.000 =   R$ 190.000
CIF real unitário = 190.000 / 4.000 =   **R$ 47,50**

Primeiro, deve-se apurar a variação no volume, ou seja, a variação no CIF unitário se o padrão tivesse sido calculado com base na produção real.

Variação no volume

CIF padrão no nível real de produção = (2 × 4.000 × 4)
+ 112.500 =   R$ 144.500,00
CIF padrão unitário = 144.500 / 4.000 =   R$ 36,13
Variação = R$ 33,00 – R$ 36,13 =   **R$ 3,13 Desfavorável**

Variação no custo

R$ 36,13 – R$ 47,50 = R$ 11,37 desfavorável

Quando a empresa usa outros parâmetros que não as unidades produzidas, como, por exemplo, horas-máquina ou horas de mão de obra, a variação no custo pode ser dividida em variação de eficiência e variação de custo.

CIF padrão no nível real de horas-máquina = (3 × 4.000 × 4) +
112.500 =   R$ 160.500
160.500 / 4.000 =   R$ 40,13
Variação na eficiência = R$ 36,13 – R$ 40,13 =   R$ 4,00 desfavorável
Variação no custo = R$ 40,13 – R$ 47,50 =   **R$ 7,37 desfavorável**

Quando se adota o custo-padrão, é necessário realizar-se a análise das variações dos materiais e da MOD. As variações de materiais têm nomenclatura diferente das variações da MOD. A única variação que tem a mesma nomenclatura para os dois custos é a variação mista.

9.5.1 Caso prático

Suponhamos que, para determinado produto, os seguintes custos-padrão por unidade tenham sido estabelecidos.

		R$
Matéria-prima	10 kg a R$ 30	300
MOD	20 h a R$ 50	1.000
CIF		200
Custo-padrão total		1.500

Ao final do período sob análise, os custos reais apurados foram:

		R$
Matéria-prima	10 kg a R$ 30	300
MOD	25 h a R$ 60	1.500
CIF		250
Custo real total		2.050

A simples observação desses valores permite-nos extrair as seguintes conclusões:

a) O custo real foi superior ao padrão em R$ 550,00 por unidade.

b) O maior aumento ocorreu no item MOD.

c) O consumo de matéria-prima e seu preço de aquisição não sofreram variações.

d) Os custos indiretos da fabricação tiveram uma variação desfavorável de R$ 50,00 por unidade de produto.

Essas informações são úteis, mas ainda insuficientes para a tomada de decisão. Assim, façamos uma análise mais detalhada dessas variações.

9.5.2 Variação de quantidade (ou de eficiência)

Sabemos que a variação total (desfavorável) da MOD soma R$ 500,00. Assim, a soma da variação de quantidade com a de preço e a mista deverá ser igual a esse valor.

A variação devida à quantidade é igual ao produto da diferença entre a quantidade real e a padrão pelo preço-padrão. Dito de outra forma, é a variação que existiria caso o preço-padrão fosse igual ao real e apenas a quantidade de horas por unidade de produto variasse (CREPALDI, S. A.; CREPALDI, G. S., 2017). A fórmula para sua apuração é a seguinte:

$$VQ = (\text{quantidade real} - \text{quantidade-padrão}) \times \text{preço-padrão}$$

No exemplo, seria:

$$VQ = (25\,h - 20\,h) \times R\$\,50$$
$$VQ = 5\,h \times R\$\,50$$
$$VQ = R\$\,250$$

9.5.3 Variação de preço

A variação de preço é resultante apenas do aumento do preço da hora de mão de obra, isto é, aquela que teria ocorrido caso a quantidade real fosse igual à padrão, havendo apenas variações no custo da hora de mão de obra (CREPALDI, S. A.; CREPALDI, G. S., 2017).

A fórmula para sua apuração é:

$$VP = (\text{preço real} - \text{preço-padrão}) \times \text{quantidade-padrão}$$

No nosso exemplo, teríamos:

$$VP = (R\$\,60 - R\$\,50) \times 20\,h$$
$$VP = R\$\,10 \times 20\,h$$
$$VP = R\$\,200$$

Por último, a variação mista é decorrente da variação do preço e de quantidade. A fórmula para sua apuração é a seguinte:

$$VM = (\text{quantidade real} - \text{quantidade-padrão}) \times (\text{preço real} - \text{preço-padrão})$$

No nosso exemplo, seria:

$$VM = (25\,h - 20\,h) \times (R\$\,60 - R\$\,50)$$
$$VM = 5\,h \times R\$\,10$$
$$VM = R\$\,50$$

Uma forma mais fácil de visualizar essas variações é em um gráfico. Veja o Gráfico 9.1.

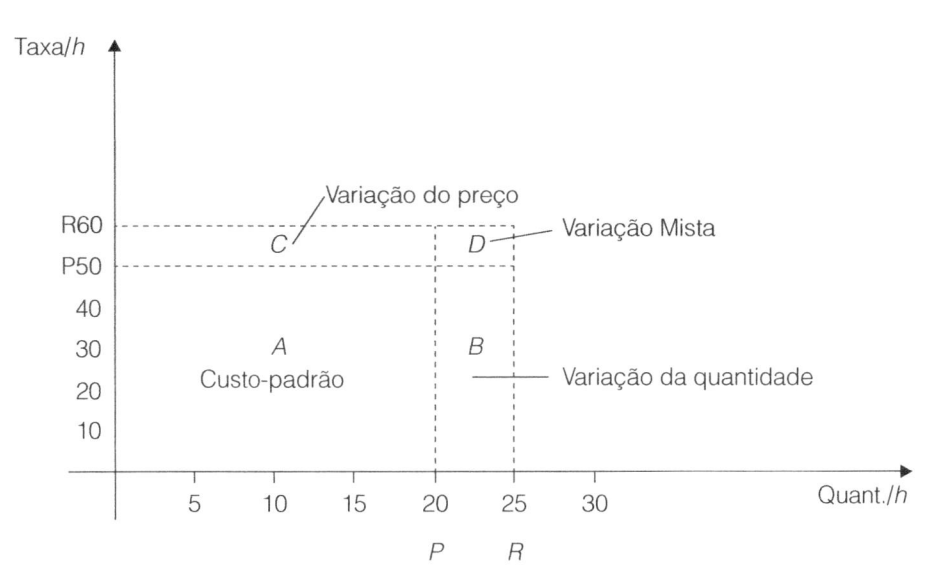

Gráfico 9.1 Variação de preço.

A área em *A* representa o padrão previamente estabelecido. No eixo horizontal, a quantidade de horas que deveria ser gasta por produto e, na vertical, o preço de cada hora. É evidente que o produto dos dois valores (área *A* no gráfico) representa o gasto total em reais de MOD ($20 \times R\$ 50 = 1.000$) ao nível-padrão.

A área em *B* mostra a variação de quantidade, isto é, a diferença entre a quantidade real e a quantidade-padrão multiplicada pelo preço-padrão:

(25 h – 20 h) × 50 = R\$ 250,00

A área *C* apresenta a variação de preço $(R\$ 60 - R\$ 50) \times 20 - R\$ 200,00$.

Por fim, a variação mista é mostrada pela área *D* e é resultado da diferença de quantidade e de preço. Assim, é igual a $(25\ h - 20\ h) \times (R\$ 60 - R\$ 50) = R\$ 50,00$.

Os cálculos que acabamos de efetuar podem ser utilizados para a apuração das variações de mão de obra e de matéria-prima.

Até agora estudamos as variações de matéria-prima e de MOD. Agora veremos os procedimentos necessários para o cálculo das variações dos CIFs.

Quando, em nosso exemplo, falamos de CIF por unidade, está implícito que a empresa em questão se utiliza do custeio por absorção. Em função disso, dois tipos de variações podem ocorrer: a decorrente da diferença do volume de produção, que provoca alterações nos CIFs unitários, e a decorrente da alteração dos custos indiretos propriamente ditos.

Suponhamos que os CIFs por unidades tenham sido assim calculados:

Padrão de CIFs variáveis		R$	80/unidade
Padrão de CIFs fixos		R$	120.000,00
Volume de produção		R$	1.000 unidades/mês
CIF padrão total	Variável R$ 80,00 × 1.000 =	R$	80.000,00
		R$	120.000,00
	Fixo	R$	200.000,00
CIF padrão/unidade	–	R$	200,00

Digamos que os CIFs e o volume de produção para o período (mês) tenham sido os seguintes:

CIFs totais	R$ 225.000,00
Volume produzido	900 unidades

Desses dados resultou um CIF/unidade de R$ 250,00.

Assim, a variação total por unidade é igual a R$ 50,00 (R$ 250,00 – R$ 200,00), desfavorável, no caso, pois o real foi superior ao padrão.

9.5.4 Variação do volume dos CIFs

Quanto dessa variação, R$ 50/unidade, é decorrente da redução do volume de 1.000 para 900 unidades/mês?

Para responder a essa questão, basta calcular quais seriam os custos totais se não houvesse variação nos custos propriamente ditos. O mecanismo de cálculo é o seguinte:

CIFs fixos	= R$ 120.000,00
CIFs variáveis 900 × R$ 80,00	= R$ 72.000,00
	R$ 192.000,00

O CIF/unidade seria dessa forma, com uma simples redução do volume de 1.000 para 900 unidades/mês, o CIF/unidade-padrão passaria de R$ 200,00 para R$ 213,30, ou seja, a variação de volume seria de R$ 13,30/unidade.

9.5.5 *Variação do custo*

Ocorre que os CIFs/unidade foram de R$ 250,00 e não de R$ 213,30. Devemos, então, apurar a variação de custo propriamente dita. A razão da diferença se encontra no aumento dos CIFs totais, que, ao nível de 900 unidades/mês, deveriam ser iguais a R$ 192.000,00 e, na realidade, foram de R$ 225.000,00, ou seja, houve um aumento de custos de R$ 33.000,00, que, dividido pela quantidade real produzida, nos dá a variação unitária, ou seja, R$ 36,70.

Colocadas num quadro, essas variações ficam mais facilmente compreensíveis:

CIF padrão/unidade	R$ 200,00
Variação de volume	(+) R$ 13,30
Variação de custo	(+) R$ 36,70
CIF real/unidade	R$ 250,00

9.6 Contabilização do custo-padrão (sistemática simplificada)

Na contabilização, o estoque de produtos em processo é debitado pelo custo real e creditado pelo custo-padrão. A movimentação nos estoques de produtos acabados e o débito no CPV são feitos pelo custo-padrão. As variações entre padrão e real são lançadas nas contas de estoques e CPV. Como exemplo, vamos contabilizar a apuração de custo usando as variações de matéria-prima do item anterior.

a)	Produtos em processo	R$ 80.000,00
	a estoques de matéria-prima	R$ 80.000,00
	16.000 kg × R$ 5,00 = R$ 80.000,00 (custo real)	

b)	Produtos acabados	R$ 48.000,00
	a produtos em processo	R$ 48.000,00
	3 kg × R$ 4,00 × 4.000 = R$ 48.000,00 (custo-padrão)	

Se a empresa vender 60% das unidades:

0,60 × 4.000 unidades = 2.400 unidades

Custo unitário = R$ 48.000,00 / 4.000 unidades = R$ 12,00

c)   CPV   R$ 28.800,00
      a produtos acabados   R$ 28.800,00

Em razonetes:

Matéria-prima		Produtos em processo	
	80.000 (a)	(a) 80.000	48.000 (b)
		32.000	

Produtos acabados		CPV	
(b) 48.000	28.800 (c)	(c) 28.800	
19.200			

No final do período, a empresa tem que transferir os R$ 32.000 referentes à variação da matéria-prima para estoque de produtos acabados e CPV.

CPV = 0,60 × R$ 32.000,00 = R$ 19.200,00

EPA = 0,40 × R$ 32.000,00 = R$ 12.800,00

Produtos em processo		Produtos acabados		CPV	
32.000	32.000 (d)	19.200		28.800	
		(d) 12.800		(d) 19.200	
		32.000		48.000	

Se a empresa contabilizar pelo custo-padrão, terá que encerrar as variações para efeito de balanço.

Um dos critérios mais eficientes de controle de custos é o custo-padrão, em virtude do detalhamento com que é determinado e verificado após a apuração dos custos reais. Na fase de comparação entre padrão e real, a MOD deve ser analisada em relação a três variações: eficiência, taxa e mista.

9.7 Caso prático

A Empresa Industrial Carmo da Cachoeira Ltda. estabeleceu os seguintes padrões de custos diretos por unidade:

Componentes	Quantidade	Preço
Matéria-prima	0,5 kg	R$ 4,00 por kg
MOD	15 minutos	R$ 10,00 por hora

Em determinado período, foram produzidos 10.000 produtos, com os seguintes custos reais:

Componentes	Quantidade	Preço
Matéria-prima	6.500 kg	R$ 4,20 por kg
MOD	2.500 h	R$ 12,00 por hora

Em relação aos custos apurados no período e variações do custo real em comparação ao custo-padrão, assinale a opção **INCORRETA**.

a) A variação no custo da matéria-prima foi de R$ 0,73 favorável.

b) A variação no custo de mão de obra é devido unicamente à variação no preço.

c) O custo-padrão é de R$ 4,50, composto por R$ 2,00 relativos ao custo de matéria-prima e R$ 2,50 de custo com mão de obra.

d) O custo real superou o custo-padrão em R$ 1,23, e a diferença é devido às variações no custo da matéria-prima e no custo da mão de obra.

Solução:

a) A variação no custo da matéria-prima foi de R$ 0,73 favorável.

Custo-padrão:

Matéria-prima = 0,5 por unidade × R$ 4,00 por kg = R$ 2,00

Custo real:

Matéria-prima = 6.500 kg ÷ 10.000 unidades = 0,65 kg por unidade

0,65 por unidade × R$ 4,20 por kg = R$ 2,73

Observem que o custo real foi superior em R$ 0,73 (R$ 2,00 – R$ 2,73), ou seja, foi desfavorável.

Alternativa errada.

b) A variação no custo de mão de obra é devido unicamente à variação no preço.

Custo-padrão:

Quantidade de MOD = 15 minutos

Preço = R$ 10,00 por hora

Custo real:

Quantidade de MOD = 2.500 h

Preço = R$ 12,00 por hora

2.500 h × 60 min = 150.000 min / 10.000 unidades = 15 min por unidade

Observem que no custo real o tempo não variou. A variação, portanto, é devido apenas ao preço.

Alternativa correta.

c) O custo-padrão é de R$ 4,50, composto por R$ 2,00 relativos ao custo de matéria-prima e R$ 2,50 de custo com mão de obra.

Custo-padrão:

Matéria-prima = 0,5 por unidade × R$ 4,00 por kg = R$ 2,00

Mão de obra = R$ 10,00 por hora / 60 min × 15 min = R$ 2,50

Custo-padrão total = R$ 2,00 (MP) + R$ 2,50 (MO) = R$ 4,50

Alternativa correta.

d) O custo real superou o custo-padrão em R$ 1,23, e a diferença é devido às variações no custo da matéria-prima e no custo da mão de obra.

Custo-padrão:

Matéria-prima = 0,5 por unidade × R$ 4,00 por kg = R$ 2,00

Mão de obra = R$ 10,00 por hora / 60 min × 15 min = R$ 2,50

Custo-padrão total = R\$ 2,00 (MP) + R\$ 2,50 (MO) = R\$ 4,50

Custo Real:

Matéria-prima = 10.000 unidades / 6.500 kg = 0,65 kg por unidade

0,65 por unidade × R\$ 4,20 por kg = R\$ 2,73

Mão de obra = 2.500 h × 60 min = 150.000 min / 10.000 unidades = 15 minutos por unidade

R\$ 12,00 por hora / 60 min × 15 min = R\$ 3,00

Custo-padrão total = R\$ 2,73 + R\$ 3,00 = R\$ 5,73

O custo real superou, portanto, o custo-padrão em R\$ 1,23 (R\$ 5,73 – R\$ 4,50).

Alternativa correta.

Considerações finais

O termo *padrão* possui inúmeros significados e implicações. Todos os custos-padrão são oriundos de uma predeterminação, porém nem todos os custos orçados com antecedência podem ser classificados como tal. Os custos-padrão são estabelecidos segundo estudos de engenharia e cuidadosamente apurados, levando-se em conta o presente e o passado. Para a determinação dos custos-padrão, há necessidade de seguir alguns critérios:

- seleção minuciosa do material utilizado na produção;
- estudos de tempo e desempenho das operações produtivas;
- estudos de engenharia sobre equipamentos e operações fabris.

Custos históricos obtidos através de gastos médios ou que não levem em conta uma base científica do método de produção não podem ser classificados como custos estimados. O custo-padrão sintetiza, em seu valor, o custo para se produzir um bem ou serviço. A seguir, são colocadas algumas definições que servirão para melhor entendimento do assunto:

- Padrão: medida de quantidade, peso, valor e qualidade estabelecida por uma autoridade.
- Custo-padrão: valor do material, mão de obra ou gastos gerais de fabricação cuidadosamente apurados, necessários à elaboração de um produto ou serviço.
- Método do custo-padrão: no ramo contábil, compara os custos atuais com o custo-padrão, testando as justificativas possíveis para as variações ocorridas.

Entre as vantagens desse sistema, consideraram-se apenas as mais importantes:

- controle e redução de custos;
- promoção e medição da eficiência do sistema produtivo;
- simplificação dos processos de custo;
- avaliação dos inventários.

O custo-padrão é um custo ideal teórico calculado de forma científica, ou seja, calcula-se o custo de uma unidade e atribui-se, dessa forma, o custo para as demais, *a priori* e posteriormente; depois de produzido o lote, apura-se o custo real incorrido para, assim, apurar eventuais diferenças de preços, volumes, tempo etc.

Questões de múltipla escolha

1) O custo aplicado sobretudo em operações repetitivas, quando os parâmetros ou indicadores físicos estão perfeitamente definidos, é conhecido como:

(A) estimado;

(B) padrão;

(C) histórico;

(D) primário.

2) A Empresa Amparo produz e vende unicamente o Produto B. A margem de contribuição unitária de B duplicou do primeiro para o segundo trimestre. A causa correta para que esse fato tenha ocorrido, mantendo-se constantes todas as outras variáveis, é:

(A) diminuição do salário do contador;

(B) aumento do valor do aluguel da fábrica;

(C) diminuição do valor do aluguel da fábrica;

(D) aumento do preço cobrado por B.

3) Um dos critérios mais eficientes de controle de custos é o custo-padrão, em virtude do detalhamento com que é determinado e verificado após a apuração dos custos reais. Na fase de comparação entre padrão e real, a MOD deve ser analisada em relação a três variações. Essas variações são:

(A) quantidade, preço e mista;

(B) quantidade, eficiência e volume;

(C) qualidade, preço e volume;

(D) eficiência, taxa e mista;

(E) volume, eficiência e custo.

4) Quando se adota o custo-padrão, é necessário realizar-se a análise das variações dos materiais e da MOD. As variações de materiais têm nomenclatura diferente das variações da MOD.

A única variação que tem a mesma nomenclatura para os dois custos é a variação:

(A) mista;

(B) de eficiência;

(C) de quantidade;

(D) derivada.

5) O custeio por absorção, em termos básicos, consiste na apropriação de todos os custos do período ao custo de produção dos produtos desse mesmo período.

Nesse contexto de apropriação de todos os custos ao produto, a indústria que adota o custeio por absorção atende ao estabelecido nas características qualitativas da contabilidade da:

(A) entidade;

(B) competência;

(C) continuidade;

(D) oportunidade.

6) O conceito de custo-padrão:

(A) não é baseado em princípios científicos, uma vez que ele se utiliza de experiências simuladas que são realizadas dentro de condições normais de fabricação, registradas e controladas por medições de natureza operacional e relacionadas à estatística;

(B) é um custo planejado para determinado período, analisado cada fator de produção em condições normais de fabricação;

(C) é baseado na indexação do custo histórico, atualizando-o apenas para indexar o preço de venda do produto;

(D) não observa cada fator de produção, a fim de verificar os desvios resultantes de sua comparação com o custo histórico;

(E) é um custo orçado para determinado período, analisado cada fator econômico em condições normais de fabricação.

7) A indústria Santa Juliana S.A. estimou os seguintes custos e dados para o período de 1º a 31 de outubro:

Material direto a ser utilizado	R$ 700.000,00
MOD	R$ 380.000,00
Depreciação de máquinas	R$ 21.800,00
Seguro do parque industrial	R$ 8.200,00
MOI	R$ 120.000,00
Aluguel das dependências da fábrica	R$ 10.000,00
Materiais indiretos utilizados na fábrica	R$ 80.000,00

Número de horas-máquina estimadas para o período é de 12.000 para produzir 5.000 unidades de um produto.

Considere que, ao fim de outubro, os custos indiretos realmente suportados pela Santa Juliana S.A. foram de $ 210.000,00 e o número de horas-máquina efetivamente ocupado foram de 10.000. A variação de capacidade das máquinas em relação aos custos indiretos, ou seja, o custo da capacidade ociosa delas é de:

(A) R$ 40.000,00.

(B) R$ 220.000,00.

(C) R$ 156.000,00.

(D) R$ 104.000,00.

(E) R$ 30.000,00.

Dados para responder às questões 8 a 13.

Custos-padrão para janeiro:

Materiais diretos (prevista a utilização de 3 kg de material por unidade a ser produzida a R$ 50,00 o kg)	R$	150,00
MOD (prevista a utilização de 4 h em cada unidade produzida a R$ 80,00 por hora trabalhada)	R$	320,00
CIF	R$	30.000,00

Custos reais para janeiro:

Aquisição de materiais diretos (500 kg a R$ 60,00 o kg)	R$	30.000,00
Utilização de material direto no processo produtivo, conforme requisições ao almoxarifado (260 kg)	R$	15.600,00
Foram despendidas 440 horas de MOD, conforme folha de pagamento, a R$ 85,00 a hora	R$	37.400,00

Outras informações:

- a produção estimada e efetiva do mês de janeiro foi de 100 unidades;
- as vendas totais do mês foram de 75 unidades.

8) A variação de quantidade de matéria-prima expressa em grandezas monetárias é de:

(A) R$ 1.000,00 positivos em relação ao lucro empresarial orçado.

(B) R$ 3.000,00 negativos em relação ao lucro empresarial orçado.

(C) R$ 600,00 positivos em relação ao lucro empresarial orçado.

(D) R$ 400,00 positivos em relação ao lucro empresarial orçado.

(E) R$ 2.000,00 positivos em relação ao lucro empresarial orçado.

9) A variação de preço de matéria-prima expressa em grandezas monetárias é de ... em relação ao lucro empresarial orçado.

(A) R$ 1.000,00 positivos.

(B) R$ 3.000,00 negativos.

(C) R$ 600,00 positivos.

(D) R$ 400,00 positivos.

(E) R$ 2.000,00 positivos.

10) A variação mista de matéria-prima expressa em grandezas monetárias é de ... em relação ao lucro empresarial orçado.

(A) R$ 1.000,00 positivos.

(B) R$ 3.000,00 negativos.

(C) R$ 600,00 positivos.

(D) R$ 400,00 positivos.

(E) R$ 2.000,00 positivos.

11) A variação de eficiência da MOD expressa em grandezas monetárias é de ... em relação ao lucro empresarial orçado.

(A) R$ 3.200,00 negativos.

(B) R$ 2.000,00 positivos.

(C) R$ 3.200,00 positivos.

(D) R$ 2.000,00 negativos.

12) A variação da taxa da MOD expressa em grandezas monetárias é de ... em relação ao lucro empresarial orçado.

   (A) R$ 3.200,00 negativos.

   (B) R$ 2.000,00 positivos.

   (C) R$ 3.200,00 positivos.

   (D) R$ 2.000,00 negativos.

13) A variação mista da MOD expressa em grandezas monetárias é de ... em relação ao lucro empresarial orçado.

   (A) R$ 600,00 positivos.

   (B) R$ 200,00 negativos.

   (C) R$ 200,00 positivos.

   (D) R$ 400,00 positivos.

   (E) R$ 600,00 negativos.

14) A Indústria Sinop Ltda., que adota o custo-padrão, a variação de tempo da MOD, em fevereiro, foi de 100 horas acima do previsto, que foi de 1.000 horas. No mês, a variação do custo da MOD por unidade de tempo foi de R$ 150,00 abaixo do valor, que foi de R$ 1.200,00 por hora. O valor da variação total entre o custo-padrão (CP) e o custo real (CR) foi de:

   (A) CP > R$ 30.000,00.

   (B) CP < R$ 15.000,00.

   (C) CP > R$ 45.000,00.

   (D) CP < R$ 45.000,00.

   (E) CP > R$ 15.000,00.

15) A grande finalidade do custo-padrão é:

   (A) o planejamento e controle de custos;

   (B) a gestão de preços;

   (C) o atendimento às Normas Contábeis Brasileiras;

   (D) a rentabilidade de produtos.

16) A Empresa Formiga Ltda. utiliza em sua contabilidade o sistema de custo-padrão. Ao final do mês, apurou uma variação de ociosidade de mão de obra direta, conforme o quadro a seguir:

Itens	Custo-padrão	Custo real
Capacidade instalada	15.000 horas	
Consumo de horas p/ unidade	3 horas	2,5 horas
Taxa horária	R$ 4,00	R$ 5,00
Produção planejada	5.000 unidades	
Produção real		4.000 unidades
Total de gastos planejados	R$ 60.000,00	
Total de gastos reais		R$ 50.000,00

Com base nas informações apresentadas, o valor da variação de ociosidade foi:

(A) R$ 5.000,00 positivo.

(B) R$ 5.000,00 negativo.

(C) R$ 15.000,00 negativo.

(D) R$ 20.000,00 negativo.

Exercícios propostos

1) A Indústria de Pregos Teófilo Otoni Ltda. apresentou o seguinte quadro comparativo entre custo-padrão e custo real, em março, com valores em reais:

Itens	Custo-padrão	Custo real
Matéria-prima	1,10 kg a R$ 3,00 / kg = R$ 3,30	1,15 kg a R$ 2,90 / kg = R$ 3,335
Mão de obra	0,20 h a R$ 6,00 / h = R$ 1,20	0,25 h a R$ 6,10 / h = R$ 1,524
Materiais diretos	0,10 kg a R$ 1,00 / kg = R$ 0,10	0,12 kg a R$ 1,05 / kg = R$ 0,126

Legenda: D = Desfavorável, F = Favorável

Considerando exclusivamente os dados acima, a variação de preço da matéria-prima corresponde a:

(A) R$ 0,50 D.

(B) R$ 0,35 F.

(C) R$ 0,14 D.

(D) R$ 0,11 F.

2) A Indústria Monsenhor Paulo Ltda., que planeja e controla seus custos utilizando o custo-padrão, apresentou as seguintes informações referentes a determinado período produtivo:

Elementos	Custo-padrão por unidade		Custo real por unidade	
Matéria-prima	12 kg	R$ 15,00	11 kg	R$ 17,00
MOD	2 h	R$ 8,00	3 h	R$ 7,00
Embalagens	10 fl	R$ 1,20	9 fl	R$ 1,25

Considerando exclusivamente as informações recebidas e a boa técnica conceitual do custeio-padrão, constata-se que, pelo método das três variáveis, a variação de preço da matéria-prima foi de:

(A) R$ 7,00 desfavoráveis.
(B) R$ 15,00 desfavoráveis.
(C) R$ 24,00 desfavoráveis.
(D) R$ 15,00 favoráveis.
(E) R$ 24,00 favoráveis.

3) A Sociedade Empresária Carangola Ltda. estabeleceu os seguintes padrões para sua principal matéria-prima e para a MOD:

Itens	Consumo	Preço
Matéria-prima	2 kg por unidade	R$ 4,00/kg
Mão de obra	3 horas por unidade	R$ 2,00/hora

- A produção do período foi de 5.000 unidades.
- Foram utilizados 12.000 kg de matéria-prima e 15.500 horas de MOD.
- O custo de MOD foi de R$ 29.450,00.
- No início do período, não havia estoque de matéria-prima.
- Durante o período, foram comprados 50.000 kg de matéria-prima ao custo total de R$ 205.000,00.

Considerando os dados e a apuração de custos, é **CORRETO** afirmar que, em relação à quantidade:

(A) a variação da matéria-prima é R$ 1.200,00 negativos e a variação da mão de obra é R$ 1.550,00 positivos;
(B) a variação da matéria-prima é R$ 8.000,00 negativos e a variação da mão de obra é R$ 1.000,00 negativos;
(C) a variação da matéria-prima é R$ 8.000,00 positivos e a variação da mão de obra é R$ 1.000,00 positivos;
(D) a variação da matéria-prima é R$ 9.200,00 negativos e a variação da mão de obra é R$ 550,00 positivos.

4) A Indústria Araxá Ltda. estabeleceu os seguintes padrões de consumo de matéria-prima para cada unidade de produto fabricado:

Tipo de matéria-prima	Quantidade	Preço R$
A	2 kg	1,50 por kg
B	3 m²	4,00 por m²

No mês de janeiro, foram produzidas 2.000 unidades de cada produto e ocorreu o seguinte consumo de matéria-prima:

Tipo de matéria-prima	Quantidade total consumida	Custo da matéria-prima consumida R$
A	4.000 kg	6.800,00
B	6.500 m²	26.000,00

Com base nos dados fornecidos e em relação ao custo com matéria-prima:

(A) o custo-padrão superou o custo real em R$ 2.800,00, em decorrência de uma variação de preço desfavorável na matéria-prima A e uma variação de quantidade desfavorável na matéria-prima B;

(B) o custo-padrão superou o custo real em R$ 2.800,00, em decorrência de uma variação de quantidade desfavorável na matéria-prima A e uma variação de preço desfavorável na matéria-prima B;

(C) o custo real superou o custo-padrão em R$ 2.800,00, em decorrência de uma variação de preço desfavorável na matéria-prima A e uma variação de quantidade desfavorável na matéria-prima B;

(D) o custo real superou o custo-padrão em R$ 2.800,00, em decorrência de uma variação de quantidade desfavorável na matéria-prima A e uma variação de preço desfavorável na matéria-prima B.

5) A Indústria Montes Claros Ltda. apresenta o custo-padrão necessário para comprar, cortar e beneficiar uma tora de madeira.

Custos com materiais	R$ 125.000,00
Custos de transformação	R$ 55.000,00

Do processo inicial sairão dois produtos, partindo desses custos conjuntos: chapas de madeira e vigas de madeira. Os valores de venda estimados desses dois produtos são os seguintes:

Chapas	R$ 252.000,00
Vigas	R$ 378.000,00

Os custos adicionais para a venda das chapas são estimados em R$ 50.000,00 e para a venda das vigas, em R$ 112.000,00.

Considerando o valor das vendas dos produtos finais como base de rateio e considerando os custos conjuntos das chapas de madeira e das vigas de madeira, as margens líquidas em percentual de cada produto são, respectivamente:

(A) 40,00% e 60,00%.

(B) 51,59% e 41,80%.

(C) 71,43% e 71,43%.

(D) 72,22% e 58,52%.

6) A Indústria Laguna S.A. planeja fabricar e vender 100.000 unidades de um único produto durante o exercício fiscal de 2005, com um custo variável de R$ 4,00 por unidade e um custo fixo de R$ 2,00 por unidade.

Se nesse mesmo período a empresa não alcançar o planejado e fabricar e vender somente 80.000 unidades, incorrendo um custo total de R$ 515.000,00, qual será a variação de custo de manufatura nesse período?

(A) R$ 85.000,00 favorável.

(B) R$ 85.000,00 desfavorável.

(C) R$ 80.000,00 desfavorável.

(D) R$ 5.000,00 favorável.

(E) R$ 5.000,00 desfavorável.

Exercícios de avaliação

1) A Indústria Passo Fundo Ltda. fabrica um produto em série.

Os seguintes custos-padrão foram estabelecidos no mês de fevereiro:

Item	Quantidade consumida por unidade fabricada	Preço por quantidade consumida (R$)	Custo-padrão total (R$)
Materiais diretos	1,50 metro por unidade	3,20 por metro	4,80 por unidade
MOD	30 minutos por unidade	8,00 por hora	4,00 por unidade
CIF		3,20 por unidade	3,20 por unidade
Custo-padrão total			12,00 por unidade

Os seguintes resultados efetivos foram constatados no mês de fevereiro:

Item	Quantidade consumida por unidade fabricada	Preço por quantidade consumida (R$)	Custo-padrão total (R$)
Materiais diretos	1,50 metro por unidade	3,00 por metro	4,50 por unidade
MOD	45 minutos por unidade	7,00 por hora	5,25 por unidade
CIF		3,20 por unidade	3,20 por unidade
Custo-padrão total			12,95 por unidade

Com base nos dados acima, julgue as afirmações como verdadeira (V) ou falsa (F) e, em seguida, assinale a opção **CORRETA**.

I. A indústria apresentou uma variação positiva de R$ 0,95, por unidade, produzida em relação ao custo-padrão.

II. A indústria apresentou uma variação positiva nos materiais diretos, decorrentes da redução do custo unitário dos materiais, em relação ao custo-padrão.

III. A indústria apresentou uma variação negativa na MOD, em decorrência do aumento da quantidade de tempo consumido na fabricação do produto, apesar da variação no custo da mão de obra.

(A) F, F, V.

(B) F, V, V.

(C) V, F, F.

(D) V, V, F.

2) O estoque inicial de produtos acabados e o estoque de produtos em elaboração, em unidades, eram zero. Foram produzidas 7.200 unidades e 60% foram vendidas.

Considerando as informações a seguir, o custo dos produtos vendidos e o estoque final de produtos acabados, de determinado período, são:

Custo-padrão por unidade de produto

CIF	R$	2,50
MOD	R$	2,80
Material direto	R$	3,70

Custo real apurado no final do período

CIF	R$	18.000,00
MOD	R$	22.600,00
Material direto	R$	28.800,00

(A) R$ 38.880,00 e R$ 25.920,00;
(B) R$ 41.640,00 e R$ 27.760,00;
(C) R$ 32.360,00 e R$ 37.040,00;
(D) R$ 44.400,00 e R$ 29.600,00;
(E) R$ 44.640,00 e R$ 37.760,00.

Formação do preço de venda

10

- **Objetivos**
  - » Explicar a importância de se conhecer e identificar que a formação de preço é um fator determinante para a sobrevivência da exploração da atividade da empresa.
  - » Mostrar a importância de ter os preços compatíveis com o mercado, além de aprender a calcular os custos reais da sua atividade, fazer a gestão estratégica da empresa e trabalhar na identificação de novas oportunidades de mercado e, consequentemente, aumentar a lucratividade.

10.1 Introdução

O preço de venda influencia o cliente em suas decisões de compra, pois, com a concorrência acirrada, as empresas necessitam identificar que estão oferecendo a melhor oferta sem perder a lucratividade (RESENDE, 2010). O preço adequado de venda de um produto ou serviço junto ao mercado depende do equilíbrio entre o preço de mercado e o valor calculado, em função dos seus custos e despesas. Possibilita uma grande diversidade de informações sobre as empresas: define a quem, dentro do mercado, se dirige o produto e como a empresa se coloca em relação aos produtos ou serviços de seus concorrentes.

O objetivo da formação do preço é obter um valor de venda suficiente para cobrir todos os custos e despesas envolvidos e poder direcionar o lucro desejado. Deve-se considerar também o retorno do investimento realizado, a competitividade, a missão empresarial, a sobrevivência da entidade, a elasticidade do mercado, bem como a fixação da marca, os estágios do ciclo de vida do produto e a competitividade diante de seus principais concorrentes, conforme a teoria econômica.

A falta dessas informações sobre seus custos e sobre o mercado em que atuam faz com que as empresas tenham dificuldades na fixação do preço de venda. É comum encontrar empresas que, em situação de forte concorrência, adotam estratégias de baixar preços sem nenhum critério e acabam incorrendo em prejuízos, inviabilizando o negócio, conforme Johnson (1995).

Para fixar o preço de venda de forma a proporcionar a obtenção de lucro, o empresário deverá conhecer a importância do cálculo de custo de produção e prestação de serviços, bem como identificar sua estrutura.

10.2 Considerações sobre preço de venda

O preço é um dos principais indicadores do valor que uma empresa entrega a seus clientes. Ele é a expressão do valor monetário dos benefícios que a empresa acredita que seus produtos ou serviços trazem para seus consumidores. O que qualquer empresa vende de fato é sua capacidade de agregar valor, como em toda relação econômica. Os agentes tendem a maximizar seus recursos escassos, trocando-os pelo máximo de valor que podem obter de seus fornecedores. Essa tradução do valor monetário é, portanto, fundamental para que a empresa transmita o que entende estar oferecendo para o cliente. O preço é o mais saliente dos componentes do *mix* de marketing. Se não for devidamente ajustado, põe em risco todos os demais componentes da estratégia de marketing.

É um fator que influencia o cliente em suas decisões de compra, pois, em mercados com um grande número de concorrentes, as empresas precisam ter certeza de que estão oferecendo a melhor oferta sem perder a lucratividade. Para fixar o preço de venda de sua mercadoria de forma a assegurar o lucro, é preciso conhecer a importância da formação do preço e a estrutura criteriosa do mesmo.

Para definir o preço de venda de um produto ou serviço, o empresário deve considerar dois aspectos (CREPALDI, S. A.; CREPALDI, G. S., 2017): o financeiro (interno) e o mercadológico (externo).

- Pelo aspecto mercadológico, o preço de venda deverá estar próximo do praticado pelos concorrentes diretos da mesma categoria de produto e qualidade. Além disso, outros fatores o influenciam: conhecimento de marca, tempo de mercado, volume de vendas já conquistado e agressividade da concorrência.

- Pelo aspecto financeiro, o preço de venda deverá cobrir o custo direto da mercadoria/produto/serviço vendido, as despesas variáveis (impostos, comissões etc.), as despesas fixas (aluguel, água, luz, telefone, salários, pró-labore etc.). A sobra será o lucro líquido (CREPALDI, S. A.; CREPALDI, G. S., 2017).

Se o preço ditado pelo mercado for menor que o encontrado a partir dos custos internos da empresa, o empresário deve refazer os cálculos financeiros para avaliar a viabilidade da sua prática.

Deve-se calcular o preço de venda no comércio varejista para identificar o custo de cada produto. Além dos custos diretos do produto, precisa levar em conta aqueles que estão envolvidos indiretamente no processo de compra – as despesas fixas.

Exemplo:

Nos últimos 12 meses, a empresa teve R$ 5.000,00 de despesas fixas e auferiu R$ 20.000,00 de vendas. As despesas fixas representam 25% do valor recebido por suas vendas.

O cálculo fica assim: R$ 5.000,00 / R$ .20.000,00 × 100 = 25%.

A margem de lucro determina o quanto se pode lucrar em cada produto, e ela pode ser determinada por você. Contudo, é importante considerar o valor praticado pelos concorrentes e o quanto os seus clientes esperam pagar pelos produtos.

Exemplo:

A Loja A Moderna comercializa vários produtos. Adquiriu um produto por um custo total de R$ 15,00. O gerente da loja sabe que as despesas fixas representam 25% e determinou uma margem de lucro de 15%. Calcule o preço de venda do produto.

O cálculo deverá ser feito somando todas essas variáveis. O preço de venda é considerado 100% do valor que será calculado.

Assim, temos:

$PV\,(100\%) = 15 + 25\% + 15\%$

$100\%\,(PV) - 40\% = 15$

$60\% = 15$

$PV = 15/60\%$

$PV = 0,25$

$PV - 0,25 \times 100$

$PV = R\$ 25,00$

10.3 Estratégias de preços

Qualquer um dos diversos métodos para a fixação de preços pode ser empregado por sua empresa, dependendo dos objetivos dos preços, do mercado-alvo, da posição competitiva, dos custos e de outras considerações.

É importante estabelecer os objetivos ou as políticas de preços antes de tentar fixar um preço para seus produtos. A maximização dos lucros e uma taxa de retorno almejada são os objetivos usuais das políticas de preços das empresas. No entanto, outros objetivos de curto prazo podem ser mais práticos com relação à determinação do preço real. Por exemplo, um novo produto pode ser introduzido por um preço muito baixo para assegurar a máxima aceitação do mercado. Uma vez assegurada a aceitação do mercado, os preços podem ser gradativamente elevados de modo a melhorar as margens de lucro, segundo Leone (1985).

Por outro lado, se o seu produto oferece uma vantagem material observável e reconhecida pelo mercado-alvo, talvez você deseje colocar um preço relativamente alto para maximizar sua receita a curto prazo e obter um retorno mais rápido de seu investimento nesse produto ou serviço. Em vista desses exemplos e de muitas outras considerações, está claro que existem diversas estratégias de preços possíveis que podem ser seguidas por sua empresa.

São três as principais classes de objetivos de uma estratégia de administração de preços, conforme resumidos no quadro a seguir.

OBJETIVOS FINANCEIROS

- Obter maior retorno sobre o investimento (ROI).
- Maximizar o lucro a curto prazo ou a longo prazo.
- Recuperar o investimento feito.
- Encorajar determinado de tipo de pagamento (à vista ou a prazo).
- Gerar volume de vendas de forma a obter ganhos de escala.

O preço de venda deverá cobrir o custo direto da mercadoria, produto ou serviço vendido, as despesas variáveis (por exemplo, comissões de vendedores), as despesas fixas (como aluguel, água, luz, telefone, salários, pró-labore). A diferença será o lucro líquido.

OBJETIVOS MERCADOLÓGICOS

- Obter ganhos de *market share* (participação de mercado).
- Obter crescimento rápido de vendas.
- Fazer um preço aderente à imagem que se deseja formar.
- Criar interesse pelo produto.

O preço de venda deverá estar próximo do praticado pelos concorrentes diretos da mesma categoria de produto e qualidade. Fatores como conhecimento da marca, tempo de mercado, volume de vendas já conquistado e agressividade da concorrência também exercem influência direta sobre o valor do produto.

OBJETIVOS ESTRATÉGICOS

- Estabilizar o mercado, evitando entrada de novos concorrentes ou guerra de preços.
- Reduzir a sensibilidade dos clientes ao preço.
- Ser o líder do mercado em preços.
- Manter a lealdade dos canais de distribuição.
- Ser considerado justo pelo cliente.
- Dar sinais à concorrência.

Se o preço do mercado for menor que o apurado a partir dos custos internos da empresa, o empresário deve refazer os cálculos financeiros para avaliar a viabilidade da sua prática. Para equilibrar o preço de venda, a empresa deve diminuir custos diretos, despesas fixas ou ainda diminuir a margem de lucro.

Os métodos de fixação de preços são geralmente classificados com base em três critérios:

- custo;
- demanda;
- concorrência.

A estratégia de preços de venda deve cobrir o custo direto da mercadoria, produto e serviço, somado às despesas variáveis e fixas proporcionais. Além disso, deve gerar lucro líquido. Para definir o preço de venda de um produto ou serviço, o empresário deve considerar dois aspectos: o mercadológico (externo) e o financeiro (interno).

10.4 Critérios dos custos

Preços baseados no custo se referem a qualquer método no qual ele é utilizado como base para fixação do preço de um produto ou serviço. Um método baseado no custo comumente empregado é o sistema de preços com base no acréscimo de uma margem sobre esse custo. Nesse tipo de sistema, o custo por unidade de um produto é determinado e, depois, uma porcentagem sobre o custo (margem) é acrescentada para se chegar ao preço de venda. Embora simples e de fácil uso, esse método ignora fatores do mercado, como a sensibilidade dos consumidores ao preço proposto e os preços da concorrência e de produtos substitutos.

As estratégias baseadas em custos procuram olhar para dentro da empresa e, a partir do custo mensurado para produzir determinado produto, fixar o preço para o cliente. Veremos os critérios de custos mais utilizados a seguir.

10.4.1 Fixação de mark-up

Mark-up é o valor acrescentado ao custo de um produto para determinar o preço de venda final. Em valores percentuais, o cálculo do *mark-up* é feito da seguinte forma:

$$\text{Percentual de } mark\text{-}up = \frac{(1 - \text{Custo})}{\text{Preço de Venda}} \times 100\%$$

ou calculando-se o preço de venda:

$$\text{Preço} = \frac{(\text{Custo})}{100\% - \text{Percentual de } mark\text{-}up} \times 100$$

Preço de venda – Utilizando o *mark-up*

É necessário análise criteriosa para identificar:

- **Os gastos** variáveis
- **Os gastos** fixos ⎫
- **A margem** de lucro desejada ⎬ Mark-up I
- **Os impostos** incidentes ⎬ Mark-up II

O cálculo deve obedecer aos seguintes critérios:

- identificar o percentual de despesas variáveis atribuído a cada unidade de produto ou serviço prestado;
- identificar o percentual que representam as despesas fixas do período para cada unidade de produto ou serviço; e
- definir o percentual de lucro pretendido para cada unidade de produto ou serviço.

Exemplo:

Considere que você tem um custo de R$ 12,00 para produzir as roupas e deseja um *mark-up* de 50%.

Preço = variável a ser calculada

Mark-up = 50%

Custo = R$ 12,00

$$\text{Preço} = \frac{(12,00)}{100\% - 50\%} \times 100$$

Preço = R$ 24,00

10.4.2 *Caso prático*

Considere o custo de produção de uma cadeira = R$ 50,42 e uma mesa = R$ 82,55.

Determine o Preço de Venda À Vista (PVV) e Preço de Venda A Prazo (PVP), com acréscimo de 10%.

Preço de Venda à Vista (PVV)	= 100,00%
(–) Impostos e taxas	= 20,65%
(–) Despesas Administrativas	= 15,00%
(–) Margem de lucro	= 20,00%
	44,45%

(=) *Mark-up* multiplicador

(100% / 44,35%) = 2,2548

Preço de Venda à Vista

PVV (cadeira) = 50,42 × 2,2548 = 113,69 = **R$ 114,00**

PVV (mesa) = 82,55 × 2,2548 = 186,13 = **R$ 186,00**

Preço de Venda a Prazo

PVP (cadeira) = PVV (1 + i)

PVP (cadeira) = 113,69 (1 + 0,10)

PVP (cadeira) = 125,06 = **R$ 125,00**

PVP (mesa) = PVV (1 + i)

PVP (mesa) = 186,13 (1 + 0,10)

PVP (mesa) = 204,74 = **R$ 205,00**

Preço de venda – *mark-up* I

Custos/despesas fixas	
Depreciação	40.000/ano
Seguros	5.000/ano
Aluguel	20.000/ano
Administrativo	20.000/ano
Comercial	18.000/ano
Custos/despesas variáveis	
Custo da mercadoria vendida	**30% do valor das vendas**
Comissões sobre vendas	**2% do valor das vendas**
Informações adicionais	
Margem desejada	**25%**
Quantidade vendida (expectativa)	**100 unidades**

Fixos
R$ 103.000,00 representam 43% das vendas

Variáveis
representam 32% das vendas

Margem de lucro
de 25%

$$\frac{\text{Gastos Fixos Totais em R\$}}{100 - 57 \text{ (parcela variável \%)}} = \frac{\text{R\$ 103.000,00}}{0,43} = \text{R\$ 239.534,88}$$

$$32 + 25 = 57$$

100 unidades

R$ 2.395,35/unitário

Preço de venda – *mark-up* I

Vendas (100 × R$ 2.395,35)	**239.535,00**
(–) Gastos variáveis	
CMV (30%)	(71.860,50)
Comissões (2%)	(4.790,70)
Total	(76.651,20)
Margem de contribuição	**162.883,80**
(–) Gastos fixos	(103.000,00)
Lucro líquido	**59.883,80**

Margem de lucro
de 25%

Preço de venda – *mark-up* II

Agora é necessário verificar o **regime tributário** e quais são os impostos **incidentes** sobre vendas.

Como exemplo, a empresa se enquadra no Lucro Presumido, com uma **carga tributária sobre vendas de 22,25%** (ICMS 18%, PIS 0,65% e Cofins 3,6%).

$$\frac{\text{Preço de venda}}{100 - 22,25 \text{ (impostos)}} = \frac{\text{R\$ 2.395,35}}{0,7775} = \text{R\$ 3.080,836}$$

Preço de venda
unitário com os
impostos incluídos

Preço de venda – *mark-up* II

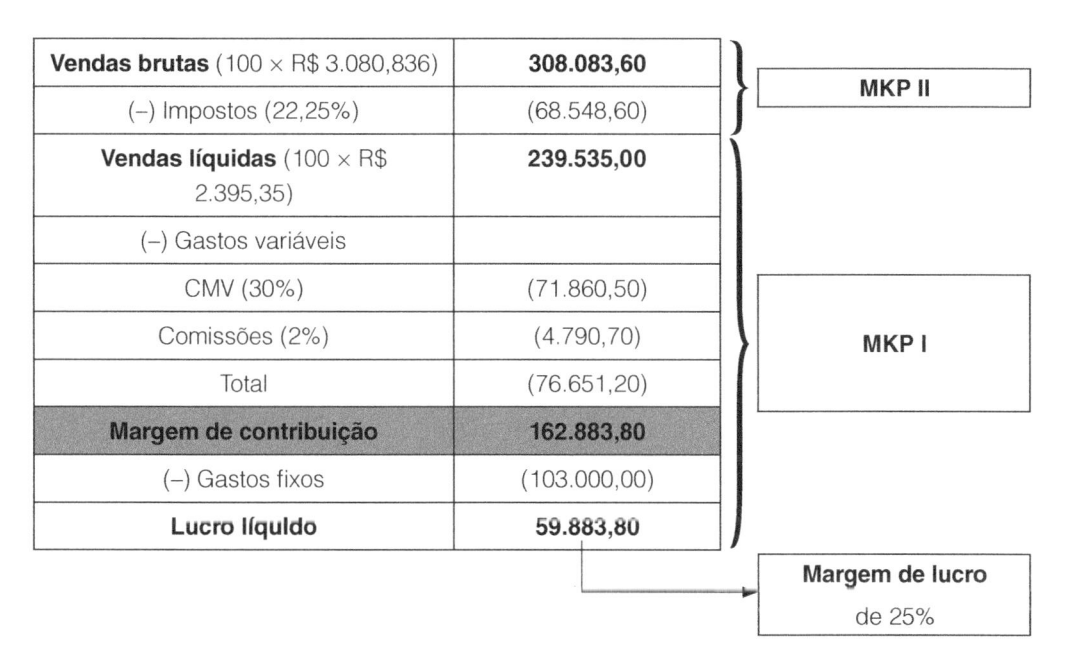

Vendas brutas (100 × R$ 3.080,836)	**308.083,60**	MKP II
(–) Impostos (22,25%)	(68.548,60)	
Vendas líquidas (100 × R$ 2.395,35)	**239.535,00**	
(–) Gastos variáveis		
CMV (30%)	(71.860,50)	
Comissões (2%)	(4.790,70)	MKP I
Total	(76.651,20)	
Margem de contribuição	**162.883,80**	
(–) Gastos fixos	(103.000,00)	
Lucro líquido	**59.883,80**	
		Margem de lucro de 25%

10.4.3 *Fixação de margem de lucro*

A margem de lucro é a diferença entre o preço de venda e o custo por unidade. Ela traduz o quanto a empresa gera de receita adicional aos custos para atender a suas necessidades de distribuição de resultados, cobrir despesas e se capitalizar. A partir do custo da unidade vendida, é aplicada a margem desejada.

$$\text{Preço} = (1 + \text{Margem}) \times (\text{Custo})$$

Exemplo:

Considere que você tem um custo de R\$ 12,00 para produzir as roupas e deseja uma margem de 50%.

Preço = variável a ser calculada

Margem = 50%

Custo = R\$ 12,00

Preço = $(1 + 50\%) \times 12$

Preço = $(1,50) \times 12$

Preço = R\$ 18,00

10.4.4 Fixação do ROI

O retorno sobre o investimento (ROI) é um índice de avaliação financeira que indica a rentabilidade obtida por unidade monetária de investimento. Geralmente, utiliza-se o lucro líquido como indicador, entretanto, para simplificar os cálculos, vamos utilizar a receita de venda:

$$\text{ROI} = \frac{\text{Receita de Vendas}}{\text{Investimento}} = \frac{\text{Preço} \times \text{Quantidade Vendida}}{\text{Investimento}}$$

Logo, para determinar o preço, basta fixar o retorno por unidade que obteremos:

$$\text{Preço} = \frac{\text{ROI} \times \text{Investimento}}{\text{Quantidade Vendida}}$$

Exemplo:

Para um ROI de 40%, venda de 200 unidades e investimento de R\$ 50.000,00.

$$\text{Preço} = \frac{0,40 \times \text{R\$ 50.000}}{200}$$

Preço = R\$ 100,00

10.5 Critério da demanda

As estratégias baseadas na demanda procuram olhar primeiro para fora da empresa, fixando sua atenção no mercado-alvo.

Cobrar aquilo que o mercado pode pagar é um sistema de preços baseado estritamente na demanda. Quando os produtos de uma empresa são altamente diferenciados aos olhos dos consumidores e são bastante procurados, a empresa pode simplesmente fixar o preço no nível mais alto possível para a procura estimada no mercado selecionado. Se basear sua estratégia na demanda, a empresa pode fixar preços de acordo com o mercado que está tentando atingir e da presença ou da ausência de concorrentes.

10.5.1 Preço de penetração/baixo

Essa estratégia objetiva lançar o produto abaixo do preço de mercado de seus competidores diretos. Com isso, a empresa oferece um benefício imediato aos compradores, o que é ótimo quando se trata de empresas novas. No pior caso, a empresa "compra" mercado vendendo abaixo do ideal para, depois de se tornar conhecida, poder elevar os custos até níveis compatíveis com o retorno esperado. Quando se trata de um novo produto, essa estratégia é denominada de **penetração**; quando se trata de um produto já existente, denomina-se **estratégia de preço baixo** (CREPALDI, 2010).

10.5.2 Preço de paridade

Nesse caso, o preço cobrado tende a ser equivalente ao preço médio cobrado pelos principais concorrentes. Geralmente, é utilizado por empresas que têm um diferencial em seus produtos, mas que o oferecem ao mesmo preço que a concorrência para motivar a experimentação.

10.5.3 Skimming/premium

Essa estratégia é baseada em um preço mais alto em relação ao dos principais concorrentes, geralmente suportado por uma inovação capaz de ser percebida pelos clientes ao ponto de eles pagarem mais por isso. É uma estratégia muito arriscada para empresas novas. É denominada *skimming*, no caso de introdução de um novo produto, ou **preço** *premium*, no caso de um produto já existente.

O quadro a seguir resume as principais opções estratégicas quando da utilização do critério da demanda.

Atributo	Penetração/ baixo	Paridade	Skimming/ premium
Possibilidade de obter economias de escala (redução do custo unitário por aumento da produção)	Muito alta	Baixa	Muito baixa
Criação de barreiras à entrada de novos concorrentes	Alta	Muito baixa	Baixa
Custo de mudança do fornecedor para o cliente	Muito baixo	Baixo	Alto
Associação entre preço e qualidade	Alta	Neutra	Muito alta
Responsabilidade do mercado a variações nos preços	Alta	Baixa	Baixa
Importância de ter o preço percebido como justo	Baixa	Alta	Muito baixa

10.6 Critério da concorrência

Esse critério também procura olhar primeiro para fora da empresa, ou seja, tem seu foco voltado para as práticas da concorrência. As decisões baseadas nesse critério geralmente estão condicionadas aos movimentos que a concorrência poderá fazer, caso se sinta ameaçada.

Existem ainda situações em que a importância do preço nas decisões de marketing é muito pequena. Isso geralmente ocorre em situações de oligopólio, nas quais apenas algumas empresas dominam a indústria. Nessa situação, uma empresa líder de preços geralmente fixa um preço para seus produtos e as outras empresas acompanham. O critério de apreçamento baseado na concorrência resulta em uma relativa equiparação entre todos os preços da indústria. Assim, resta às empresas competir com base nas estratégias de produto, promoção e distribuição, consoante Leone (1974).

Observe, no entanto, que mercados oligopolizados geralmente oferecem nichos que podem ser extrapolados por pequenas empresas ágeis e inovadoras. A rede de cosméticos O Boticário é um bom exemplo disso. Atuando em um mercado altamente oligopolizado, no qual três multinacionais sempre dominaram por completo as vendas de cosméticos, os empreendedores conseguiram visualizar um nicho para produtos com apelo de "natureza". Apostaram em uma comunicação orientada para o público jovem e terminaram por transformar o que seria um nicho em um mercado altamente rentável.

10.7 Caso prático

A Cia. Volta Redonda Ltda., que fabrica 150.000 liquidificadores por mês, fez a seguinte estimativa de venda, com valores:

Preço de venda unitário (R$)	Quantidade vendida
50,00	80% da produção mensal
48,00	Mais 10% que a quantidade anterior
45,00	Mais 10% que a quantidade anterior
44,00	Mais 3% que a quantidade anterior
42,00	Toda a quantidade produzida

Sabe-se ainda que:

- o custo variável unitário é de R$ 20,00;
- a despesa variável "comissão dos vendedores" é de 10% sobre o preço de venda;
- os custos fixos correspondem a R$ 1.200.000,00 mensais;
- as despesas fixas totalizam R$ 800.000,00 mensais.

Com base em todas as informações acima, calcule o preço de venda que apresenta o melhor resultado líquido para a empresa.

Solução:

Produção – 150.000 unidades

Custo Fixo – R$ 2.000.000

Receita Total – $150.000 \times 0,8 = 120.000 \times R\$ 50$ (preço de venda) $= R\$ 6.000.000,00$

CDVT – $50. 0,1 \times 120.000 + 120.000 \times 20 = R\$ 3.000.000,00$

Receita Total – $150.000 \times 0,88 - 132.000 \times 48 = R\$ 6.336.000,00$

CDVT – $48 \times 0,1 \times 132.000 + 132.000 \times 20 = R\$ 3.273.600,00$

Receita Total – $0,968 = 145.200 \times R\$ 45$ (preço de venda) $= R\$ 6.534.000,00$

CDVT – $R\$ 45 \times 0,1 \times 145.200 + 149.556 \times 20 = R\$ 3.649.166,40$

Receita Total – $150.000 \times 0,9970 = 149.556 \times R\$ 44$ (preço de venda) $= R\$ 6.580.464,00$

CDVT – $R\$ 44 \times 0,01 \times 149.556 + 149.556 \times 20 = R\$ 3.649.166,40$

Receita Total – 150.000 × R$ 42 (preço de venda) = R$ 6.300.000,00

CDVT – R$ 42 × 0,1 × 150.000 + 150.000 × 20 = R$ 3.630.000,00

Preço de Venda (R$)	Quantidade	Total de Vendas (R$)	Despesas e Custos Variáveis (R$)	Custo Fixo (R$)	Lucro (R$)
50,00	120.000	6.000.000	3.000.000	2.000.000	1.000.000
48,00	132.000	6.336.000	3.273.600	2.000.000	1.062.400
45,00	145.200	6.534.000	3.557.400	2.000.000	976.600
44,00	199.556	6.580.464	3.649.166,40	2.000.000	931.297,60
42,00	150.000	6.300.000	3.630.000	2.000.000	670.000

Resposta: Preço de Venda = R$ 48,00.

10.8 Estratégias mistas

Nenhum desses critérios exclui a utilização dos demais. Geralmente, são utilizadas as estratégias baseadas nos custos e no ROI para fixar patamares mínimos de preços, a partir dos quais não se torna interessante concorrer naquele mercado ou segmento. As estratégias baseadas na demanda e na concorrência dão o balizamento final.

Quase nunca o preço fixado pela empresa é o preço para o consumidor final. É simplesmente o preço pelo qual você vende para quem vai revender seu produto ou serviço. Seus distribuidores vão acrescentar uma margem de lucro aos seus produtos e serviços, o que tornará o preço mais alto.

10.9 Administração de preços

Escolhida sua estratégia de preços, seus problemas apenas começaram. Independentemente de sua empresa produzir bens ou serviços, os preços precisam ser administrados. Quanto mais dinâmico for o mercado, mais importante se torna a administração dos preços pela empresa (RESENDE, 2010).

Em tese, só é possível administrar preços quando estes são estabelecidos pelas empresas segundo sua própria vontade. Em outras palavras, a empresa determina o preço e os clientes potenciais comparam, ou não, seus produtos ou serviços. A administração de preços não existe em mercados nos quais as flutuações da oferta e da demanda determinam os níveis de preços, como o mercado de hortifrutigranjeiros. Embora as forças de oferta e demanda tenham influência no processo de definição dos preços, não conseguem determinar sozinhas o nível destes.

Os preços nas economias modernas são, em sua maior parte, administrados. A capacidade de controle que um produtor tem sobre os preços de seus produtos ou serviços varia de acordo com o grau de diferenciação entre seus produtos e os da concorrência, o tamanho da empresa e o número de competidores no mercado.

Existem alguns critérios genéricos que podem ser seguidos pelo administrador de preços. Os principais estão descritos no quadro a seguir.

Padronização
O preço é padronizado para determinados produtos ou serviço, ou seja, não se admitem variações.
Estratificação
O preço pode variar de acordo com o porte do cliente e com a frequência e o volume de suas compras.
Segmentação
O preço pode ser diferenciado em função dos diferentes benefícios e aspectos do produto ou serviço.
Promoção
Podem ser dados descontos ao cliente em determinadas situações ou em certas épocas do ano. O preço pode variar, ainda, de acordo com o custo de se fazer o negócio com o cliente.
Financiamento
A estrutura de preços deve envolver uma opção de aluguel, *leasing* ou financiamento com recursos do governo.

10.10 Caso prático de formação de preço de vendas

Para o cálculo, devemos exemplificar um produto:

Produto A

Custo de aquisição (custo direto) = R$ 10,00 a unidade

Despesas comerciais: Imposto Simples Nacional: 8,28%

Rateio de despesas fixas: 20%

Margem de lucro desejada: 10%

A soma de tudo resultará no preço de venda mínimo aceitável.

Preço de venda mínimo aceitável = 10 + 8,28% + 20% + 10%.

Como realizar essa soma? É melhor transformar em equação. Considere que o Preço de Venda (PV) corresponda a 100% do que queremos encontrar.

100% PV = 10 + 8,28% PV + 20% PV + 10% PV

100% PV = 10 + 38,28% PV

100% PV – 38,28% PV = 10

61,72% PV = 10

PV = 10 / 61,72% ou PV= 10 / 0,6172

PV = R$ 16,20

Cada unidade do Produto A deve ser vendida por um preço não inferior a R$ 16,20.

Considerações finais

É preciso analisar as despesas da empresa e a concorrência para precificar um produto.

Não há como negar que grande parte dos empresários tem dificuldade de precificar os seus produtos. É preciso prestar atenção a vários detalhes que acabam gerando dúvida quanto ao preço estabelecido ser realmente justo e competitivo.

Existem duas formas de chegar ao preço de venda:

- a primeira delas é fazendo um cálculo com base nos custos e despesas;
- a segunda é definindo o preço de venda com base no mercado e nos clientes.

O processo de formação de preços é naturalmente abrangente e complexo e, por isso, bastante desafiador. A não aceitação desse fato conduz, por vezes, a decisões erradas. Em muitos casos, as consequências de decisões erradas de preço não se fazem sentir de imediato. É exatamente nesse ponto que a precificação incorreta pode ser mais danosa para a empresa.

Questão de múltipla escolha

1) É muito importante que o empreendedor conheça o próprio negócio para não deixar nas mãos de terceiros cuidados essenciais, como a boa gestão de custos. O conhecimento do assunto auxilia o proprietário a fazer uma boa gestão financeira: administrar e controlar os custos gerados na produção e na comercialização de serviços ou produtos. O preço final de um serviço prestado ou produto vendido depende do quanto é investido para que ele exista. Caso a gestão de custos não seja eficaz, corre-se o risco de a empresa cobrar valores que não condizem com a realidade, o que pode afetar as margens de lucro, o volume de vendas ou o andamento geral do negócio.

Considerando essas informações, avalie as asserções a seguir e a relação proposta entre elas.

I. Quando o preço de venda de um produto ou serviço é determinado pelo mercado, a empresa só ampliará sua margem de lucro por meio da redução de custos e aumento da produtividade.

PORQUE

II. Praticar preços acima do mercado, quando os produtos ou serviços não agregam valores que os diferenciem de outros produtos similares disponíveis, provocará queda da demanda esperada, uma vez que os consumidores tentarão a comprar dos concorrentes.

A respeito dessas asserções, assinale a opção correta.

(A) As asserções I e II são proposições verdadeiras, e a II é uma justificativa correta da I.

(B) As asserções I e II são proposições verdadeiras, mas a II é uma justificativa incorreta da I.

(C) A asserção I é uma proposição verdadeira, e a II é uma proposição falsa.

(D) A asserção I é uma proposição falsa, e a II é uma proposição verdadeira.

(E) As asserções I e II são proposições falsas.

Exercícios propostos

1) A Indústria Poços de Caldas Ltda. fabrica produtos de alta precisão. Sabe-se que os gestores dessa empresa acrescentam o valor percentual de 20% sobre o custo de produção de seus produtos para formar o seu preço de venda (antes de serem considerados os impostos). Recentemente, essa empresa desenvolveu um novo produto, cujo custo de produção equivale a R$ 10.000,00.

Com base nessas informações, considerando os percentuais de 18% de ICMS e 10% de IPI, o valor total da nota fiscal de venda de uma unidade desse novo produto seria de:

(A) R$ 14.800,00.
(B) R$ 15.360,00.
(C) R$ 16.097,56.
(D) R$ 30.518,29.

2) A Sociedade Empresária Rio Negrinho Ltda. apresenta os seguintes dados:

Custo de aquisição dos produtos	R$ 10,00
ICMS sobre vendas	18%
PIS sobre a venda	0,65%
Cofins sobre a venda	3,00%
Comissão sobre as vendas	5,00%
Margem líquida desejada	40%

Com base nos dados informados, o preço de venda mínimo do produto deve ser de, aproximadamente:

(A) R$ 13,63.
(B) R$ 18,18.
(C) R$ 26,08.
(D) R$ 29,99.

3) A Indústria Avaí Ltda. apresentou R$ 77.000,00 de custos fixos totais e R$ 176.000,00 de custos variáveis totais, tendo produzido e comercializado 1.100 unidades.

Considerando que a margem de contribuição unitária é de R$ 145,00 e desconsiderando as despesas, é **CORRETO** afirmar que:

(A) o preço de venda é de R$ 305,00, pois a margem de contribuição considera apenas os itens variáveis;
(B) o preço de venda é de R$ 375,00, pois a margem de contribuição é calculada após considerar todos os itens de custos;
(C) se o preço de venda for de R$ 222,00, a empresa obterá um lucro líquido de R$ 167.200,00 no período;
(D) se o preço de venda for de R$ 321,00, a empresa obterá um lucro líquido de R$ 177.100,00 no período.

Exercícios para avaliação

1) A Empresa Rio Pomba Ltda. coletou, para formação do preço de venda de seu único produto, as seguintes informações:

Custo por unidade produzida	R$ 120,00
Tributos incidentes sobre as vendas (ICMS, PIS, Cofins, IPI)	29,65%
Despesas com vendas	3,00%
Despesas administrativas	2,35%
Margem de lucro desejado	25,00%

A partir das informações apresentadas, conclui-se que o preço de venda à vista a ser praticado pela empresa deve ser de:

(A) R$ 200,00.
(B) R$ 300,00.
(C) R$ 320,00.
(D) R$ 340,00.
(E) R$ 360,00.

2) Os gerentes da Indústria Monte Carmelo Ltda., independentemente de qualquer outra variável, querem ter uma ideia sobre o preço de venda que poderá ser praticado no lançamento de um novo produto que lhes permita recuperar os seguintes elementos, apurados em termos percentuais, estimados para o novo produto, adotando a metodologia do *mark-up*:

Percentuais estimados

• Despesas operacionais (administrativas e de vendas): 15% sobre a receita bruta
• Comissões sobre vendas: 5% sobre o preço de venda bruto
• Tributos incidentes sobre o preço de venda bruto: 25%
• Margem de lucro desejada sobre a receita bruta: 10%
• Custo do produto (custeio por absorção): R$ 19,80

Considerando exclusivamente as informações acima, a formação de preços de venda com base em custos e o método de cálculo do *mark-up*, o preço unitário de venda para o produto é:

(A) R$ 21,78.
(B) R$ 30,69.
(C) R$ 33,00.
(D) R$ 36,00.
(E) R$ 44,00.

3) Uma Sociedade Empresária estabelece o preço de venda de suas mercadorias com base no custo de aquisição.

A mercadoria A tem custo de aquisição igual a R$ 12,00 por unidade. Segundo a política de formação de preço utilizada pela Sociedade Empresária, o preço de venda estabelecido deve proporcionar uma margem de contribuição, líquida de tributos e despesas variáveis, de 30% sobre o preço de venda. Os tributos incidentes sobre as vendas somam 27,25% e as despesas variáveis de venda somam 2,75%.

Considerando-se as informações apresentadas, o preço de venda da mercadoria A será de:

(A) R$ 16,80.
(B) R$ 19,20.
(C) R$ 20,00.
(D) R$ 30,00.

Orçamento e análise do lucro bruto

11

- **Objetivos**
  - » Identificar que a competitividade nos negócios e a lucratividade das empresas dependem cada vez mais da eficiência operacional.
  - » Justificar que o instrumento gerencial que possibilita as empresas permanecerem no mercado é o orçamento empresarial, que se constitui de um plano detalhado que mostra como os recursos podem ser obtidos e gastos na realização das atividades empresariais.
  - » Saber elaborar um orçamento, que é um passo na implementação da estratégia da empresa, é traduzir os pressupostos gerais a respeito do planejamento da estratégia empresarial em representações numéricas de mercados e de recursos.

11.1 Introdução

O orçamento é a parte de um plano financeiro estratégico que compreende a previsão de receitas e despesas futuras para a administração de determinado exercício (período de tempo). Aplica-se tanto ao setor governamental quanto ao privado, à pessoa jurídica e à pessoa física. É a expressão das receitas e despesas de um indivíduo, organização ou governo relativamente a determinado período de execução (ou exercício), geralmente anual, mas que também pode ser mensal, trimestral, plurianual etc. O orçamento deriva do processo de planejamento da gestão. A Administração de qualquer entidade pública ou privada, com ou sem fins lucrativos, deve estabelecer objetivos e metas para um período determinado, materializados em um plano financeiro, isto é, contendo valores em moeda, para o devido acompanhamento e avaliação da gestão (CREPALDI, S. A.; CREPALDI, G. S., 2017).

O orçamento empresarial tem como objetivo identificar os componentes do planejamento financeiro com a utilização de um sistema orçamentário, entendido como um plano abrangendo todo o conjunto das operações anuais de uma empresa através da formalização do desempenho dessas funções administrativas gerais (ATKINSON; BANKER; KAPLAN; YOUNG, 2010).

O estudo do orçamento, segundo alguns autores, remonta à década de 1920. Na verdade, a gestão organizacional vem tendo saltos de qualidade desde a Revolução Industrial no século XIX. Essa evolução na gestão levou à criação de diversas técnicas de elaboração dos orçamentos a partir do orçamento tradicional. Surgiram então o orçamento de desempenho, o sistema de planejamento, programação e orçamento (PPBS), o orçamento base zero, o orçamento-programa, o *beyond budgeting*, o *rationalisation des choix budgetaires*, entre outras técnicas, consoante Shank e Govindarajan (1995).

11.2 Estratégia e orçamento empresarial

A competitividade presente nos negócios e a lucratividade das empresas dependem cada vez mais da eficiência operacional. Do ponto de vista social, essa situação é desejável, pois o consumidor obtém produtos de qualidade a preços mais baixos. Por outro lado, a competição intensa torna a vida de fato difícil para os gerentes de empresas. Elas não podem mais relaxar e supor que as estratégias que as levaram aonde estão vão funcionar no futuro. Dessa forma, a estratégia e o orçamento empresarial são um instrumento gerencial bastante utilizado pelas empresas que desejam permanecer no mercado. É o orçamento empresarial que se constitui de um plano detalhado que mostra como os recursos podem ser obtidos e gastos na realização das atividades da empresa. Seu objetivo principal é retratar a estratégia da empresa através de um conjunto integrado por orçamentos específicos.

No plano anual são estabelecidas as metas a serem atingidas, englobando expansão ou retração das atividades, participação no mercado interno e externo, planos de cargos, salários, treinamento de pessoal, planos de marketing etc. No objetivo de resultados, os dirigentes da empresa devem estabelecer o índice de lucratividade a ser obtido com o cumprimento das metas.

Dependendo dos poderes geradores de tomadas de decisão finais, pode-se elaborar o orçamento "de cima para baixo" ou "de baixo para cima".

No processo de elaboração "de baixo para cima", os dados são propostos pelos gerentes de nível inferior e conciliado pelos superiores. No processo "de cima para baixo", as metas e dados são propostos pela direção e conciliados com os responsáveis pelos departamentos da empresa.

O orçamento "de baixo para cima" apresenta como vantagem a pulverização da autoria, tornando os funcionários mais comprometidos com a realização das metas e tirando proveito dos conhecimentos específicos dos responsáveis. Tem várias desvantagens, a saber: o processo de elaboração é lento e exige várias conciliações; as modificações e cortes feitos pela alta administração podem frustrar os funcionários; os dados, geralmente, são distorcidos embutindo uma folga para facilitar o cumprimento das metas. Cientes dessas desvantagens, as empresas evitam utilizar tal processo. O orçamento "de cima para baixo" facilita a comunicação e coordenação dos vários departamentos responsáveis e cria um parâmetro de avaliação de desempenho.

O orçamento, a partir de sua implantação, deverá atender a vários objetivos organizacionais preestabelecidos, pois há uma grande inter-relação entre o orçamento e as diversas áreas e atividades operacionais da empresa, já que no planejamento orçamentário são definidos metas e objetivos de receitas e despesas futuras pertencentes à operacionalização global da empresa.

O fluxo de caixa é a demonstração contábil-financeira que representa o resultado das movimentações provenientes de ingressos e desembolsos de moeda corrente em determinado período de tempo.

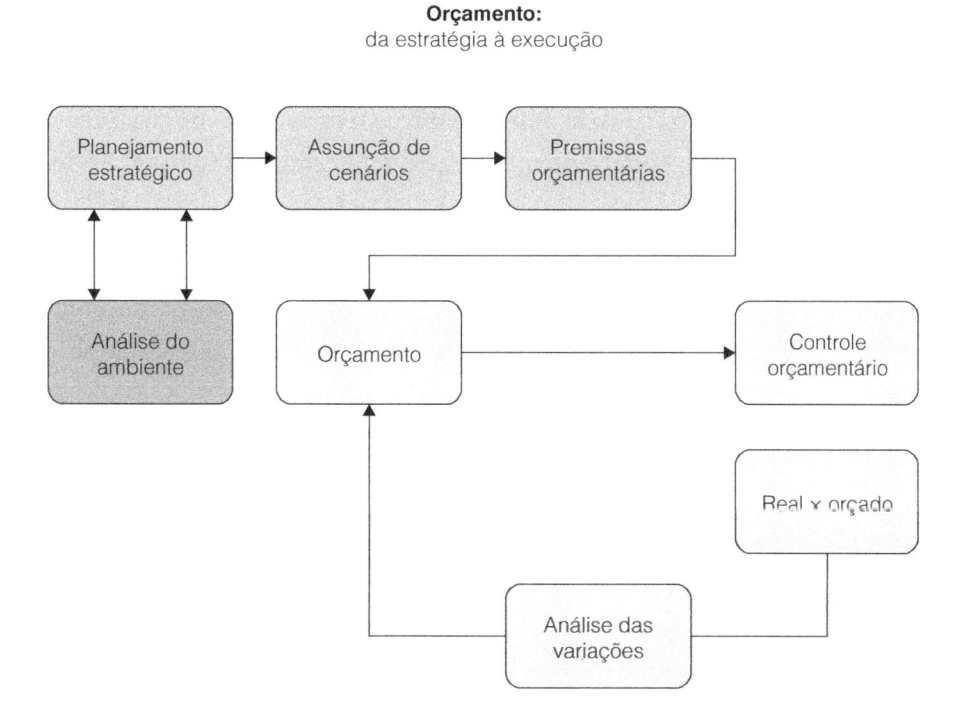

Figura 11.1 Estratégia na execução orçamentária.

11.3 Período de abrangência do orçamento

Cada empresa deve determinar a extensão do período de planejamento mais adequado para suas atividades. Geralmente são utilizados dois períodos:

- de curto prazo: o planejamento de curto prazo abrange o período de até um ano e coincide com o exercício social da empresa, sendo acompanhado mensalmente;
- de longo prazo: o planejamento de longo prazo abrange um prazo de até 10 anos. Esse prazo é adotado por um número pequeno de empresas, devido às incertezas das condições políticas e econômicas no longo prazo.

11.4 Inter-relacionamento dos orçamentos específicos

Os orçamentos específicos podem ser agrupados por natureza das atividades. Assim, o orçamento de vendas e o de despesas de vendas fazem parte do orçamento de marketing. O orçamento de matéria-prima, o de MOD e o de CIF podem compor o orçamento de produção.

Como projetar os dados? A fase do planejamento orçamentário que envolve a projeção de cenários econômicos é uma das mais importantes. Existem empresas de consultoria e publicações especializadas que fornecem projeções da taxa de inflação, taxa de câmbio, taxa de juros e estudos do desempenho de setores da economia. Além disso, é muito importante ter um conhecimento profundo do negócio da empresa e do setor em que ela atua.

De maneira geral, existem pelo menos três métodos para se prever as vendas: experiências anteriores (sazonalidade), dados históricos, métodos estatísticos e condições mercadológicas. Concluído o orçamento de vendas, inicia-se o orçamento de produção com base nas vendas previstas. As demais peças são elaboradas.

11.5 Acompanhamento orçamentário

Aprovado o orçamento, deve-se acompanhá-lo mensalmente, uma vez que sua execução não é automática. É necessário um acompanhamento mensal comparativo entre o valor orçamentado e o realizado. As variações ocorridas devem ser analisadas junto aos responsáveis e os ajustes necessários devem ser feitos.

Assim, o orçamento traduz, através da representação numérica, os pressupostos gerais do planejamento empresarial. Ao definir metas, ele também estabelece parâmetros para controle.

11.6 Orçamento: noções básicas

Elaborar o orçamento é um passo na implementação da estratégia da empresa. Significa traduzir os pressupostos gerais a respeito do planejamento da estratégia empresarial em representações numéricas de mercados e de recursos. As metas de faturamento são a expressão da estratégia de empresa em relação aos mercados; o capital que se aloca aos tomadores de decisões nos diversos centros de responsabilidade reflete a escolha da empresa em matéria de utilização de recursos.

Elaborar o orçamento faz parte do processo de planejamento. Entretanto, o orçamento também define normas, estabelecendo parâmetros para controle. É o que costumeiramente se chama **papel duplo do orçamento**. Um orçamento tem como funções coordenar as atividades da empresa e servir de base de controle ao comparar números (orçados) estimados e desempenho real.

O orçamento-mestre forma o quadro consolidado das atividades da empresa. Tipicamente, esse orçamento-mestre é uma previsão dos relatórios financeiros da organização, isto é, uma combinação de lucros e perdas, balanço e fluxo de caixa. Para chegar a esses dados altamente agregados, o processo orçamentário considera todas as atividades da empresa que serão finalmente computadas no orçamento-mestre.

11.7 Conceito

O orçamento é um plano administrativo que cobre todas as operações da empresa para um período de tempo definido, expresso em termos quantitativos. É o planejamento do lucro por meio da previsão de todas as atividades da empresa. Por exemplo: previsão de quantidades a serem vendidas, previsão do preço de venda a ser exercido, previsão de produção, previsão de custos de matéria-prima, de mão de obra e custos indiretos de fabricação. Com a comparação entre o orçamento e os dados reais, a empresa pode controlar seu desempenho visando atingir o lucro planejado.

O orçamento geral é um resumo dos planos de uma empresa, no qual são fixadas metas específicas de atividades de venda, produção, distribuição e financiamento, e que, de modo geral, culmina na elaboração do orçamento de caixa, projeção de resultados e balanço projetado (CREPALDI, S. A.; CREPALDI, G. S., 2017). Deve ser elaborado por todos os setores da empresa, cabendo ao setor de orçamento orientar, fornecer e consolidar as informações fornecidas pelos outros departamentos. Veja o esquema a seguir.

O orçamento da empresa deve cobrir vários anos; geralmente, as empresas fazem orçamentos para cinco anos, detalhando o primeiro ano em meses e os demais em períodos anuais ou trimestrais. Neste exemplo, vamos desenvolver um orçamento para três meses. Os mesmos conceitos aqui usados podem ser aplicados em orçamentos de prazos maiores.

Um ponto de partida lógico é o orçamento de vendas preparado pelo departamento de marketing. Com os dados do faturamento, é preciso determinar a estratégia de produção e prover os recursos, incluindo a base de ativos. A partir da estratégia geral de produção, pode-se chegar aos orçamentos específicos para todos os centros de responsabilidade. A produção será refletida em orçamentos para estoques, despesas indiretas, mão de obra e matérias-primas. Esses são os parâmetros pelos quais os gerentes de produção podem ser responsabilizados. Geralmente, o processo orçamentário precisa ser revisado várias vezes para ser concluído, a fim de reconciliar os números.

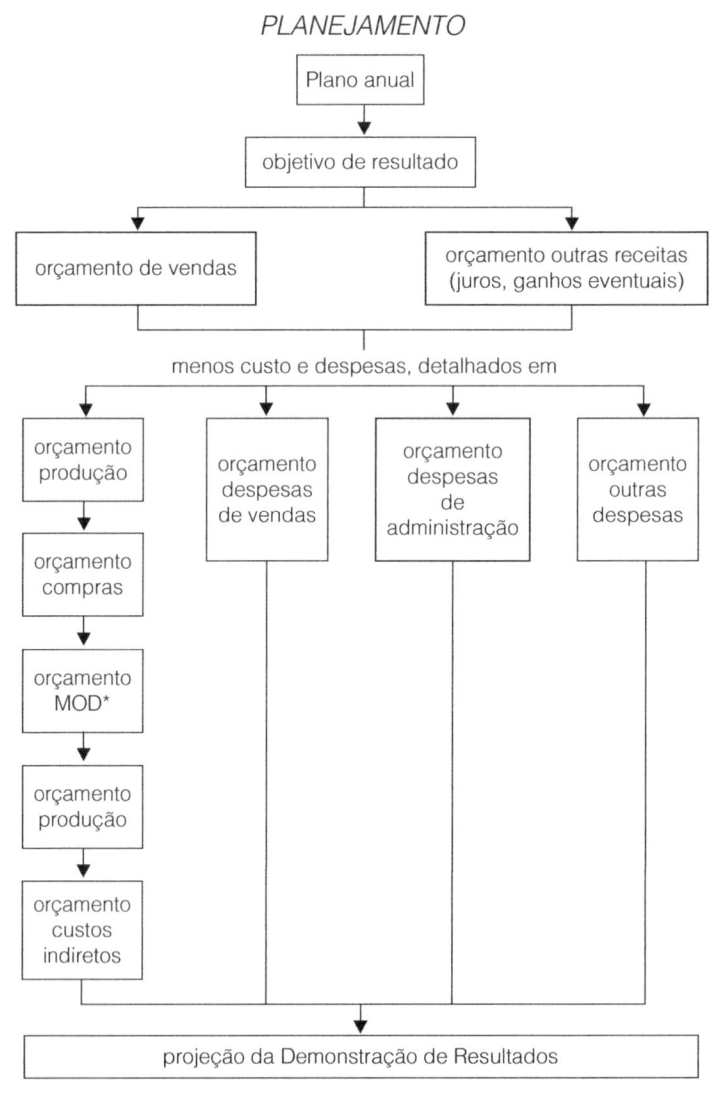

*Mão de obra direta.

Figura 11.2 Planejamento orçamentário.

11.7.1 Orçamento de vendas

Independentemente do tamanho, porte, setor ou ramo de atividade, toda empresa tem um fator comum: não tem como existir sem vender, sem faturar. Seja com a venda de produtos (indústria), seja com a revenda de mercadorias (comércio), seja com a prestação de serviços, toda empresa precisa vender o suficiente para poder pagar seus custos e, é claro, gerar lucro. Sendo assim, ao iniciar seu planejamento econômico-financeiro e elaboração do orçamento empresarial, um dos pontos fundamentais é que sua empresa tenha uma boa noção de sua previsão de vendas para poder, então, realizar a projeção de faturamento para o período futuro ao que está elaborando o planejamento, seja de um mês, seja de um semestre, seja de um ano ou até mais.

A projeção de faturamento é uma das estimativas mais importantes para a empresa, pois em posse desse número é que se poderá mensurar se os custos (CPV, CMV ou CSP) vão permitir uma margem de contribuição positiva, se a empresa terá como pagar os gastos fixos da operação e se vai sobrar algum dinheiro para remunerar os sócios e para realizar novos investimentos.

A empresa deve prever as quantidades a serem vendidas e os preços a serem praticados. Vamos supor uma empresa que produz um único produto e que faz as seguintes previsões de preço de venda e de quantidades a serem vendidas:

Orçamento de vendas

Itens	Janeiro (R$)	Fevereiro (R$)	Março (R$)	Total (R$)
Quantidade	50.000	80.000	100.000	230.000
Preço	46,00	55,00	70,00	59,00
Receitas de vendas	2.300.000,00	4.400.000,00	7.000.000,00	13.700.000,00

Após o orçamento sobre vendas, a empresa pode elaborar o orçamento dos impostos sobre vendas, supondo que a empresa recolha apenas o ICMS a uma taxa de 18%. O orçamento dos impostos sobre vendas seria:

Orçamento de impostos sobre as vendas

Item	Janeiro (R$)	Fevereiro (R$)	Março (R$)	Total (R$)
ICMS 18% s/ vendas	414.000,00	792.000,00	1.260.000,00	2.466.000,00

As deduções de vendas são os valores calculados sobre o faturamento bruto e são geralmente caracterizadas pelas despesas que ocorrem sempre que há uma venda.

Alguns exemplos de deduções de vendas mais comuns (CREPALDI, 2010):

- Impostos: podem ser federais, estaduais ou municipais. PIS, Cofins, ICMS, ISS, entre outros, são os impostos que, de acordo com o segmento da empresa, devem ser pagos a cada venda realizada, a não ser que a empresa se encaixe no Simples Nacional, em que todos esses impostos são substituídos por uma alíquota única.

- Comissões: trata-se da remuneração variável das pessoas envolvidas na venda.

- Fretes: ao realizar uma venda, é necessário o envio do produto ao cliente e o custo desse envio deve ser abatido do faturamento bruto do produto. Esse é um caso comum quando se trabalha com valores fixos por venda em vez de percentuais sobre o faturamento. Para planejamento e orçamento, contudo, é muito complicado saber para onde os produtos serão vendidos e enviados, portanto costumam-se aplicar percentuais médios para a simplificação dos cálculos e projeções.

- Embalagens: a exemplo dos fretes, é o valor gasto para embalar um produto a ser vendido. Nesse caso, também é comum trabalhar com valor fixo por unidade vendida, mas simplificar o cálculo para projeções através de percentuais.

- Devoluções e cancelamentos: são valores deduzidos do faturamento bruto em função do retorno dos produtos à empresa por recusa do cliente. Os produtos, quando em bom estado, retornam ao estoque para nova venda e o valor referente à nota fiscal de venda deve ser abatido do faturamento.

Existem ainda outras deduções que podem ocorrer, dependendo do negócio e do ramo de atuação, como, por exemplo, os custos financeiros de vendas em empresas que vendem por comércio eletrônico (pagando taxas aos *sites* de vendas) ou empresas que vendem através de cartões de crédito (que cobram percentuais em cima de cada venda realizada).

11.7.2 Orçamento de produção

A empresa, sabendo a estimativa das quantidades de vendas, pode estimar os estoques desejados de produtos acabados e as quantidades necessárias a serem produzidas.

Estoques desejados de produtos acabados (em unidades)

Itens	Janeiro	Fevereiro	Março
Estoque inicial	25.000	30.000	40.000
Estoque final	30.000	40.000	30.000

Orçamento de produção (em unidades)

Itens	Janeiro	Fevereiro	Março	Total
Vendas	50.000	80.000	100.000	230.000
(–) Estoque inicial	(25.000)	(30.000)	(40.000)	(95.000)
(+) Estoque final	30.000	40.000	30.000	100.000
Produção necessária	55.000	90.000	90.000	235.000

11.7.3 Orçamento de compras de matéria-prima

A empresa, após saber as quantidades que vai produzir, tem condições de saber as quantidades de matéria-prima necessárias. Supondo que a empresa consuma 3 kg de matéria-prima por unidade produzida, as quantidades necessárias de matéria-prima serão:

Orçamento da quantidade consumida de matéria-prima

Itens	Janeiro	Fevereiro	Março
Produção necessária	55.000	90.000	90.000
Consumo de matéria-prima	3	3	3
Quantidade necessária	165.000	270.000	270.000

Após saber as quantidades necessárias de matéria-prima, a empresa deverá estimar os estoques desejados de matéria-prima, para depois estimar as quantidades que deverão ser compradas:

Estoques desejados de matéria-prima (em unidades)

Itens	Janeiro	Fevereiro	Março
Estoque inicial	10.000	40.000	30.000
Estoque final	40.000	30.000	20.000

Orçamento das quantidades a serem compradas (em unidades)

Itens	Janeiro	Fevereiro	Março	Total
Quantidade necessária	165.000	270.000	270.000	705.000
(–) Estoque inicial	(10.000)	(40.000)	(30.000)	(80.000)
(+) Estoque final	40.000	30.000	20.000	90.000
Total de compras	195.000	260.000	260.000	715.000

A empresa, após estimar as quantidades necessárias a serem compradas, pode estimar o preço de compra do quilo de matéria-prima e o total de compras de matéria-prima.

Orçamento de compra de matéria-prima

Itens	Janeiro	Fevereiro	Março	Total
Quantidade a ser comprada	195.000	260.000	260.000	715.000
Preço de compra	R$ 3,45	R$ 4,41	R$ 4,41	R$ 4,05
Total de compras	R$ 672.750	R$ 1.076.400	R$ 1.146.600	R$ 2.895.750

11.7.4 Orçamento de mão de obra

Também com base no orçamento de produção, a empresa pode elaborar o orçamento de mão de obra. Supondo que, para produzir uma unidade de seu produto, a empresa consuma 1,5 hora de mão de obra, podemos elaborar o orçamento de horas de mão de obra.

Orçamento de horas de mão de obra

Itens	Janeiro	Fevereiro	Março	Total
Produção necessária	55.000	90.000	90.000	235.000
Tempo gasto	1,5	1,5	1,5	1,5
Total	82.500 h	135.000 h	135.000 h	352.500 h

A empresa deve estimar a taxa horária de mão de obra para poder estimar o custo de mão de obra.

Orçamento de mão de obra

Itens	Janeiro	Fevereiro	Março	Total
Total de horas	82.500	135.000	135.000	352.500
Taxa de MO	2,30	2,76	3,53	2,95
Taxa hora/mão de obra	189.750	372.600	476.550	1.038.900

11.7.5 Orçamento dos impostos a recolher

Supondo que a empresa tenha um crédito de 18% de ICMS sobre as compras, o valor dos impostos a recuperar será de:

Orçamento dos impostos sobre compras

Itens	Janeiro	Fevereiro	Março	Total
Total de compras	R$ 672.750	R$ 1.076.400	R$ 1.146.600	R$ 2.895.750
Impostos s/ compras 18%	R$ 121.095	R$ 193.752	R$ 206.388	R$ 521.235

A empresa tem condições de elaborar o orçamento dos impostos a recolher comparando os impostos sobre vendas e os impostos sobre compras.

Orçamento dos impostos a recolher

Itens	Janeiro	Fevereiro	Março	Total
Impostos sobre vendas	R$ 414.000	R$ 792.000	R$ 1.260.000	R$ 2.466.000
Impostos sobre compras	R$ (121.095)	R$ (193.752)	R$ (206.388)	R$ (521.235)
Impostos a recolher	R$ 292.905	R$ 598.248	R$ 1.053.612	R$ 1.944.765

11.7.6 Orçamento do fluxo de caixa

A empresa, após fazer o orçamento de receita de vendas e os orçamentos de custos e despesas, deve fazer um orçamento de recebimento e pagamentos para avaliar sua situação de caixa. Supondo-se que a empresa receba suas vendas dentro do próprio mês e que pague a matéria-prima, a mão de obra e os impostos no próprio mês, o orçamento de caixa ficaria assim:

Itens	Janeiro	Fevereiro	Março	Total
Saldo inicial	–	R$ 1.144.595	R$ 3.497.347	–
(+) Recebimentos:				
Vendas	R$ 2.300.000	R$ 4.400.000	R$ 7.000.000	R$ 13.700.000
(–) Pagamentos:				
Matéria prima	R$ 672.750	R$ 1.076.400	R$ 1.146.600	R$ 2.895.750
Mão de obra	R$ 189.750	R$ 372.600	R$ 476.550	R$ 1.038.900
Impostos a recolher	R$ 292.905	R$ 598.248	R$ 1.053.612	R$ 1.944.765
Saldo final	R$ 1.144.595	R$ 3.497.347	R$ 7.820.585	R$ 7.820.585

11.7.7 Orçamento de capital

Os aumentos de capital representam a compra de ativos fixos, cujos custos se distribuem por vários períodos sob a forma de depreciação. Em geral, esses gastos exigem o comprometimento de grande quantidade de fundos e devem ser previstos no orçamento do fluxo de caixa.

O orçamento de capital reflete os planos da alta administração referentes a ampliações, melhorias e substituições de ativos.

11.7.8 Orçamento de investimentos

Essa parte do orçamento global comporta os aspectos não operacionais ligados aos novos investimentos em ativos permanentes, bem como suas consequências em termos de financiamentos. Esse orçamento, ao ser agregado ao orçamento operacional, vai impactar o orçamento de caixa com relação à parcela vincenda no curto prazo. A parcela de longo prazo é relativa a investimentos necessários para suportar os projetos de investimentos em novos produtos a serem gastos a efetuar no próximo exercício, mas que provavelmente serão produtos a serem produzidos em exercícios futuros (CREPALDI, S. A.; CREPALDI, G. S., 2017).

Os investimentos são os desembolsos realizados pela empresa para a compra de bens como máquinas, equipamentos, veículos, móveis, ferramentas, recursos de informática, ou até mesmo em treinamentos e capacitações. Esse tipo de investimento é conhecido como investimento operacional, pois, como o próprio nome sugere, contribui diretamente para melhorar e ampliar a capacidade produtiva da organização.

Investimentos como esse podem ser pagos de uma única vez ou de maneira parcelada. Em geral, a empresa utiliza o próprio lucro gerado em sua operação para a realização de novos investimentos, mas também é muito comum o uso de financiamentos e linhas de crédito para aquisição de bens.

Algumas empresas também utilizam os lucros gerados e as sobras de caixa para realizar investimentos financeiros, ou seja, em vez de investir na ampliação do patrimônio da empresa, opta-se por colocar os recursos em fundos de investimentos ou até mesmo comprar ações de outras empresas.

11.7.9 Orçamento de financiamentos

O orçamento de financiamentos identifica as necessidades de recursos de terceiros para fazer face aos novos investimentos ou à reformulação da estrutura de capital da companhia.

11.8 Análise da variação no lucro bruto

O lucro bruto é formado pela diferença entre as receitas de vendas e o CPV. Ao compararmos a variação no lucro bruto de dois períodos, devemos considerar as variações no preço e nas quantidades.

Exemplo:

Itens	X1		X2		Variação
Receita de vendas	R$ 2.000,00	100%	R$ 2.400,00	100%	20%
(–) CPV	R$ 800,00	40%	R$ 1.400,00	58%	75%
Lucro bruto	R$ 1.200,00	60%	R$ 1.000,00	42%	(17%)

Outras informações:

Quantidades vendidas	800 unidades	1.000 unidades
Preço de venda	R$ 2,50	R$ 2,40
Custo unitário	R$ 1,00	R$ 1,40

Variações na receita:

Variações no preço = $Q1\ (P1 - P2) = 800\ (2,5 - 2,4) = 80\ D$

Variações na quantidade = $P1\ (Q1 - Q2) = 2,5\ (800 - 1.000) = 500\ F$

Variações no preço e na quantidade = $(P1 - P2)\ (Q1 - Q2) = (2,5 - 2,4)\ (800 - 1.000) = 20\ F$

Variação total = custo real – custo-padrão

Variação total = R$ 800 – R$ 1.400 = R$ 600 F

(D = desfavorável; F = favorável)

Demonstração da análise do lucro bruto sobre vendas

Lucro bruto em X1		R$ 1.200,00
Análise das variações em vendas:		
Variação no preço	R$ (80,00)	R$ 400,00

(Continua)

(Continuação)

Variação na quantidade	R$ 500,00	
Variação de preço e quantidade	R$ 20,00	
Análise das variações no CPV		
Variação no custo unitário	R$ (320,00)	
Variação na quantidade	R$ (200,00)	
Variação no custo e na quantidade	R$ (80,00)	R$ (600,00)
Lucro bruto em X2		R$ 1.000,00

11.9 Orçamento de itens de linha

Orçamento de itens de linha é aquele que permite aos responsáveis pelas decisões gastar apenas uma quantia máxima fixa em itens específicos. Isso impede que os gerentes tomem decisões excessivamente ousadas, substituindo insumos orçados. Essa salvaguarda é útil porque a composição aprovada de insumos precisa ser mantida rigorosamente, por questões de coordenação. Embora seja com frequência atribuído a organizações governamentais, uma elevada percentagem de empresas também utiliza o orçamento de itens de linha no intuito de restringir o poder de decisão dos gerentes de centros de responsabilidade (CREPALDI, 2010).

11.10 Orçamento por exercícios limitados

A gestão integrada de custos e orçamentos permite eliminar desperdícios e otimizar ações estratégicas para o controle de gastos. Fornece informações seguras para melhor acompanhar o desempenho da empresa e para as tomadas de decisão estratégicas relacionadas à eliminação de desperdícios, à redução de custos, à realocação de recursos, à melhoria de processos e ao aumento de produtividade (CREPALD, S. A.; CREPALDI, G. S., 2017).

O orçamento por exercícios limitados não permite que as verbas não utilizadas no exercício sejam transportadas para o exercício seguinte. O modelo apresenta várias vantagens. Ele permite um controle mais rígido dos gerentes e facilita o controle da quantidade de recursos na empresa, já que inexistem recursos camuflados ou economizados, o que simplifica o processo de planejamento. Entretanto, essa simplificação acarreta um custo. No fim do período orçamentário, os gerentes podem passar grande parte de seu tempo inventando meios de gastar os recursos remanescentes, que acabam sendo desperdiçados. Parece, no entanto, que os benefícios do orçamento limitado superam seus custos, uma vez que ele é adotado em quase todas as organizações.

11.11 Orçamento base histórico (OBH)

O Orçamento Base Histórico (OBH) é gerado levando-se em consideração os números do ano anterior. Basicamente, calcula-se o quanto se deseja elevar a receita e o quanto os custos e gastos deverão subir para dar suporte aos objetivos de aumento de receita (CREPALDI, S. A.; CREPALDI, G. S., 2017). Envolve muito menos pessoas, pois não é necessário revisitar e justificar todas as atividades da empresa para gerar o novo orçamento, tornando o processo muito mais rápido.

Além disso, com o orçamento base histórico, podem-se evitar distorções na hora de definir os custos de determinada atividade, pois já se tem como base o custo do ano anterior e não vai ser necessário estimar o custo da atividade do zero.

Não é possível alterar o que já passou, porém não podemos nos esquecer do aprendizado e da experiência adquiridos ao longo do tempo. É sempre bom dar uma olhada para trás para evitar cometer os mesmos erros novamente.

11.12 Previsão e orçamento de base zero (OBZ)

O Orçamento de Base Zero (OBZ) parte do princípio de que nem todos os eventos ocorridos no ano atual vão se repetir no próximo ano. A empresa não terá necessariamente gastos com as mesmas funções e operações nos exercícios seguintes. Busca prever os recursos exigidos para atingir as metas de produção e de vendas e é crucial para o sucesso e a credibilidade do processo orçamentário. A maioria das empresas utiliza um método incremental para obter seus orçamentos. Esse método utiliza os dados do período anterior e os aumenta ou diminui por determinada percentagem. As mudanças refletem a variação de produtividade. Apesar de as mudanças, às vezes, também serem revistas, o orçamento-base permanece inalterado (CREPALDI, 2010).

No OBZ, deve-se orçar as despesas com base em cada processo, projeto e atividade necessários para atingir as metas e objetivos definidos pela empresa, e cada despesa deve ser discutida e justificada pelos gestores. Dessa maneira, garantem-se somente as despesas essenciais para o ano seguinte. Desenvolve orçamentos sem usar as indicações dos números do ano anterior. Toda a atividade é constituída do zero (base zero). Isso ajuda os gerentes a pensar criativamente sobre suas atividades e, assim, reduzir as folgas dentro da organização. A desvantagem óbvia do OBZ é o processo longo e intricado que se faz necessário.

Na maioria das organizações, o OBZ é usado infrequentemente. Se for implementado com frequência como técnica orçamentária, os gerentes vão, muitas vezes, recorrer às mesmas explicações do ano anterior, tacitamente tomando o OBZ em orçamento incremental.

Por esse modelo de orçamento não levar em consideração os dados históricos para realizar o orçamento, acaba tomando muito mais tempo, pois todos os gastos da empresa devem ser discutidos e justificados. Mas ele tem como vantagem a eliminação de processos e projetos que não estejam alinhados com os objetivos da empresa.

Pelas características do OBZ, sua utilização é indicada principalmente quando se deseja realizar uma reestruturação na empresa.

11.13 Orçamento flexível

Os orçamentos de planejamento comunicam volumes e preços planejados. Os orçamentos de controle precisam de alguma modificação. Isso se deve ao fato de que alguns gerentes não têm volumes sob seu controle direto e não podem ser responsabilizados por desvios orçamentários que advêm de mudanças de volume. Para uma análise de desempenho, verbas orçamentárias para esses gerentes precisam variar segundo o volume. Esse orçamento variável é chamado de orçamento flexível, em contraste com o orçamento estático. O orçamento flexível é função de uma medida de volume.

Um exemplo ilustra isso facilmente. Se um gerente de produção tem determinado orçamento para produzir 100 unidades, mas o marketing (responsável pelo resultado de faturamento) requer o fornecimento de 120 unidades, os gerentes de produção não conseguem ser automaticamente responsabilizados por um aumento dos custos. Um desvio do orçamento poderia ser atribuível unicamente ao fato de que os dados de vendas são mais elevados, o que está totalmente fora de seu controle. Orçamentos flexíveis lidam com tais mudanças. O orçamento com que o gerente de produção será comparado é o variado, que indica o custo em que se deve incorrer para fornecer 120 unidades. Se os gerentes são responsáveis por volumes e custos por unidade, entretanto, essa flexibilidade não ajuda. Nesses casos, um orçamento estático que compara o planejado com o desempenho real sem ajustes de volume é mais apropriado.

Os orçamentos são um importante mecanismo para coordenação e controle em uma organização. A quantidade de orçamentos diferentes que precisam ser elaborados depende do desenho dos centros de responsabilidade e do direito de decisão dentro deles. O ciclo orçamentário e o número de revisões dependem da complexidade da reconciliação, das técnicas orçamentárias e do ambiente da empresa. Para fins de controle, os orçamentos ligam-se estreitamente aos sistemas de custeio da empresa, já que os orçamentos flexíveis dependem dos dados de custo e dos agentes de custo do sistema contábil interno da organização.

Exemplo:

Itens extraídos do orçamento da Indústria Betim Ltda. (em reais)

Itens	Orçamento por unidade	Níveis de atividade	
Unidades	–	7.000	12.000
Vendas	R$ 24,00	R$ 168.000,00	R$ 288.000,00
Custos Variáveis	R$ 14,80	R$ 103.600,00	R$ 177.600,00
Custos Fixos	–	R$ 70.000,00	R$ 70.000,00

Com base na metodologia do orçamento flexível, para produção e venda efetivas de 10.000 unidades, calcule a margem de contribuição e o resultado operacional orçados.

Solução:

Receita de vendas = 10.000 unidades × R$ 24,00 unidades = R$ 240.000,00

Custo variável = 10.000 unidades × R$ 14,80 = R$ 148.000,00

Margem de contribuição = PV – CV
MC = R$ 240.000,00 – R$ 148.000,00
MC = R$ 92.000,00

Resultado operacional (RO)
RO = MC – CF
RO = R$ 92.000,00 – R$ 70.000,00
RO = R$ 22.000,00

11.14 Orçamento matricial

O orçamento matricial é uma metodologia gerencial para o planejamento e controle orçamentário que vem ganhando cada vez mais adeptos, principalmente pela facilidade na elaboração e pela visão cruzada e objetiva proporcionada na análise (CREPALDI, S. A.; CREPALDI, G. S., 2017.

O método tem esse nome exatamente por ser derivado de uma matriz, na qual temos os seguintes eixos:

- Pacotes: nesse eixo teremos os grupos de receitas, despesas, custos ou investimentos da empresa.

- Entidades: já as entidades representam as subdivisões da empresa (físicas ou virtuais) como unidades de negócios, centros de custos ou departamentos.

O mais comum é utilizar a análise matricial para o orçamento e controle de despesas, mas seus conceitos cabem perfeitamente nas demais áreas do planejamento e orçamento, como receitas, custos e investimentos, por exemplo.

O processo de elaboração do orçamento matricial é iniciado com a elaboração dos pacotes de gastos e receitas, passando então para a elaboração da relação das entidades da empresa, bem como para a definição de seus respectivos gestores.

Um dos destaques da metodologia está justamente na relação do pacote e seu responsável. Por exemplo, planeje que no orçamento de despesas um dos pacotes será **despesas de viagens** e que o responsável por esse pacote será um funcionário da área de Logística, que é quem responde por todas as despesas de viagem da organização. Todas as despesas de viagens que forem realizadas serão contabilizadas nesse pacote, independentemente do setor da pessoa que realizou a viagem.

Então, mesmo que funcionários da área Comercial, da área Produtiva ou de qualquer outra área tenham realizado as viagens, quem responderá pela despesa total e garantirá que a meta seja atingida será o responsável pelo pacote, que buscará de todas as formas minimizar as despesas para atingir as metas estabelecidas.

11.15 *Beyond budgeting*

É um modelo de gestão sem orçamentos que pode tornar uma empresa mais maleável e adaptável. Surgiu em Londres, em 1998, como resultado de uma grande mobilização de empresas que questionavam o sistema de fixar metas. E foi desse grande movimento que nasceu uma nova organização, conhecida como *Beyond Budgeting Round Table* (BBRT). Os diretores responsáveis eram o contador Jeremy Hope e o consultor Robin Fraser.

É um modelo que busca executar, com habilidade, uma maneira mais descentralizada de gestão, deixando o modelo tradicional hierarquia e liderança centralizada, permitindo que a tomada de decisão e o comprometimento de desempenho venham a ser desenvolvidos para gerentes operacionais.

O *beyond budgeting* tem como principal objetivo criar um novo ambiente de trabalho bem-gerenciado e uma cultura de responsabilidade pessoal, gerando, assim, uma motivação maior, uma alta produtividade e uma melhoria nos serviços prestados aos clientes. É uma ideia positiva que usa o abandono do planejamento orçamentário como impulsionador para melhorar o processo inteiro de controle de gerenciamento. Abandonar o orçamento força a examinar mais profunda e amplamente a forma como as organizações devem ser gerenciadas (CREPALDI, S. A.; CREPALDI, G. S., 2017).

A necessidade de melhores práticas de gestão atinge todas as empresas que buscam continuidade e os estudos que procuram fornecer novos instrumentos de auxílio à gestão surgem à medida que o conhecimento avança.

O *beyond budgeting* propõe uma mudança no que se refere à forma de mensuração do desempenho e da gratificação dos gerentes e equipes em geral, além de uma mudança na cultura da empresa, cujas decisões passariam a ser tomadas de forma descentralizada e de acordo com o julgamento de cada gerente e equipe.

11.16 Caso prático

A Empresa Inaciolândia Ltda. apresenta duas propostas de orçamento para o segundo semestre.

Discriminação	Orçamento 1 (R$)	%	Orçamento 2 (R$)	%
Vendas	5.700.000,00	100	7.200.000,00	100
Custos variáveis	3.500.000,00	61	4.200.000,00	58
Margem de contribuição	2.200.000,00	39	3.000.000,00	42
Custos fixos	1.000.000,00	18	1.800.000,00	25
Lucro líquido	1.200.000,00	21	1.200.000,00	17

Quais são os pontos de equilíbrio dos respectivos orçamentos, em valores monetários?

Solução:

Qe também pode ser calculado pela fórmula:

Qe = CF / % MC

Orçamento 1

Qe = CF / %MC

Qe1 = R$ 1.000.000,00 / 39%

Qe1 = R$ 1.000.000,00 / 0,40

Qe1 = R$ 2.564.102,56

Orçamento 2

Qe = CF / %MC

Qe2 = R$ 1.800.000,00 / 42%

Qe2 = R$ 1.800.000,00 / 0,42

Qe2 = R$ 4.285.714,30

Considerações finais

A gestão integrada de orçamentos e custos permite detectar e eliminar desperdícios e otimizar ações estratégicas para o controle de gastos. Ao adotar novas técnicas de planejamento orçamentário, como orçamento de base zero e *beyond budgeting*, aliadas a métodos de redução de custos, as empresas obtêm melhores condições para priorizar a alocação de recursos e aumentar a produtividade e a lucratividade.

Quando são compreendidas as finalidades gerais dos sistemas contábeis, ganha-se uma perspectiva para o estudo da utilidade da contabilidade para a gestão. Um bom analista administrativo deve estar afinado com a Contabilidade Gerencial e os sistemas de custos e de orçamentos voltados à tomada de decisão. Com relação a esse assunto, julgue o item seguinte. A margem bruta utilizada no Custeio por Absorção é obtida pela dedução de todos os custos das receitas. Já a margem de contribuição (que não é utilizada pelo Custeio por Absorção) é determinada pelo valor da receita deduzido dos custos e despesas variáveis.

Questões de múltipla escolha

1) O orçamento é considerado um dos pilares da gestão e uma ferramenta fundamental para a prestação de contas dos gestores.

   Em razão de sua importância, o orçamento é indispensável para a implementação das estratégias da empresa, sendo considerado um plano:

   (A) Econômico.

   (B) Financeiro.

   (C) Contábil.

   (D) Estratégico.

2) Existem elementos indispensáveis à montagem de um orçamento, entre os quais a análise do cenário da organização, no qual são considerados os aspectos que podem afetar o negócio do ponto de vista interno.

   Em relação às etapas da montagem do orçamento, que incluem questões organizacionais, estão:

   (A) A patrimonial e a estrutural.

   (B) A operacional e a financeira.

   (C) A estrutural e a estratégica.

   (D) A contábil e a operacional.

3) Dentre os itens a seguir, identifique o que pode ser classificado como um item de controle orçamentário.

(A) Mensurar e avaliar o realizado *versus* o orçado.

(B) Identificar os objetivos organizacionais e as metas de curto prazo.

(C) Identificar os recursos de longo prazo que resultam em custos fixos.

(D) Desenvolver o orçamento-mestre.

4) Combater desperdícios, alocar recursos adequadamente e conseguir associar objetivos e resultados a seus determinantes são alguns dos benefícios gerados pela decisão de iniciar um OBZ.

Considerando o exposto, avalie as asserções a seguir e a relação proposta entre elas.

I. O OBZ rompe com o passado, nunca partindo da observação de dados anteriores, uma vez que estes podem conter ineficiência que o orçamento de tendência poderá perpetuar.

PORQUE

II. A proposta do OBZ está em discutir a empresa como um todo toda vez que for elaborado o orçamento.

A respeito dessas asserções, assinale a opção **CORRETA**.

(A) As asserções I e II são proposições verdadeiras, e a II é uma justificativa correta da I.

(B) As asserções I e II são proposições verdadeiras, mas a II não é uma justificativa correta da I.

(C) A asserção I é uma proposição verdadeira, e a II é uma proposição falsa.

(D) A asserção I é uma proposição falsa, e a II é uma proposição verdadeira.

(E) As asserções I e II são proposições falsas.

5) O planejamento orçamentário é fundamental para os gestores em suas funções de planejamento e controle, auxiliando na alocação de recursos e na coordenação das atividades.

PORQUE

O planejamento orçamentário determina o modelo de gestão, conjunto de princípios orientadores que decorrem da visão, da missão e dos valores da empresa.

Considerando-se essas assertivas, é **CORRETO** afirmar que:

(A) A primeira é falsa, e a segunda é verdadeira.

(B) A primeira é verdadeira, e a segunda é falsa.

(C) As duas são falsas.

(D) As duas são verdadeiras, e a segunda justifica a primeira.

(E) As duas são verdadeiras, e a segunda não justifica a primeira.

6) O orçamento geral é um resumo dos planos de uma empresa, no qual são fixadas metas específicas de atividades de venda, produção, distribuição e financiamento, e que, em geral, culmina na elaboração das seguintes peças:

(A) Orçamento contínuo, fluxo de caixa projetado e orçamento de receitas e despesas.

(B) Orçamento de vendas, orçamento de custos e despesas e balanço projetado.

(C) Orçamento de caixa, projeção de resultados e balanço projetado.

(D) Orçamento do resultado e fluxo de caixa projetado.

(E) Resultado projetado e balanço *pro forma*.

7) A peça orçamentária que identifica as necessidades de recursos de terceiros para fazer face aos novos investimentos ou à reformulação da estrutura de capital da companhia é denominada:

(A) Orçamento de investimentos.

(B) Orçamento de financiamentos.

(C) Orçamento de caixa.

(D) Orçamento de despesas financeiras.

(E) Ponto de equilíbrio projetado.

Exercícios propostos

1) A Cia. Varginha S/A costuma realizar orçamentos trimestrais. Tradicionalmente, a empresa tem um aumento de vendas no último trimestre do ano. As vendas, no trimestre julho/agosto/setembro, mês a mês, foram:

Julho	Agosto	Setembro
R$ 390.000,00	R$ 425.000,00	R$ 415.000,00

A expectativa da empresa para as vendas do próximo trimestre é a seguinte:

- outubro: 10% maiores do que a média do trimestre anterior;
- novembro: crescimento de 10%;
- dezembro: crescimento de outros 10%.

Considerando os dados acima e que a política de vendas da empresa é 60% a prazo e 40% à vista, qual é o valor, em reais, das vendas a prazo previstas para dezembro?

(A) R$ 198.440,00.

(B) R$ 218.284,00.

(C) R$ 270.660,00.

(D) R$ 327.426,00.

2) A Empresa Goiânia Ltda. apresenta duas propostas de orçamento para o segundo semestre.

Itens	Orçamento 1 (R$)	%	Orçamento 2 (R$)	%
Vendas	8.550.000,00	100	14.400.000,00	100
Custos variáveis	5.130.000,00	60	5.760.000,00	40
Margem contribuição	3.420.000,00	40	8.640.000,00	60
Custos fixos	1.795.500,00	21	4.752.000,00	33
Lucro líquido	1.624.500,00	19	3.888.000,00	27

Os pontos de equilíbrio contábil dos orçamentos 1 e 2, em valores monetários, são, respectivamente:

(A) R$ 9.450.000,00 e R$ 17.600.000,00.

(B) R$ 7.735.714,29 e R$ 11.781.818,18.

(C) R$ 4.488.750,00 e R$ 7.920.000,00.

(D) R$ 4.061.250,00 e R$ 6.480.000,00.

3) A Empresa Jataí Ltda. apresenta seu orçamento de produção estimado para o exercício social, com um total de vendas de 1.485.000 unidades; um estoque estimado no início do ano de 412.500 unidades; e um estoque desejado no final do ano de 294.000 unidades. A produção anual total indicada no orçamento de produção em unidades será de:

(A) 778.500 unidades.

(B) 1.366.500 unidades.

(C) 1.603.500 unidades.

(D) 2.191.500 unidades.

4) Ao construir o seu orçamento de vendas, a Empresa Ituiutaba Ltda. planejou vender no ano seguinte 500.000 unidades da mercadoria A a um preço unitário de R$ 2,50. Sendo a margem operacional de 2%, verifica-se que o valor do lucro estimado, em reais, encontra-se entre:

(A) R$ 12.500,00 e R$ 15.750,00.
(B) R$ 15.750,00 e R$ 18.500,00.
(C) R$ 18.500,00 e R$ 21.000,00.
(D) R$ 21.000,00 e R$ 23.250,00.
(E) R$ 23.250,00 e R$ 25.750,00.

5) A Indústria Sorriso Ltda., no mês de março, produziu 20.000 unidades do produto X, com um custo fixo de R$ 65.000,00; vendeu o produto por R$ 12,00 a unidade, alcançando um ponto de equilíbrio de 13.000 unidades.

No mês de abril, produziu 22.000 unidades com um custo fixo de R$ 77.000,00, mas mantendo o preço de venda anterior.

Considerando apenas as informações acima, o ponto de equilíbrio alcançado pela indústria em abril, em unidades, é:

(A) 15.400.
(B) 15.000.
(C) 14.800.
(D) 14.500.

Exercícios para avaliação

1) A Empresa Campinas Ltda. tem a seguinte movimentação no mês de abril: venda de R$ 440.000,00, custo de mercadorias de R$ 220.000,00 e despesas gerais de R$ 100.000,00.

Para maio, essa empresa tem a seguinte proposta de orçamento: custo de mercadorias de R$ 240.000,00 e despesas gerais de R$ 110.000,00.

A empresa possui: saldo de caixa inicial no valor de R$ 15.000,00 em abril de 2016; recebimentos de vendas de 30% à vista, 40% para 30 dias e 30% para 60 dias; pagamentos de compras de mercadorias de 20% à vista, 40% para 30 dias e 40% para 60 dias.

As despesas da empresa são pagas à vista.

Com base nessa situação-problema, conclui-se que, se a empresa desejar ter, ao final do mês de maio de 2016, saldo de caixa de R$ 83.000,00, suas vendas no mesmo mês terão de ser no valor de:

(A) R$ 300.000,00.
(B) R$ 350.000,00.

(C) R$ 400.000,00.

(D) R$ 450.000,00.

(E) R$ 500.000,00.

2) A Empresa Teresina Ltda. fez sua projeção de vendas para janeiro, fevereiro e março do próximo ano, conforme tabela a seguir.

Orçamento de vendas			
Itens	**Janeiro**	**Fevereiro**	**Março**
Demanda esperada (quantidade)	10.000	12.000	15.000
Preço de venda (R$)	2,00	2,00	2,00
Vendas brutas (R$)	20.000,00	24.000,00	30.000,00

Suponha que todas as vendas dessa empresa sejam parceladas da seguinte forma:

- 1ª parcela (à vista), correspondente a 30% da venda;
- 2ª parcela (prazo de 30 dias), correspondente a 30% da venda;
- 3ª parcela (prazo de 60 dias), correspondente a 40% da venda.

Considerando a política de recebimento e os dados apresentados, verifica-se que a empresa espera receber, no mês de março, o montante de:

(A) R$ 8.000,00.

(B) R$ 22.200,00.

(C) R$ 24.200,00.

(D) R$ 29.600,00

(E) R$ 30.000,00.

3) A Indústria São Paulo Ltda. estimou que no ano seguinte vai comercializar 200.000 unidades de um único tipo de produto e, para fins de planejamento estratégico, necessita elaborar seu orçamento de vendas.

A área de Controladoria precisou apresentar, no exercício atual, o orçamento de vendas para o 1º trimestre do exercício social seguinte e determinou as seguintes estimativas:

Mês	**Previsão de vendas**
Janeiro	10% do valor anual
Fevereiro	5% do valor anual
Março	20% do valor anual

Para efeitos de projeção do orçamento de vendas, a área de Controladoria considerou as seguintes informações adicionais:

- Preço de venda unitário: R$ 30,00.
- Tributos incidentes sobre as vendas: 20%.
- Previsão de devolução de vendas: 5% ao mês.
- Os tributos serão calculados sobre as vendas e as devoluções de vendas.

Considerando-se apenas os dados apresentados e de acordo com o orçamento de vendas, a receita líquida prevista para o 1º trimestre do exercício social seguinte é de:

(A) R$ 2.100.000,00.
(B) R$ 1.680.000,00.
(C) R$ 1.596.000,00.
(D) R$ 1.575.000,00.

Gabarito das questões

Capítulo 1

Questões de múltipla escolha

1) C
2) A
3) A
4) C

Exercícios propostos

1)
R$ 720,00 / 12 meses = R$ 60,00/mês
Em 2015, temos: 5 meses (ago., set., out., nov. e dez.)
R$ 60,00/mês × 5 meses = R$ 300,00

2)
Prêmio = R$ 360.000,00 × 15% = R$ 54.000,00
R$ 54.000,00 / 12 meses = R$ 4.500,00/mês
R$ 4.500,00 × 2 meses = R$ 9.000,00 (utilizado)
No saldo do balanço = 10 meses × R$ 4.500,00 = R$ 45.000,00

Exercício para avaliação

1) B
R$ 18.000,00 / 12 meses = R$ 1.500,00/mês
Dezembro = R$ 1.500,00

Capítulo 2

Questões de múltipla escolha

1) D

2) D

3) D

4) C

5) B

6) D

7) C

8) B

9) B

10) E

11) A

12) B

13) B

14) B

15) C

16) A

17) D

18) B

19) C

20) A

O custo de transformação deve somar a mão de obra direta com os custos indiretos de produção, que, segundo os dados apresentados, serão:

CONTAS	CUSTOS
Aluguel do setor de produção	R$ 56.000,00
Depreciação da área de produção	R$ 38.000,00
Mão de obra direta de produção	R$ 100.000,00
Material requisitado: indiretos	R$ 70.000,00
Seguro da área de produção	R$ 38.000,00
TOTAL	**R$ 302.000,00**

Exercícios propostos

1) D

Custo de transformação = MOD + CIF

CT = R$ 190.000,00 + R$ 65.000,00 + R$ 35.000,00 + R$ 6.000,00 + R$ 18.500,00

CT = R$ 314.500,00

2) C

Investimentos:	
Aquisição de matéria-prima no período	R$ 25.000,00
Imobilizado adquirido a prazo	R$ 60.000,00
Total	R$ 85.000,00

Despesas:	
Comissão devida aos vendedores pela venda de produtos no mês	R$ 5.000,00
Tributos sobre o lucro	R$ 2.000,00
Total	R$ 7.000,00

3) A

4) B

5) E

Exercícios de avaliação

1) A

2) D

3) D

Capítulo 3

Questões de múltipla escolha

1) C

2) A

Tributos recuperáveis

PIS	R$ 25.000,00 × 1,65%	$ 412,50
Cofins	R$ 25.000,00 × 7,6%	$ 1.900,00

ICMS	R$ 25.000,00 × 17%	$ 4.250,00
TOTAL		**$ 6.562,50**

Valor do estoque

Estoque = compra – tributos recuperáveis

Estoque = R$ 25.000,00 – R$ 6.562,50

Estoque = R$ 18.437,50

3) D

4) D

5) A

6) C

7) D

8) B

Custo médio

Data	ENTRADAS			SAÍDAS			ESTOQUE		
	Qtde.	Unitário	Total	Qtde.	Unitário	Total	Qtde.	Média	Total
3/09	200	10	2.000				200	10	2.000
6/09				150	10	1.500	50	10	500
15/09	200	15	3.000				250	14	3.500
25/09	100	14	1.400				350	14	4.900
30/09				200	14	2.800	150	14	2.100
			6.400			4.300			

9) D

Custos diretos

Itens	R$
Matéria-prima A	125.000.00
Matéria-prima B	22.500,00
Mão de obra (40% × 175.000,00)	70.000,00
Energia elétrica (50% × 42.000,00)	21.000,00
Custo direto	**238.500,00**

10) A

Valor da aquisição	R$	100.000,00
(–) ICMS – 20%	R$	20.000,00
Valor do líquido da aquisição	R$	80.000,00
(+) IPI – 10%	R$	8.000,00
Valor do equipamento	R$	88.000,00
(+) Frete	R$	800,00
(+) Serviços	R$	500,00
Valor do equipamento	R$	89.300,00

11) C

CMV = EI + (compras – deduções) – EF

CMV = R$ 0,00 + (R$ 21.000,00 – R$ 3.400,00 + R$ 2.000,00 + R$ 1.000,00 – R$ 340,00)

CMV = R$ 18.260,00 – 50%

CMV = R$ 9.130,00

12) B

MP = EI + C – EF

MP = R$ 82.500,00 + R$ 1.950.000,00 – R$ 340.000,00

MP = R$ 1.692.500,00

13) C

Estoque final = Estoque inicial – vendas

Estoque final = 8.000 unidades – 6.000 unidades = 2.000 unidades

Estoque final = 6.000 unidades × 20% (devolução) = 1.200 unidades

Estoque final = 2.000 unidades + 1.200 unidades = 3.200 unidades

Valor do estoque final = 3.200 unidades × R$ 180,00 = R$ 576.000,00

14) A

Custo direto

MOD	R$	140.800,00
Matéria-prima consumida	R$	345.000,00
Material de embalagem	R$	25.600,00
Total	R$	511.400,00

15) A

Valor das compras	R$	35.000,00
(–) ICMS	(R$	6.300,00)
(–) PIS	(R$	577,50)
(–) Cofins	(R$	2.660,00)
Compras líquidas	R$	25.462,50

16) D

EI = R$ 66.000,00 / 300 unidades = R$ 220,00/unidade

EF = 300 unidades – 200 unidades + 50 unidades = 150 unidades

CMV = 150 unidades × R$ 220,00 / unidade = R$ 33.000,00

DRE

Receita bruta de vendas – 200 unidades	R$	70.000,00
(–) ICMS – 12%	(R$	8.400,00)
(–) PIS – 1,65%	(R$	1.155,00)
(–) Cofins – 7,6%	(R$	5.320,00)
(–) Devolução de vendas	(R$	17.500,00)
(–) ICMS – 12%	(R$	2.100,00)
(–) PIS – 1,65%	(R$	288,75)
(–) Cofins – 7,6%	(R$	1.330,00)
Vendas líquidas	R$	41.343,75
(–) CMV 150 unid. × R$ 220,00	(R$	33.000,00)
Lucro bruto	R$	8.343,75

17) A

CMV = estoque + compras líquidas – estoque final

CMV = R$ 1.040,00 + R$ 8.000,00 – R$ 6.800,00

Estoque final = R$ 8.500,00 × 80% = R$ 6.800,00

CMV = R$ 2.240,00

Inicial	1.300 unidades × R$ 0,80 =	R$	1.040,00
Compra	10.000 unidades × R$ 0,80 =	R$	9.040,00
Venda	8.500 unidades × R$ 0,80 =	R$	6.800,00
		R$	2.240,00

18) D

Compra	200 unidades	R$ 100,00	R$	20.000,00
(–) ICMS	18%		(R$	3.600,00)
(+) IPI	10%		R$	2.000,00
Custo das mercadorias			R$	18.400,00

Custo unitário = R$ 18.400,00 / 200 unidades = R$ 92,00/unidade

Venda	120 unidades	R$ 200,00	R$	24.000,00
(–) ICMS	12%		(R$	2.880,00)
(–) Cofins	3%		(R$	720,00)
(–) PIS	0,65%		(R$	156,00)
Receita líquida de vendas			R$	20.244,00

DRE

Receita líquida de vendas		R$	20.244,00
(–) CMV	120 unidades × R$ 92,00	R$	11.040,00
Lucro bruto		R$	9.204,00

19) C

Data	Descrição	Quantidade	Valor unitário (R$)	Total (R$)
1º/dez.	Saldo inicial	30.000 unidades	1,40	42.000,00
2/dez.	Compras	20.000 unidades	1,50	30.000,00
		50.000 unidades	1,44 (média)	72.000,00

Custo unitário = R$ 72.000,00 / 50.000 unidades = R$ 1,44/unidade

CMV = EI + CL – EF

CMV = 30.000,00 + 20.000,00 – 11.000,00

CMV = 39.000 unidades

CMV = 39.000 unidades × R$ 1,44

CMV = R$ 56.160,00

20) C

De acordo com o PEPS, se no dia 25 de março foram demandadas 18.000 unidades, temos que:

- primeiramente, sairão as 15.000 unidades compradas no dia 5 de março, no valor de R$ 30.000,00;
- sairão 3.000 unidades, no valor correspondente de R$ 6.450,00, compradas no dia 10 de março, que faltam para atingir a demanda de 18.000 unidades.

Com isso em estoque, ficam 17.000 unidades compradas no dia 10 de março, ao valor de:

R$ 43.000,00 – R$ 6.450,00 = R$ 36.550,00.

Exercícios propostos

1) A

Tributos recuperáveis

PIS	R$ 25.000,00 × 1,65%	R$	412,50
Cofins	R$ 25.000,00 × 7,6%	R$	1.900,00
ICMS	R$ 25.000,00 × 17%	R$	4.250,00
TOTAL		R$	6.562,50

Valor do estoque

Estoque = compra – tributos recuperáveis

Estoque = R$ 25.000,00 – R$ 6.562,50

Estoque = R$ 18.437,50

2) C

Segundo a NBC TG 9 e o CPC 9, os valores dos custos dos produtos e mercadorias vendidas, materiais, serviços consumidos etc. devem considerar os tributos incluídos no momento da compra (por exemplo: IPI, ICMS, PIS e Cofins), recuperáveis ou não.

Esse procedimento é diferente das práticas utilizadas na demonstração de resultado.

Então, de acordo com a norma, tanto as receitas quantos os produtos têm que ir brutos para a DVA, ou seja, com os impostos inclusos. A questão diz que foram compradas 400 unidades pelo valor de R$ 80.000,00 e vendidas 200 unidades por R$ 70.000,00, então vai para a DVA a metade do preço pago nas compras, pois foram vendidos 50% do estoque, R$ 40.000,00.

Receita	R$ 70.000,00
(–) Insumos adquiridos	R$ 40.000,00 (metade da aquisição)
Valor adicionado	R$ 30.000,00

3) C

Força e luz R$ 12.500,00 / 500 m² = R$ 25,00/m²

Área total siderúrgica 160 m² × R$ 25,00/m² = R$ 4.000,00

ou

160 m² / 500 = 0,32

0,32 × R$ 12.500,00 = R$ 4.000,00

4) A

Itens	Produto X	Produto Z	Valor Total
Unidades produzidas	1.000	500	1.500
Percentuais	66,67%	33,33%	100%
CIF	R$ 10.000,50	R$ 4.999,50	R$ 15.000,00

Produto X = Material direto + MOD + CIF

Produto X = R$ 6.000,00 + R$ 8.000,00 + R$ 10.000,50

Produto X = R$ 24.000,50

Produto Z = MD + MOD + CIF

Produto Z = R$ 6.000,00 + R$ 10.000,00 + R$ 4.999,50

Produto Z = R$ 20.999,50

Custo unitário dos produtos

Produto X = R$ 24.000,50 / 1.000 unidades = R$ 24,00

Produto Z = R$ 20.999,50 / 500 unidades = R$ 42,00

ou

Valor unitário = R$ 15.000,00 / 1.500 unidades

Valor unitário = R$ 10,00/unidade

Produto X = MD + MOD

Produto X = R$ 14.000,00 / 1.000 unidades

Produto X = R$ 14,00/unidade

Produto X = R$ 14,00 + R$ 10,00

Produto X = R$ 24,00

Produto Z = MD + MOD

Produto Z = R$ 16.000,00 / 500 unidades

Produto Z = R$ 32,00/unidade

Produto Z = R$ 32,00 + R$ 10,00

Produto Z = R$ 42,00

5) D

Estoque final = EI + (compras + frete + seguro – devolução – custo)

Estoque final = R$ 35.000,00 + (R$ 135.000,00 + R$ 400,00 + R$ 300,00 – R$ 3.000,00 – R$ 140.000,00)

Estoque final = R$ 27.700,00

Exercícios para avaliação

1) B

Os valores desses impostos deverão ser abatidos do custo da mercadoria adquirida.

Custo de aquisição = R$ 3.000,00 – R$ 150,00 – R$ 342,00 = R$ 2.508,00

O vendedor arcou com o frete, no valor de R$ 306,00, até o aeroporto. Esse valor não integrará o custo de aquisição, pois não onerou o adquirente. Já o frete do aeroporto até a fábrica foi pago pelo comprador e, portanto, integrará o custo de aquisição da matéria-prima.

O valor a ser registrado em estoques será:

Custo de aquisição = R$ 3.000,00 – (R$ 150,00 + R$ 342,00) = R$ 2.508,00

Custo de aquisição = R$ 2.508,00 + R$ 204,00 = R$ 2.712,00

2) C

Valor de venda = 300 unidades × R$ 15,00 por unidade = R$ 4.500,00

ICMS sobre vendas = R$ 4.500,00 × 18% = R$ 810,00

DRE

Receita bruta de vendas	R$	4.500,00
(−) Deduções		
Impostos sobre vendas	R$	(810,00)
(=) Receita líquida de vendas	R$	3.690,00
(−) Custo das mercadorias vendidas	R$	2.404,00
(=) Lucro bruto	R$	1.286,00

3) B

Custo das mercadorias em 10 de dezembro

R$ 1.440,00 − R$ 240,00 + R$ 150,00 = R$ 1.350,00

R$ 1.350,00 ÷ 100 unidades = R$ 13,50/unidade

Em 19 de dezembro

R$ 4.340,00 − R$ 720,00 + R$ 200,00 = R$ 3.820,00

R$ 3.820,00 ÷ 400 unidades = R$ 9,55/unidade

Data	ENTRADAS			SAÍDAS			SALDO		
	Qtde.	Vl. Unit. (R$)	Vl. Total (R$)	Qtde.	Vl. Unit. (R$)	Vl. Total (R$)	Qtde.	Vl. Unit. (R$)	Vl. Total (R$)
Nov.							200	9,50	1.900,00
Dez.	100	13,50	1.350,00				300	10,83	3.250,00
Dez.	400	9,55	3.820,00				700	10,10	7.070,00
				400	10,10	4.040,00	300	10,10	3.030,00

4) B

5) Questão discursiva.

a) Conceituar e exemplificar os itens a seguir listados:

Custos primários – Incluem matéria-prima e MOD, e são assim chamados em virtude de sua importância especial na composição dos custos. Hoje em dia, a ênfase está nos custos de transformação, e não mais tanto nos custos primários.

Custos de conversão – Todos os custos incorridos no processo produtivo para transformar as matérias-primas em produtos acabados. Os mais comuns são MOD e CIF.

Custos comuns – Comumente encontrados na fabricação de produtos farmacêuticos, em que, durante o processo produtivo, até determinada fase os custos incorridos são os mesmos e, a partir de um ponto chamado **ponto de segregação**, tornam-se vários produtos acabados diferentes.

Custos periódicos – Ocorrem em momentos específicos no tempo, tais como os custos de manutenção.

Custos variáveis e fixos – Custos variáveis são aqueles que variam diretamente com a quantidade produzida (e não vendida). Custos fixos são custos que não se alteram por determinado período e de acordo com a quantidade de produção.

Custos diretos – São atribuídos e identificados de forma direta no produto.

Custos indiretos – Ocorrem na produção, mas sua atribuição ao produto é feita mediante rateio.

b) Especificar a aplicabilidade, os pontos positivos e negativos e a forma de cálculo do preço de transferência:

Forma de cálculo do preço de transferência

Pontos positivos

- O gestor consegue identificar a agregação de custos ao longo do processo produtivo.
- Os departamentos podem ser responsabilizados pela gestão de seus custos.
- Identifica-se mais claramente o que são centros produtivos e o que são centros de serviços.
- Quando existe mercado para os produtos ao longo do processo, é importante para estabelecer o preço de transferência "alvo".

Pontos negativos

- Quando não existe mercado para comparação, leva a transferência de ineficiências de um setor para o outro e, por fim, ao total do custo do produto.
- No caso apresentado, transferir produtos tomando como base o custo dos departamentos e adicionando-se 10% de margem com certeza levam a não gerar competitividade no processo produtivo, pois, qualquer que seja seu custo, sua margem de 10% estará garantida. Assim, não é aconselhável utilizar essa metodologia.

Capítulo 4

Questões de múltipla escolha

1) A
2) A
3) A
4) E
5) C

> CP = MD + MOD + CIF
>
> CP = matéria-prima consumida + mão de obra direta + energia elétrica da fábrica + depreciação de máquinas da fábrica
>
> CP = R$ 100.000,00 + R$ 60.000,00 + (R$ 20.000,00 + R$ 10.000,00)
>
> **CP = R$ 190.000,00**

6) A

> MD = 18.000 unidades × R$ 2,00 = R$ 36.000,00
>
> MOD = R$ 40.000,00 × 50%
>
> MOD = R$ 20.000,00
>
> CP = MD + MOD + CIF
>
> CP = R$ 36.000,00 + R$ 20.000,00 + R$ 16.000,00
>
> **CP = R$ 72.000,00**
>
> CP para 18.000 unidades = R$ 72.000,00
>
> CP unitária = R$ 72.000,00 / 18.000 unidades = R$ 4,00/unidade
>
> CPV= 15.000 unidades × R$ 4,00 = R$ 60.000,00

7) A

> **Receita 1** = 40.000 unidades × R$ 10,00 = R$ 400.000,00
>
> CVT = R$ 6,00 × 40.000 unidades = R$ 240.000,00
>
> CFT = R$ 60.000,00
>
> CPV = CVT + CFT
>
> CPV = R$ 240.000,00 + R$ 60.000,00
>
> CPV = R$ 300.000,00
>
> Resultado = Receita 1 – CPV

Resultado = R$ 400.000,00 – R$ 300.000,00

Resultado = R$ 100.000,00

Receita 2 = 80.000 unidades × (R$ 10,00 – 20%)

Receita 2 = 80.000 unidades × R$ 8,00

Receita 2 = R$ 640.000,00

CVT = R$ 6,00 × 80.000 unidades

CVT = R$ 480.000,00

CFT = R$ 60.000,00

CPV = CVT + CFT

CPV = R$ 480.000,00 + R$ 60.000,00

CPV = R$ 540.000,00

Resultado = Receita 2 – CPV

Resultado = R$ 640.00,00 – R$ 540.000,00

Resultado = R$ 100.000,00

8) A

Custos diretos	R$
Matéria-prima	2.500,00
MOD	1.200,00
TOTAL	3.700,00

Custo indireto

Aluguel da fábrica   R$ 800,00

9) B

MD = EI + C – EF

MD = 0 + 35.000 – 5.000

MD = 30.000

CP = MD + MOD + CIF

CP = 30.000 + 65.000 + 45.000

CP = 140.000

CPV = CP + EIPA – EFPA + EIPP – EFPP

150.000 = 140.000 + 10.000 – EFPA + 15.000 – 0

EFPA = 165.000 – 150.000

EFPA = 15.000,00

10) C

EIPP = R$ 192.000,00

EFPP = R$ 77.200,00

CPA = EIPA + CP – EFPP

CPA = R$ 192.000,00 = R$ 168.000,00 – R$ 77.200,00

CPA = R$ 282.800,00

11) A

Custo da Produção no Período (CPP)

Consumo de matéria-prima R$ 25.000,00

(+) MOD R$ 20.000,00

(+) Gastos gerais de fabricação R$ 15.000,00

(=) **CP no período R$ 60.000,00**

Custo da Produção Acabada (CPA)

Estoque inicial de produtos em elaboração R$ 7.500,00

(+) CP no período R$ 60.000,00

(–) Estoque final de produtos em elaboração (R$ 10.000,00)

(=) **CPA R$ 57.500,00**

Custo dos Produtos Vendidos (CPV)

Estoque inicial de produtos acabados R$ 0,00

(+) CPA R$ 57.500,00

(=) Estoque de produtos acabados à disposição R$ 57.500,00

(–) CPV (R$ 40.000,00)

(=) **Estoque final de produtos acabados R$ 17.500,00**

12) D

CMV = EI + CL – EF

CMV = R$ 3.000,00 + (R$ 9.000,00 – R$ 900,00 – R$ 2.100,00 – R$ 300,00) – R$ 1.200,00

CMV = R$ 7.500,00

13) B

Estoque de matéria-prima:

Estoque inicial = R$ 12.000,00

+ compra de matéria-prima = R$ 65.000,00

(–) Saída = ???

(=) Estoque final = R$ 7.000,00

Portanto: R$ 12.000,00 + R$ 65.000,00 – saídas = R$ 7.000,00

Resolvendo, temos: saídas = R$ 70.000,00

A saída de estoque de matéria-prima é uma entrada no estoque de produtos em processo.

Estoque de produtos em processo:

Estoque inicial =	R$ 23.000,00
+ Entradas	
Matéria-prima	R$ 70.000,00
Mão de obra direta	R$ 32.000,00
Energia elétrica (fábrica)	R$ 5.000,00
Salário da supervisão da fábrica	R$ 14.000,00
Depreciação das máquinas	R$ 15.000,00
TOTAL das entradas	**R$ 136.000,00**
(–) Saídas =	???
(=) Estoque final	R$ 11.000,00

Calculando:

R$ 23.000,00 + R$ 136.000,00 – saídas = R$ 11.000,00

Resolvendo, temos: saídas = R$ 148.000,00

14) A

CPA = EIPP + CP – EFPP

R$ 270.000,00 + R$ 30.000,00 = EIPP + R$ 270.000,00 – R$ 20.000,00

EIPP = R$ 300.000,00 – R$ 270.000,00

EIPP = R$ 30.000,00

CPV = EIPA + CPA – EFPA

R$ 150.000,00 = R$ 10.000,00 + R$ 140.000,00 – (R$ 17.000,00 – R$ 5.000,00)

R$ 150.000,00 = R$ 150.000,00 – R$ 122.000,00

EFPA = R$ 12.000,00

CPV = EIPA + CPA – EFPA

15) C

(+) MP = comprada – devolução + estoque inicial = R$ 500.000,00 – R$ 40.000,00 + R$ 60.000,00 = R$ 520.000,00

(+) CIF = R$ 30.000,00

(+) MOD = R$ 100.000,00

(=) CP do Período (CPP) = R$ 650.000,00

(+) Estoque inicial de produto em elaboração = 0

(–) Estoque final de produto em elaboração = X

(=) CPA = R$ 400.000,00

Então, temos que:

CPP + estoque inicial de produto em elaboração – estoque final de produto em elaboração = CPA

R$ 650.000,00 + 0 – X = R$ 400.000,00

X = R$ 250.000,00

16) A

Custo de produção

CP = MD + MOD + CIF

CP = R$ 50.000,00 + R$ 40.000,00 + R$ 30.000,00

CP = R$ 120.000,00

Custo da produção acabada

CPA = EIPE + CP – EFPE

CPA = R$ 15.000,00 + R$ 120.000,00 – R$ 20.000,00

CPA = R$ 115.000,00

Custo dos produtos vendidos

CPV = EIPA + CPA − EFPA

EFPA = CPA − (CPV + EIPA)

EFPA = R$ 115.000,00 − (R$ 80.000,00 + 0)

EFPA = R$ 35.000,00

17) A

Produção

Itens	Valor das MP consumidas (R$)	Rateio (%)
Produto A	1.800,00	60
Produto B	1.200,00	40
Total	3.000,00	100

Descrição dos CIF	CIF	Prod. A (60%)	Prod. B (40%)
CIF	R$ 10.000,00	R$ 6.000,00	R$ 4.000,00

Custo total de A = MP (Prod. A) + MOD (Prod. A) + CIF (Prod. A)

Custo total de A = R$ 1.800,00 + R$ 1.000,00 + R$ 6.000,00

Custo total de A = R$ 8.800,00

18) D

MP (consumida) = EIMP + compras − EFMP

MP (consumida) = R$ 13.500,00 + R$ 45.000,00 − R$ 31.500,00

MP = R$ 27.000,00

Custo de produção do período

CPP = MP (consumida) + MOD + CIF

CPP = R$ 27.000,00 + R$ 99.000,00 + R$ 22.500,00 + R$ 36.000,00

CPP = R$ 184.500,00

Custo da produção acabada

CPA = EIPE + CPP − EFPE

CPA = R$ 54.000,00 + R$ 184.500,00 − R$ 9.000,00

CPA = R$ 229.500,00

19) A

Custo da produção do período

CPP = MP + MOD + CIF

CPP = R$ 12.000,00 + R$ 8.000,00 + R$ 1.000,00

CPP = R$ 21.000,00

Custo da produção acabada

CPA = EIPE + CPP – EFPE

Estoque de produtos em elaboração

EFPE = EIPE + CPP – CPA

EFPE = 0 + R$ 21.000,00 – R$ 6.000,00

EFPE = R$ 15.000,00

20) D

Custo de Produção do Período

CPP = MP + MOD + CIF

CPP = R$ 1.980,00 + R$ 890,00 + R$ 670,00

CPP = R$ 3.540,00

Custo da produção acabada

CPA = EIPE + CPP – EFPE

CPA = R$ 320,00 + R$ 3.540,00 – R$ 560,00

CPA = R$ 3.300,00

Custo dos produtos vendidos

CPV = EIPA + CPA – EFPA

CPV = R$ 930,00 + R$ 3.300,00 – R$ 330,00

CPV = R$ 3.900,00

Exercícios propostos

1) C

MP (consumida) = EIMP + Compras – EFMP

MP (consumida) = R$ 6.500,00 + R$ 15.600,00 – R$ 9.100,00

MP = R$ 13.000,00

Custo de produção do período

CPP = MP (consumida) + MOD + CIF

CPP = R$ 13.000,00 + R$ 13.000,00 + R$ 10.400,00

CPP = R$ 36.400,00

2) A

Custo da produção do período

CPP = MP + MOD + CIF

CPP = R$ 12.000,00 + R$ 8.000,00 + R$ 1.000,00

CPP = R$ 21.000,00

Custo da produção acabada

CPA = EIPE + CPP – EFPE

Estoque de produtos em elaboração

EFPE = EIPE + CPP – CPA

EFPE = 0 + R$ 21.000,00 – R$ 6.000,00

EFPE = R$ 15.000,00

3) D

Custo direto	Custo indireto	Despesas
MOD = R$ 15.000,00	MOI = R$ 10.000,00	Comissão vendedores = R$ 10.000,00
	Energia = R$ 5.000,00	Honorários diretoria = R$ 10.000,00
	Outros custos indiretos = R$ 5.500,00	Salários Adm. = R$ 10.000,00
	Depreciação = R$ 10.000,00	

MD = EI + C – EF = R$ 40.000,00 – R$ 1.000,00 = R$ 39.000,00

CIF = MOI + energia + outros custos indiretos + depreciação equipamentos de fábrica

CIF = R$ 10.000,00 + R$ 5.000,00 + R$ 5.500,00 + R$ 10.000,00

CIF = R$ 30.500,00

CP = MOD + MD + CIF

CP = R$ 15.000,00 + R$ 39.000,00 + 30.500,00

CP = R$ 84.500,00

CPA = EIPP = CP – EFPP

CPA = R$ 5.000,00 + R$ 84.500,00 – R$ 15.000,00

CPA = R$ 74.500,00

CPV = EIPA + CPA – EFPA

CPV = R$ 10.000 + R$ 74.500,00 – R$ 5.000,00

CPV = R$ 79.500,00

DRE

Receitas de vendas	R$	200.000,00
(–) CPV	(R$	79.500,00)
(=) Lucro operacional bruto	R$	120.500,00
(–) Total de despesas	(R$	30.000,00)
(=) Lucro operacional líquido	R$	90.500,00

4) D

CT = R$ 15,00 × 2.000 unidades = R$ 30.000,00

CVT = R$ 25.000,00

Unidades produzidas = 2.000

CPT = (R$ 30.000,00 + R$ 25.000,00) / 2.000 unidades

CPT = R$ 55.000,00 / 2.000 unidades

CPT = R$ 27,50

5) B

Estoque de matéria-prima	R$ 18.000,00 – R$ 13.500,00	= R$ 4.500,00
Estoque de produtos em elaboração	R$ 9.000,00 – R$ 11.250,00	= R$ 2.250,00
Estoque de produtos acabados	R$ 6.750,00 – R$ 33.750,00	= R$ 27.000,00

CPV = MOD + CIF + Matéria-prima + produtos em elaboração + produtos acabados

CPV = R$ 22.500,00 + R$ 27.000,00 + R$ 4.500,00 + (– R$ 2.250,00) + (– R$ 27.000,00)

CPV = R$ 24.750,00

6) B

O custeio por ordem é utilizado por empresas que funcionam com produção sob encomenda.

Dados:

CIF = R$ 20.000,00

MOD/h = R$ 5,00

MD unitário = R$ 80.000,00 / 20.000 unidades = 4

CIF unitário = R$ 20.000,00 / 20.000 unidades = 1

Nesta questão, teremos que analisar cada alternativa:

A) Horas trabalhadas = 4.000 unidades / 5 = 800 h

Gasto com MOD = 800 × 5 = R$ 4.000,00

Gasto com MD = 4.000 × 4 = R$ 16.000,00

Gasto CIF = 4.000 × 1 = R$ 4.000,00

Custo total = R$ 24.000,00

B) Horas trabalhadas = 5.000 unidades / 5 = 1.000 h

Gasto com MOD = 1.000 × 5 = R$ 5.000,00

Gasto com MD = 5.000 × 4 = R$ 20.000,00

Gasto CIF = 5.000 × 1 = R$ 5.000,00

Custo total = R$ 5.000,00 + R$ 20.000,00 + R$ 5.000,00 = R$ 30.000,00

Exercícios para avaliação

1) D

500 unidades × 60% =	300 unidades
300 unidades × R$ 8,00 =	R$ 2.400,00
(−) ICMS – 17%	R$ 192,00
+ despesa de frete – R$ 240,00 × 60%	R$ 240,00
	R$ 2.136,00

2) B

MD = EI + C – EF

MD = 0 + 35.000 – 50.000

MD = 30.000

CP = MD + MOD + CIF

CP = 30.000 + 65.000 + 45.000

CP = 140.000

CPV = CP + EIPA – EFPA + EIPP – EFPP

150.000 = 140.000 + 10.000 – EFPA + 15.000 – 0

EFPA = 165.000 – 150.000

EFPA = R$ 15.000,00

3) C

EIPP = R$ 192.000,00

EFPP = R$ 77.200,00

CPA = EIPA + CP – EFPP

CPA = R$ 192.000,00 = R$ 168.000,00 – R$ 77.200,00

CPA = R$ 282.800

4) A

Custo da Produção no Período (CPP)

Consumo de matéria-prima	R$ 25.000,00
(+) Mão de obra direta	R$ 20.000,00
(+) Gastos gerais de fabricação	R$ 15.000,00
(=) Custo de Produção no Período	**R$ 60.000,00**

Custo da Produção Acabada (CPA)

Estoque inicial de produtos em elaboração	R$ 7.500,00
(+) Custo de produção no período	R$ 60.000,00
(–) Estoque final de produtos em elaboração	(R$ 10.000,00)
(=) Custo da Produção Acabada	**R$ 57.500,00**

Custo dos Produtos Vendidos (CPV)

Estoque inicial de produtos acabados	R$ 0,00
(+) Custo da produção acabada	R$ 57.500,00
(=) Estoque de produtos acabados à disposição	R$ 57.500,00
(–) Custo dos Produtos Vendidos	(R$ 40.000,00)
(=) Estoque final de produtos acabados	**R$ 17.500,00**

5) C

6) A

Capítulo 5

Questões de múltipla escolha

1) D

2) A

3) A

4) D

5) B

6) A

7) D

8) C

9)

OP = 25.000 unidades

Estoque de produtos acabados = 19.000 unidades

Estoque de produtos em elaboração = 6.000 unidades

Matéria-prima = R$ 140.000,00

MOD = R$ 95.914,00 × 80% = R$ 76.731,20

CIF = R$ 53.128,00 × 65% = R$ 34.533,20

(A)

Custo unitário de produtos acabados

MP = R$ 140.000,00 / 25.000 unidades	= R$ 5,60 unidade
MOD = R$ 76.731,20 / 19.000 unidades acabadas	= R$ 4,04 unidade
CIF = R$ 34.533,20 / 19.000 unidades acabadas	= R$ 1,82 unidade
	= **R$ 11,46 unidade**

Custo total de produtos acabados

19.000 unidades acabadas × R$ 11,46 = **R$ 217.740,00**

(B)

Custo unitário de produtos em processo

MOD = R$ 95.914,00 × 80% = R$ 76.731,20

MOD = R$ 95.914,00 – R$ 76.731,20 = R$ 19.182,80

CIF = R$ 53.128,00 × 65% = R$ 34.533,20

CIF = R$ 53.128,00 – R$ 34.533,20 = R$ 18.599,80

MP = R$ 140.000,00 / 25.000 unidades	=	R$ 5,60 unidade
MOD = R$ 19.182,80 / 6.000 unidades em processo	=	R$ 3,20 unidade
CIF = R$ 18.599,80 / 6.000 unidades em processo	=	R$ 3,10 unidade
Total	=	**R$ 11,90 unidade**

Custo total de produtos em processo

6.000 unidades em processo × R$ 11,90 = **R$ 71.400,00**

10) E

Matéria-prima: EI + entradas – saídas = EF

EI = 1000 + 0 – saídas = 800

Saídas = 200 (20 unidades com custo unitário de R$ 10)

Produtos em elaboração:

Estoque inicial	R$ 0
+ Matéria-prima	R$ 200
+ MOD	R$ 550
+ CIF	R$ 750
= Custo de produção	R$ 1.500

Das unidades iniciadas no período, metade foi concluída. A outra metade está 50% acabada.

Unidades iniciadas: 20

Concluídas: 10

Em elaboração: 10 com grau de acabamento de 50% = 5

Equivalente de produção: 10 + 5 = 15 unidades

Custo de produção unitário: R$ 1.500 / 15 = R$ 100

Custo de produção acabada: 10 unidades × R$ 100 = R$ 1.000

Custo das unidades vendidas: 8 × R$ 100 = 800

Resposta: R$ 1.500; R$ 1000 e R$ 800

11)

Departamento A

Itens	Dep. A	R$
Unidades iniciadas	5.400	
MD aplicado	R$ 50.000,00	
MOD aplicada	R$ 10.890,00	9.801,00
Custos indiretos aplicados	R$ 15.520,00	10.864,00
Estágio aplicação materiais	100%	
Estágio aplicação MOD	90%	
Estágio aplicação CIF	70%	
Unidades em processo	5.400 – 3.200	2.200
	MOD	1.089,00
	CIF	4.656,00

Custo unitário dos produtos acabados

MP   = R$ 50.000,00 / 5.400 unidades   = R$ 9,26 unidade
MOD = R$ 9.801,00 / 3.200 unidades acabadas   = R$ 3,06 unidade
CIF = R$ 10.864,00 / 3.200 unidades acabadas   = R$ 3,40 unidade
                                                            = R$ 15,72 unidade

Custo total dos produtos acabados

3.200 unidades acabadas × R$ 15,72 unidade = R$ 50.294,69

Custo dos produtos em processo – unitário

5.400 unidades – 3.200 unidades acabadas = 2.200 unidades em processo

MP   = R$ 50.000,00 / 5.400 unidades   = R$ 9,26 unidade
MOD = R$ 1.089,00 / 2.200 unidades em processo   = R$ 0,50 unidade
CIF = R$ 4.656,00 / 2.200 unidades em processo   = R$ 2,12 unidade
                                                            = R$ 11,88 unidade

Custo dos produtos em processo – total

2.200 unidades em processo × R$ 11,88 unidade = R$ 26.128,00

Departamento B

Itens	Dep.B	R$
Unidades iniciadas	4.500	
MD aplicado	R$ 30.015,00	
MOD aplicada	R$ 12.208,00	9.766,40
Custos indiretos aplicados	R$ 12.238,00	7.342,80
Estágio aplicação materiais	100%	
Estágio aplicação MOD	80%	
Estágio aplicação CIF	60%	
Unidades em processo	4.500 – 3.200	1.300
	MOD	2.441,60
	CIF	4.895,20

Custo unitário dos produtos acabados

MP	= R$ 30.015,00 / 4.500 unidades	= R$ 6,67 unidade
MOD	= R$ 9.766,40 / 3.200 unidades acabadas	= R$ 3,05 unidade
CIF	= R$ 7.342,80 / 3.200 unidades acabadas	= R$ 2,29 unidade
		= R$ 12,01 unidade

Custo total dos produtos acabados

Custo = custo do departamento + custo de departamentos anteriores

Custo = R$ 12,01 + R$ 15,72 = R$ 27,73

Custo total dos produtos acabados = R$ 27,73 × 3.200 unidades = R$ 88.736,00

Custo dos produtos em processo – unitário

4.500 unidades – 3.200 unidades acabadas = 2.200 unidades em processo

MP	= R$ 30.015,00 / 4.500 unidades	= R$ 6,67 unidade
MOD	= R$ 2.441,60 / 1.300 unidades em processo	= R$ 1,88 unidade
CIF	= R$ 4.895,20 / 1.300 unidades em processo	= R$ 3,77 unidade
		= R$ 12,32 unidade

Custo dos produtos em processo – total

Custo = custo do departamento + custo de departamentos anteriores

Custo = R$ 12,32 + R$ 11,88 = R$ 24,20

Custo total dos produtos acabados = R$ 24,20 × 1.300 unidades = R$ 31.460,00

Departamento C

Itens	Dep. C	R$
Unidades iniciadas	3.800	
MD aplicado	R$ 16.340,00	
MOD aplicada	R$ 13.394,00	9.375,80
Custos indiretos aplicados	R$ 12.250,00	6.125,00
Estágio aplicação materiais	100%	
Estágio aplicação MOD	70%	
Estágio aplicação CIF	50%	
Unidades em processo	3.800 – 3.200	600
	MOD	4.018,20
	CIF	6.125,00

Custo unitário dos produtos acabados

MP	= R$ 16.340,00 / 3.800 unidades	= R$ 4,30 unidade
MOD	= R$ 9.375,80 / 3.200 unidades acabadas	= R$ 2,93 unidade
CIF	= R$ 6.125,00 / 3.200 unidades acabadas	= R$ 1,91 unidade
		= R$ 9,14 unidade

Custo total dos produtos acabados

Custo = Custo do departamento + custo de departamentos anteriores

Custo = R$ 27,73 + R$ 9,14 = R$ 36,87

Custo total dos produtos acabados = R$ 36,87 × 3.200 unidades = R$ 117.984,00

Custo dos produtos em processo – unitário

3.800 unidades – 3.200 unidades acabadas		= 600 unidades em processo
MP	= R$ 16.340,00 / 3.800 unidades	= R$ 4,30 unidade
MOD	= R$ 4.018,20 / 600 unidades em processo	= R$ 6,70 unidade
CIF	= R$ 6.125,00 / 600 unidades em processo	= R$ 10,21 unidade
		= R$ 21,21 unidade

Custo dos produtos em processo – total

Custo = custo do departamento + custo de departamentos anteriores

Custo = R$ 24,20 + R$ 21,21 = R$ 45,41

Custo total dos produtos acabados = R$ 45,41 × 600 unidades = R$ 27.245,00

12) B

Unidades acabadas no período = 180 unidades − (60 × 2 / 3)

Unidades acabadas no período = 180 − 40 unidades equivalentes

Unidades acabadas no período = 140 unidades

Unidades semiacabadas no final do período = 60 × 2 / 3 = 40

Unidades do período anterior = 40 u × 50% = 20

Total de unidades do período = 140 + 40 + 20 = 200 unidades

CP = R$ 8.000,00 / 200 unidades

CP = R$ 40,00/unidade

Custo das unidades iniciadas e terminadas no período = 140 × R$ 40,00 = R$ 5.600,00

Unidades semiacabadas do período anterior	= 20 × R$ 20,00	= R$	400,00
Unidades do mês acabadas	= 20 × R$ 40,00	= R$	800,00
Custo da produção acabada			**= R$ 6.800,00**

13) C

Usar o critério de equivalência de produção:

75 (total de produtos em processo) × 36% percentual de acabamento = 27 produtos acabados

Cálculo do custo unitário:

Total do custo ÷ total da produção 100% acabado (incluindo o cálculo de equivalência)

Observação: nesse caso, o custo de matéria-prima deverá ser calculado à parte, porque já é 100% requisitada para a produção, então está calculada para os 75 produtos em andamento, não podendo ser apropriada pelo cálculo de equivalência que fizemos antes.

Custo unitário = R$ 86.700,00 ÷ 727 produtos acabados [700 + 27 (equivalentes)]

Custo unitário = R$ 119,26

Esse é o valor unitário de um produto acabado, ainda sem o custo de matéria-prima.

Custo unitário da matéria-prima:

MP = R$ 124.000 ÷ 775 = R$ 160,00

Como alguns produtos estão semiacabados, vamos multiplicar o valor do produto acabado pelo percentual de acabamento dos produtos em processo (semiacabados), a saber:

R$ 119,26 × 36% = R$ 42,93

Esse é o custo unitário dos produtos em processo, sem o custo da matéria-prima.

Adicionando o custo da matéria-prima:

Produtos em processo

R$ 42,93 + R$ 160,00 = **R$ 202,93**. Esse é o custo unitário dos produtos em processo, considerando todos os custos.

Produtos acabados

R$ 119,26 + R$ 160,00 = **R$ 279,26**

Esse é o custo unitário dos produtos acabados, considerando todos os custos.

Agora que temos o custo unitário dos produtos acabados e dos produtos em processo:

700 produtos acabados × R$ 279,26 (custo unitário) = R$ 195.482,00

75 produtos em processo × R$ 202,93 (custo unitário) = R$ 15.219,75

14) B

CP = MD + MOD + CIF

CP = R$ 200,00 + R$ 550,00 + R$ 750,00

CP = R$ 1.500,00

CPA = EIPP + CP − EFPP

CPA = 0 + R$ 1500,00 − R$ 750,00 (50% dos custos)

CPA = R$ 750,00

CPV = EIPA + CPA − EFPA

CPV = 0 + R$ 750,00 − R$ 150,00

R$ 150,00 = 10 unidades / R$ 750,00 = R$ 75,00

R$ 75,00 × 2 unidades (estoque) = R$ 150,00

CPV = R$ 600,00

15) B

Matéria-prima: 1.000 toneladas

Valor unitário: R$ 2,00/kg

Valor da matéria-prima: R$ 2.000,00

Produto	Produção	Preço de venda	Total
Farinha W	300 toneladas	R$ 1,00	R$ 300.000,00
Farinha X	250 toneladas	R$ 1,92	R$ 480.000,00
Farinha Y	200 toneladas	R$ 1,20	R$ 240.000,00
Farinha Z	200 toneladas	R$ 0,90	R$ 180.000,00

Custos totais

R$ 2.000.000,00 – Matéria-prima

R$ 500.000,00 – Custos conjuntos

Farinha Z = R$ 180.000,00 / R$ 1.200.000,00 = 15%

Custos totais de produção da Farinha Z

R$ 2.500.000,00 × 15% = R$ 375.000,00

Exercícios propostos

1) D

R$ 90.000,00 + R$ 60.000,00 = R$ 150.000,00

Custo da Ordem de Produção: R$ 150.000,00 + 35% = R$ 202.500,00

2) A

```
MO    R$ 160.000,00   600 produtos acabados
MOD   R$  80.000,00   200 produtos em processo com 60% pronto
CIF   R$  58.800,00
```

MO	R$ 160.000,00	/	800 peças	=	200	×	600	=	R$ 120.000,00
MOD	R$ 80.000,00	/	800 peças	=	100	×	600	=	R$ 60.000,00
CIF	R$ 98.800,00	/	800 peças	=	73,50	×	600	=	R$ 44.100,00

3) B

O custeio por ordem é utilizado por empresas que funcionam com produção sob encomenda.

Dados:

CIF = R$ 20.000,00

MOD/h = R$ 5,00

MD unitário = R$ 80.000,00 / 20.000 unidades = 4

CIF unitário = R$ 20.000,00 / 20.000 unidades = 1

Nesta questão, teremos que analisar cada alternativa:

A) Horas trabalhadas = 4.000 / 5 = 800 h

Gasto com MOD = 800 × 5 = 4.000

Gasto com MD = 4.000 × 4 = 16.000

Gasto CIF = 4.000 × 1 = 4.000

Custo total = R$ 24.000,00

B) Horas trabalhadas = 5.000 unidades / 5 = 1.000 h

Gasto com MOD = 1.000 × 5 = 5.000

Gasto com MD = 5.000 × 4 = 20.000

Gasto CIF = 5.000 × 1 = 5.000

Custo total = 5.000 + 20.000 + 5.000 = R$ 30.000,00

4) A

3.000 kg	Café
2.500 kg	Produtos acabados
500 kg	Em processamento

MD = 7.500 / 3.000 = 2,50 unidades

CIF = 1.150 / 3.000 = 0,38 unidade (MOI, depreciação e aluguel)

MOD = 6.048 / 3.000 = 2.016

2.500 = 5.040   2,16 unidades

500 = 1,08   403,20   0,81 unidade

(6.048 − 5.040 − 403,20 − 604,80 / 2.500) = 0,24

Gastos gerais = 350 / 2.500 = 0,14
Materiais indiretos = 500 / 2.500 = 0,20

Produtos acabados = 2,50 + 0,38 + 2,016 + 0,14 + 0,20 + 0,24 = 5,48
Produtos em elaboração = 2,50 + 0,38 + 0,81 = 3,69

5) C

Custo da Ordem de Produção

R$ 280.000,00 + R$ 420.000,00 = R$ 700.000,00

R$ 700.000,00 × 16% = R$ 112.000,00

R$ 700.000,00 + R$ 112.000,00 = R$ 812.000,00

Exercícios para avaliação

1) E

Estoque de produtos em elaboração:

R$ 100.000,00 + R$ 70.000,00 + R$ 90.000,00 = R$ 260.000,00

2) D

PE = 500 × 50% = 250 peças

6.000 PC − 250 = 5.750

7.500 × 30% = 2.250

2.250 + 5.750 − 8.000 PC

MD	3.600.000,00 / 8.000 = 450
MOD	7.200.000,00 / 8.000 = 900
CIF	1.200.000,00 / 8.000 = 150
Total	1.500 PE

2.250 (saldo de 30%) × 1.500 = 3.375.000,00

3) B

Alfa	2.000	×	R$ 1.360,00	=	R$ 2.720.000,00
Beta	1.400	×	R$ 1.700,00	=	R$ 2.380.000,00
Gama	1.800	×	R$ 2.125,00	=	R$ 3.400.000,00
Total					R$ 8.500.000,00

Custos conjuntos

MOD	R$ 1.200.000,00
MD	R$ 2.800.000,00
Materiais Indiretos	R$ 600.000,00
Total	R$ 4.600.000,00

Custo do Produto Alfa = (R$ 2.720.000,00 / R$ 8.500.000,00) × R$ 4.600.000,00

Custo do Produto Alfa = R$ 1.472.000,00

Capítulo 6

Questões de múltipla escolha

1) A
2) A
3) A
4) C
5) C
6) C
7) A
8) D

Preço Venda unitário (R$)	Estatística de venda (%)	Receita (R$)	CDV (R$)	CDF (R$)	Lucro (R$)
20,00	80	8.000 × 20 = 160.000,00	80.000,00	50.000,00	30.000,00
19,00	88	8.800 × 19 = 167.200,00	88.000,00	50.000,00	29.200,00
18,00	96,80	9.680 × 18 = 174.240,00	96.800,00	50.000,00	27.440,00
17,00	100	10.000 × 17 = 170.000,00	100.000,00	50.000,00	20.000,00
15,00	120	12.000 × 15 = 180.000,00	120.000,00	50.000,00	10.000,00

9) A

Ponto de equilíbrio contábil

PEC = CDFT / MC

PEC = R$ 18.000,00 / R$ 10,00 – R$ 8,00

PEC = 9.000 unidades

DRE

Vendas	9.000 un. × R$ 10,00	R$ 90.000,00
(–) CDV	9.000 un. × R$ 8,00	R$ 72.000,00
MC		R$ 18.000,00
(–) CDFT		R$ 18.000,00
Lucro operacional		0

Ponto de equilíbrio econômico

PEE = CDFT + custo de oportunidade / MC

PEE = R$ 18.000,00 = R$ 5.000,00 / R$ 10,00 – R$ 8,00

PEE = 11.500 unidades

DRE

Vendas	11.500 un. × R$ 10,00	R$ 115.000,00
(–) CDV	11.500 un. × R$ 8,00	R$ 92.000,00
MC		R$ 23.000,00
(–) CDFT		R$ 18.000,00
(–) Custo de capital		R$ 5.000,00
Lucro operacional		0

Ponto de equilíbrio financeiro

PEF – CDFT – despesas não desembolsáveis / MC

PEF = R$ 18.000,00 = R$ 4.000,00 / R$ 10,00 – R$ 8,00

PEF = 7.000 unidades

DRE

Vendas	7.000 un. × R$ 10,00	R$ 70.000,00
(–) CDV	7.000 un. × R$ 8,00	R$ 56.000,00

MC	R$ 14.000,00
(–) CDFT	R$ 18.000,00
(+) Custo não desembolsável	R$ 4.000,00
Lucro operacional	0

10) C

Apuração pelo custeio por absorção

Custo variável unitário R$ 20,00

Custo fixo unitário R$ 18.000,00 / 600 un. = R$ 30,00

(=) Custo total unitário (absorção) **R$ 50,00** × 400 un. = **R$ 20.000,00**

Apuração pelo custeio variável

Custo variável unitário R$ 20,00

(=) Custo total unitário (variável) **R$ 20,00** × 400 un. = **R$ 8.000,00**

11) B

Margem de contribuição total

Vendas	R$ 375.000,00
(–) Custo variável	R$ 200.000,00
(–) Despesas variáveis	R$ 45.000,00
Margem de contribuição total	**R$ 130.000,00**

12) B

Produto A		Produto B	
60.000,00	55%	40.000,00	45%
50.000,00		50.000,00	
110.000,00	100%	90.000,00	100%

R$ 80.000 × 55% = R$ 44.000,00

CP = R$ 44.000,00 + R$ 110.000,00 = R$ 154.000,00

13) A

MD = EI + CL – EF

MD – R$ 13.500,00 + R$ 45.000,00 – R$ 31.500,00

MD = R$ 27.000,00

CP = MD + MOD + CIF

CP = R$ 27.000,00 + R$ 99.000,00 + R$ 58.500,00

CP = R\$ 184.500,00

CPA = EIPP + CP – EFPP
CPA = R\$ 54.000,00 + R\$ 184.500,00 – R\$ 9.000,00
CPA = R\$ 229.500,00

14) C

$$\text{Volume de vendas} = \frac{\text{custo fixo + lucro desejado}}{\text{preço de venda – custo variável}}$$

$$VV = \frac{R\$\ 1.500,00 + R\$\ 500,00}{R\$\ 10,00 - (R\$\ 4,00 + R\$\ 1,00)}$$

VV = R\$ 2.000,00 / R\$ 5,00 = 400 unidades

DRE
Empresa Solange Ltda.

Vendas – 400 unidades × R\$ 10,00	R\$ 4.000,00	100%
(–) Custos variáveis – 400 unidades × R\$ 4,00	R\$ 1.600,00	40%
(–) Despesas variáveis – 400 unidades × R\$ 1,00	R\$ 400,00	10%
= Margem de contribuição	R\$ 2.000,00	50%
(–) Custos fixos	R\$ 1.500,00	37,5%
= Lucro operacional	R\$ 500,00	12,5%

15) A
PEC = R\$ 360.000,00 / (R\$ 3.500,00 – R\$ 2.500,00)
PEC = 360 unidades

MS = 450 unidades – 360 unidades
MS = 90 unidades

MS em % = 90 unidades / 450 unidades
MS = 0,2 = 20%

16) B
Matéria-prima = EI + C – EF
MP = 0 + R\$ 37.600,00 – R\$ 15.600,00
MP = R\$ 22.000,00

17) B

Custos indiretos consumidos na fábrica	R$ 18.000,00
Depreciação do equipamento de produção	R$ 1.034,00
MOD	R$ 28.200,00
MOI	R$ 14.100,00
CP do período	R$ 95.034,00
(–) Estoque final de produtos acabados	R$ 37.976,00
Custo dos produtos vendidos	R$ 57.058,00

Matéria-prima consumida = compras – estoque final

Matéria-prima = R$ 56.400,00 – R$ 23.500,00

Matéria-prima = R$ 32.900,00

18) A

Custeio por absorção

Mão de obra	R$ 63.800,00
Matéria-prima	R$ 55.000,00
Custo variável	R$ 28.600,00
Custo fixo	R$ 33.000,00
Custo total	R$ 180.400,00

CP unitário

CPu = CP / quantidade

CPu = R$ 180.400,00 / 1.100 unidades

CPu = R$ 164,00/unidade

Estoque final

EF = R$ 164,00 × 110 unidades

EF = R$ 18.040,00

Custeio variável

Mão de obra	R$ 63.800,00
Matéria-prima	R$ 55.000,00
Custo variável	R$ 28.600,00
Custo de produção	R$ 147.400,00

CP unitário

CPu = CP / quantidade

CPu = R$ 147.400,00 / 1.100 unidades

CPu = R$ 134,00/unidade

Estoque final

EF = R$ 134,00 × 110 unidades

EF = R$ 14.740,00

19) C

CVu = CVT / quantidade produzida

CVu = R$ 27.000.000,00 / 36.000,00 unidades

CVu = R$ 750,00/unidade

MCu = PVu – CVu

MCu = R$ 1.200,00 – R$ 750,00

MCu = R$ 450,00

Ponto de equilíbrio

PE = CF / MCu

PE = R$ 1.800.000,00 / R$ 450,00

PE = 4.000 unidades

20) C

MCu = PVu – Cvu

MCu = R$ 32,50 – R$ 12,50

MCu = R$ 20,00/unidade

PEE = custos fixos + lucro desejado / MCu

PEE = R$ 650.000,00 + R$ 97.500,00 / R$ 20,00

PEE = R$ 37.375,00

Margem de segurança

MS = quantidade vendida × PVu

MS = 35.000 unidades × R$ 32,50

MS = R$ 1.137.500,00

MS = quantidade vendida × PVu

MS = 32.500 unidades × R$ 32,50

MS = R$ 1.056.250,00

MS = R$ 1.137.500,00 – R$ 1.056.250,00

MS = R$ 81.250,00

Exercícios propostos

1) C

   Capacidade – 81.000 × 15% = 68.850 horas-máquina

   MCu (A) – R$ 410,00 – (R$ 120,00 + R$ 100,00 + R$ 70,00) = R$ 410,00 – R$ 290,00 = R$ 120,00

   MCu (B) – R$ 400,00 – (R$ 130,00 + R$ 80,00 + R$ 60,00) = R$ 400,00 – R$ 270,00 = R$ 130,00

   MCu (C) – R$ 480,00 – (R$ 140,00 + R$ 90,00 + R$ 80,00) = R$ 480,00 – R$ 310,00 = R$ 170,00

   Valor limitante/critério de rateio

   (A) = R$ 120,00 / 1,5 = 80

   (B) = R$ 130,00 / 2,5 = 52

   (C) = R$ 170,00 / 3 = 56,67

   Logo, pode-se observar que o Produto B será sacrificado.

   (A) = 14.000 × 1,5 = 21.000

   (B) = 10.000 × 3 = 30.000

   68.850 – (21.000 + 30.000) = 17.850

2) A

   Preço de venda = R$ 6.000,00/unidade

   CV = 50% do preço de venda

   CV = 50% × R$ 6.000,00

   CV = R$ 3.000,00

   DV = 50% do custo variável

   DV = 50% × R$ 3.000,00

   DV = R$ 1.500,00

CF = 50% × DF   DF = R$ 3.000.000,00/mês

CF = 50% × R$ 3.000.000,00

CF = R$ 1.500.000,00

Pe = CDFT / Pu – CDVu

Pe = R$ 3.000.000,00 + R$ 1.500.000,00 / R$ 6.000,00 – (R$ 3.000,00 + R$ 1.500,00)

Pe = R$ 4.500.000,00 / R$ 1.500,00

Pe = 3.000 unidades/mês

3) B

Vendas	220.000 un. × R$ 1,90 =	R$ 418.000,00
(–) Custos variáveis		R$ 120.000,00
(–) Despesas variáveis		R$ 70.000,00
Margem de contribuição		**R$ 228.000,00**

4) A

$$PE = \frac{\text{custo fixo}}{\text{preço de venda – custo variável}} = \text{R\$ 150.000 / R\$ 8,00 – R\$ 5,00} = 50.000 \text{ unidades}$$

ou

CT = RT

CF + CV = RT

150.000 + P1 × Q = P2 × Q

150.000 + 5Q = 8 × Q

150.000 = 3Q

Q = 150.000 / 3

Q = 50.000 unidades

5) A

Custo fixo	R$ 20,00
Custo variável	R$ 10,00
Custo unitário	R$ 30,00

Estoque = quantidade produzida – quantidade vendida

Estoque = 40 unidades

Valor do estoque final = 40 unidades × R$ 30,00
Valor do estoque final = R$ 1.200,00

Resultado com mercadorias
Vendas = 60 unidades × R$ 35,00
Vendas = R$ 2.100,00

CMV = quantidade × custo unitário
CMV = 60 unidades × R$ 30,00
CMV = R$ 1.800,00

Resultado = vendas = CMV
Resultado = R$ 2.100,00 – R$ 1.800,00
Resultado = R$ 300,00

Exercícios para avaliação

1)

a) Ponto de equilíbrio contábil, econômico e financeiro

PEC = CDF / MCu	8.000.000,00 / (30 – 5) 8.000.00,00 / 20	400.000 unidades
PEE = CDF + LD / MCu	8.000.000,00 + (10% × R$ 24.000.000,00) / 20 8.000.000,00 + 2.400.000,00 / 20 10.400.000,00 / 20	520.000 unidades
PEF = CDF – DND / MCu	8.000.000,00 – 800.000,00 / 20 7.200.000,00 / 20	360.000 unidades

b) Lucro operacional para cada ponto de equilíbrio

PEF

Vendas 360.000 × 55	R$ 19.800.000,00
Custo despesas variáveis 360.000 × 35	R$ 12.600.000,00
Margem de contribuição	R$ 7.200.000,00
CDFT	R$ 8.000.000,00
Prejuízo	(R$ 800.000,00)

PEC

Vendas 400.000 × 55	R$ 22.000.000,00
Custos e despesas variáveis 400.000 × 35	R$ 14.000.000,00
Margem de contribuição	R$ 8.000.000,00
CDFT	R$ 8.000.000,00
Lucro/prejuízo	Zero

PEE

Vendas	520.000 × 55	R$ 28.600.000,00
Custos e despesas variáveis	520.000 × 35	R$ 18.200.000,00
Margem de contribuição		R$ 10.400.000,00
CDFT		R$ 8.000.000,00
Lucro		R$ 2.400.000,00

c) Explicação

No ponto de equilíbrio contábil, o resultado é nulo porque o que se deseja saber é exatamente o momento em que o lucro operacional é igual a zero.

O ponto de equilíbrio econômico contempla o retorno mínimo esperado pela empresa.

O ponto de equilíbrio financeiro apresenta um prejuízo contábil porque o valor da depreciação não representa saída de caixa da empresa.

2) C

Modelo leve

Produção = 50.000 unidades + (50.000 unidades × 40%)

Produção = 70.000 unidades

Vendas = 90% × 70.000 unidades = 63.000 unidades

CP unitário = matéria-prima + MOD + CIF

CP unitário = R$ 20,00 + R$ 2,00 + R$ 1,40

CP unitário = R$ 23,40

Estoque = quantidade produzida – quantidade vendida

Estoque = 70.000 unidades – 63.000 unidades

Estoque = 7.000 unidades

Valor do estoque = 7.000 unidades × R$ 23,40 = R$ 161.000,00

Modelo médio

Produção = 40.000 unidades + (40.000 unidades × 30%)

Produção = 52.000 unidades

Vendas = 85% × 52.000 unidades = 44.200 unidades

CP unitário = matéria-prima + MOD + custos indiretos

CP unitário = R$ 25,00 + R$ 3,00 + R$ 1,95

CP unitário = R$ 29,95

Estoque = quantidade produzida – quantidade vendida

Estoque = 52.000 unidades – 44.200 unidades

Estoque = 7.800 unidades

Valor do estoque = 7.800 unidades × R$ 29,50 = R$ 230.100,00

3) B

MCu = PVu – Cvu

MCu = PVu – (MD + MOD)

MCu = R$ 50,00 – (R$ 20,00 + R$ 10,00)

MCu = R$ 20,00

CFT = quantidade produzida × custo fixo unitário

CFT = 8.000 unidades × R$ 10,00

CFT = R$ 80.000,00

PE = CFT / MCu

PE = R$ 80.000,00 / R$ 20,00

PE = 4.000 unidades

DRE

Empresa Tangará da Serra Ltda.

Receita de vendas – 4.000 unidades × R$ 50,00	R$ 200.000,00
(–) Custo variável – 4.000 unidades × R$ 30,00	R$ 120.000,00
= Margem de contribuição	R$ 80.000,00
(–) Custo fixo	R$ 80.000,00
Lucro operacional	0

4) B

Capítulo 7

Questões de múltipla escolha

1) D
2) C
3) A
4) C
5) C

Justificativa: a produção dos produtos se deu em quantidades idênticas. Sendo o rateio baseado nessas quantidades, não há justificativa para o Produto A consumir maior quantidade de esforços de produção (custo indireto).

Não necessariamente o custeio ABC (por atividade) apresentará um custo maior daquele apurado, uma vez que o balizador/indicador para apuração desse custeio é o número de pedidos gerados para produção de cada produto (nesse caso, quantidade).

6) E
7) B
8) E
9) C
10) A
11) D
12) D
13) D
14) A
15) A
16) D
17) E
18) D
19) A
20) D

Exercícios propostos

1) B

Valor do custo por pessoa	Consumo por atividade	Custo por pessoa (R$)
Energia	(R$ 200,00 / 100 kw) × 0,5 kw	1,00
Depreciação	(R$ 880,00 / 880 pessoas) × 1 atendimento	1,00
Folha de pagamento	(R$ 1.800,00 / 10.000 minutos) × 5 minutos	0,90
Custos diversos	(R$ 1.760,00 / 880 pessoas) × 1 atendimento	2,00
Total		**4,90**

2) A

Direcionadores de custos:

Para a atividade de realizar engenharia = quantidade de pedidos de alterações de engenharia.

Para a atividade de energizar = quantidade de quilowatt-hora.

Total dos direcionadores de custos

Pedidos de alterações de engenharia do Prod. A	= 15
Pedidos de alterações de engenharia do Prod. B	= 25
Quantidade total de pedidos de alterações de engenharia	= 40

Quantidade de quilowatt-hora Prod. A	=	7.000 w
Quantidade de quilowatt-hora Prod. B	=	13.000 w
Quantidade total de quilowatt-hora	=	20.000 w

Custos indiretos

Realizar engenharia	= R$ 84.000,00
Energizar	= R$ 15.000,00
Total	**= R$ 99.000,00**

Cálculo do custo por unidade de cada atividade:

1. Atividade	2. Custos indiretos (R$)	3. Total (direcionadores de custo)	4. Custo por unidade da atividade (2/3) (R$)
Realizar engenharia	84.000,00	40	2.100,00
Energizar	15.000,00	20.000	0,75

Cálculo do custo por produto da atividade de realizar engenharia:

1. Produto	2. Pedidos de alterações de engenharia	3. Custo por unidade da atividade (R$)	4. Custo total (2 × 3) (R$)
A	15	2.100,00	31.500,00
B	25	2.100,00	52.500,00
Total	40		84.000,00

Cálculo do custo por produto da atividade de energizar:

1. Produto	2. Energizar (quilowatt-hora)	3. Custo por unidade da atividade	4. Custo total (2 × 3) R$
A	7.000	R$ 0,75	5.250,00
B	13.000	R$ 0,75	9.750,00
Total	20.000		15.000,00

Cálculo do custo total de cada produto:

1. Produto	2. Material (R$)	3. MOD (R$)	4. Custos indiretos (R$)	4. Custo total da produção (R$)
A	22.000,00	8.000,00	36.750,00	66.750,00
B	28.000,00	12.000,00	62.250,00	102.250,00

Exercício para avaliação

1) C

Capítulo 8

Questões de múltipla escolha

1)

O item **A** está **correto**.

Gasto – Sacrifício financeiro com que a entidade arca para obtenção de um produto ou serviço qualquer, sacrifício representado por entrega ou promessa de entrega de ativos (geralmente dinheiro).

O item **B** está **correto**.

Custeio por absorção é o método derivado da aplicação dos princípios fundamentais de contabilidade, nascidos da situação histórica mencionada. Consiste na apropriação de todos os custos de produção aos bens elaborados, e só os de produção; todos os gastos relativos ao esforço de fabricação são distribuídos para todos os produtos feitos.

Pode-se dizer que os produtos elaborados ou fabricados vão para o estoque, tal qual ocorre com as mercadorias adquiridas para revenda nas empresas comerciais. Ora, no preço de aquisição de mercadorias, já estão incluídos os gastos que a empresa produtora teve com matérias-primas, mão de obra e outros gastos gerais de fabricação.

Também se inclui no valor das mercadorias o custo do frete. Esse valor total vai para o estoque, tornando-se despesa no momento da venda das mercadorias (Custo das Mercadorias Vendidas – CMV).

Na fabricação de produtos, o funcionamento ou sistemática não é diferente, ou seja, todos os gastos realizados à obtenção de um produto são a ele atribuídos, vale dizer, são ativados (vão para estoque – ativo), tornando-se despesa somente por ocasião da venda do produto. Esse procedimento atende perfeitamente aos princípios contábeis. Daí o nome custeio por absorção: o produto absorve todos os gastos com ele realizados em sua produção.

Para que não paire dúvida alguma, convém conceituar despesa: despesa representa o dispêndio efetuado para obtenção de receitas. O dispêndio pode ser tanto em bens quanto em serviços e, ainda, pode ser de forma direta ou indireta.

O item **C** está **errado**.

Custos indiretos são os que não estão diretamente relacionados a determinado produto, quando é industrializado mais de um produto pela empresa.

Como exemplo de custo indireto, podemos citar o aluguel da fábrica, que deve ser rateado entre os produtos produzidos. Entre outros exemplos, há o salário do diretor de produção, a energia elétrica do prédio etc. O item está errado porque os custos indiretos são exatamente os que rateamos. Por oportuno, salienta-se que, se a empresa produzir um único produto, todos os custos serão a ele atribuídos, vale dizer, serão diretos. Mas preste atenção: somente os custos, pois as despesas administrativas serão sempre despesas.

O item **D** está **errado**.

Custos diretos são os que podem ser identificados com o departamento ou com o produto, isto é, são apropriáveis diretamente aos produtos. Representam esses custos os MDs, e a MOD, entre outros.

Custo primário é o constituído de matérias-primas e mão de obra. Assim, pelo que já se afirmou, nem todos os custos diretos são custos primários, visto que, no caso de produção de um único produto, todos os custos são diretamente relacionados a ele.

Frise-se que há autores que afirmam serem os custos diretos iguais aos custos primários, o que não pode ser aceito como verdade absoluta, conforme demonstramos.

O item **E** está **errado**.

O RKW implica a apropriação dos custos e todas as despesas (administrativas, financeiras e de vendas). Não atende às normas de contabilidade e não é utilizado em parte nenhuma do mundo.

2) D
3) E
4) B
5) E
6) A
7) C
8) D
9) D
10) A
11) A
12) A
13) B
14) B
15) C
16) C
17) E
18) D
19) C

Exercícios propostos

1) B
2) A
3) B

388| Gabarito das questões

4) C

5) A

Exercício para avaliação

1) B

Capítulo 9

Questões de múltipla escolha

1) B

2) D

3) D

4) A

5) B

6) B

7) A

Taxa de absorção real: R$ 210.000,00 / 10.000 horas/máquina = R$ 21,00

Custo-padrão: (12.000 horas/máquina × R$ 20,00)	R$ 240.000,00
Custo real: (10.000 horas/máquina × R$ 21,00)	R$ 210.000,00
Variação	R$ 30.000,00
Custo da capacidade ociosa: 2.000 horas/máquina × R$ 20,00	R$ 40.000,00

8) E

Custo-padrão para materiais diretos:

Quantidade-padrão			3 kg
Preço-padrão		R$	50,00
Custo unitário padrão	(3 kg × R$ 50,00)	R$	150,00

Custo real:

Quantidade consumida: 260 kg: 100 unidades		2,60 kg
Preço real	R$	60,00
Custo unitário real (2,60 kg × R$ 60,00)	R$	156,00

Custo-padrão: R$ 50,00 × 3,00 kg	R$	150,00
Custo real: R$ 60,00 × 2,60 kg	R$	156,00

Diferença de quantidade: 3,00 kg – 2,60 kg	0,40 kg positiva	
Diferença de preço: R$ 50,00 – R$ 60,00	R$ 10,00 negativa	

Variação de quantidade: diferença de quantidade × preço-padrão

Variação de quantidade: 0,40 kg × R$ 50,00	R$	20,00
Variação de quantidade: R$ 20,00 × 100 unidades	R$	2.000,00

9) B

Variação de preço: diferença de preço × quantidade-padrão

Variação de preço: R$ 10,00 × 3,00 kg	R$	30,00
Variação de preço: R$ 30,00 × 100 unidades	R$	3.000,00

10) D

Variação mista: diferença de preço × diferença de quantidade

Variação mista: 0,40 kg × R$ 10,00	R$	4,00
Variação mista: 100 unidades × R$ 4,00	R$	400,00

Custos para a produção total:

Padrão: 100 unidades × R$ 150,00	R$	15.000,00
Real: 100 unidades × R$ 156,00	R$	15.600,00

Variação negativa em relação ao lucro orçado   R$ 600,00

Em relação ao lucro orçado:

(+) Variação de quantidade	R$	2.000,00
(–) Variação de preço	(R$	3.000,00)
(+) Variação mista	R$	400,00
(=) Variação total negativa	R$	600,00

11) A

Custo-padrão para MOD:

Quantidade-padrão		4,00 h
(Preço) Taxa-padrão	R$	80,00
Custo unitário-padrão	R$	320,00

Custo real:

Horas trabalhadas: 440 h ÷ 100 unidades		4,40 h
Taxa real	R$	85,00
Custo unitário real	R$	374,00

Diferença de horas: 4,00 h – 4,40 h		0,40 hora negativa
Diferença de taxa: R$ 80,00 – R$ 85,00	R$	5,00 negativos
Variação de eficiência: diferença de quantidade × preço-padrão		
Variação de eficiência: 0,40 h × R$ 80,00	R$	32,00
Variação de eficiência: 100 unidades × R$ 32,00 =	R$	3.200,00

12) D

Variação de taxa: diferença de preço × quantidade-padrão		
Variação de taxa: R$ 5,00 × R$ 4,00 =	R$	20,00
Variação de taxa: R$ 20,00 × 100 unidades =	R$	2.000,00

13) B

Variação mista: 0,40 kg × R$ 5,00 =	R$	2,00
Variação mista: 100 unidades × R$ 2,00 =	R$	200,00

Custos para a produção total:		
Padrão: 100 unidades × R$ 320,00	R$	32.000,00
Real: 100 unidades × R$ 374,00	R$	37.400,00
Diferença total =	(R$	5.400,00)

Variação de eficiência	(R$	3.200,00)
Variação de taxa	(R$	2.000,00)
Variação mista	(R$	200,00)
Variação total	(R$	5.400,00)

14) C

Custo orçado:		
1.000 horas × R$ 1.200,00	R$	1.200.000,00
Custo real: 1.100 horas × R$ 1.050,00	R$	1.155.000,00
Variação positiva	**R$**	**45.000,00**

Variação de eficiência: 100 h × R$ 1.200,00	R$	120.000,00
Variação de taxa: R$ 150,00 × 1.000 h	R$	150.000,00
Variação mista: 100 h × R$ 150,00	R$	15.000,00
Variação de eficiência (+ custo orçado)	R$	120.000,00
Variação de taxa (− custo orçado)	(R$	150.000,00)
Variação mista (− custo orçado)	R$	15.000,00)
Variação total	R$	45.000,00

15) A

16) D

Exercícios propostos

1) D

Matéria-prima

1,10 kg × R$ 3,00 =	R$ 3,30
1,10 kg × R$ 2,90 =	R$ 3,19
	R$ 0,11

2) C

Matéria-prima

12 kg × R$ 15,00 =	R$ 180,00
12 kg × R$ 17,00 =	R$ 204,00
	R$ 24,00 desfavorável

3) B

Matéria-prima.

Unidades produzidas = 5.000 unidades

Custo-padrão

Consumo matéria-prima = 2 kg por unidade × 5.000 unidades = 10.000 kg

Custo real

Consumo real de MP (dado do enunciado) = 12.000 kg

Observem que o custo real foi superior em 2.000 kg (12.000 kg − 10.000 kg). E, como o preço de cada kg de MP custa R$ 4,00, temos que:

Custo real = 2.000 kg × R$ 4,00 = R$ 8.000,00

Ou seja, houve uma variação negativa de MP da ordem de R$ 8.000,00.

Mão de obra
Unidades produzidas = 5.000 unidades

Custo-padrão
Consumo de MOD = 3 horas por unidade × 5.000 unidades = 15.000 h

Custo real
Consumo real de MOD (dado do enunciado) = 15.500 h

Observem que o custo real foi superior em 500 h (15.500 h – 15.000 h). E, como o preço de cada hora de MOD custa R$ 2,00, temos que:

Custo real 500 h × R$ 2,00 = R$ 1.000,00

Ou seja, houve uma variação negativa de MOD da ordem de R$ 1.000,00.

4) C

Custo-padrão
Matéria-prima A = 2 kg por unidade produzida × R$ 1,50 por kg = R$ 3,00
Total da produção (dado na questão) = 2.000 unidades

Custo total MP A = 2.000 unidades × R$ 3,00 = R$ 6.000,00

Matéria-prima B = 3 m^2 por unidade produzida × R$ 4,00 por m^2 = R$ 12,00
Total da produção (dado na questão) = 2.000 unidades

Custo total MP B = 2.000 unidades × R$ 12,00 = R$ 24.000,00
Custo total de MP = R$ 6.000 + R$ 24.000 = R$ 30.000,00

Custo real
MP A = R$ 6.800,00 (custo da MP consumida) ÷ 2.000 unidades produzidas = R$ 3,40
MP B = R$ 26.000,00 (custo da MP consumida) ÷ 2.000 unidades produzidas = R$ 13,00
Custo total de MP = R$ 6.800,00 + R$ 26.000,00 = R$ 32.800,00

Consumo real

MP A = 4.000 kg ÷ 2.000 unidades produzidas = 2,00 kg por unidade produzida

MP B = 6.500 m² ÷ 2.000 unidades produzidas = 3,25 m² por unidade produzida

Alternativas do Exercício 4 proposto

a) Errado. O custo-padrão superou o custo real em R$ 2.800,00, em decorrência de uma variação de preço desfavorável na matéria-prima A, e uma variação de quantidade desfavorável na matéria-prima B.

Observem que o custo real é que foi superior em R$ 2.800,00.

b) Errado. O custo-padrão superou o custo real em R$ 2.800,00, em decorrência de uma variação de quantidade desfavorável na matéria-prima A e uma variação de preço desfavorável na matéria-prima B.

O custo real é que foi superior em R$ 2.800,00.

c) Correto. O custo real superou o custo-padrão em R$ 2.800,00, em decorrência de uma variação de preço desfavorável na matéria-prima A, e uma variação de quantidade desfavorável na matéria-prima B.

Custo-padrão

MP A = R$ 3,00

Custo real

MP A = R$ 3,40

O custo real foi superior ao custo-padrão em R$ 0,40. Portanto, realmente, a variação de preço foi desfavorável em MP A.

Comparando as quantidades consumidas de MP B:

Consumo padrão:

MP B = 3 m² por unidade produzida

Consumo real

MP B = R$ 3,25 m² por unidade produzida

O consumo real foi superior ao consumo padrão em 0,25 m² por unidade produzida. Portanto, realmente, a variação de quantidade foi desfavorável em MP B.

d) Errado. O custo real superou o custo-padrão em R$ 2.800,00, em decorrência de uma variação de quantidade desfavorável na matéria-prima A, e uma variação de preço desfavorável na matéria-prima B.

A quantidade de MP A não foi favorável nem desfavorável. O consumo-padrão previsto foi de 2 kg e o consumo real também foi de 2 kg.

5) B

Valor das vendas:

- Chapas   R$ 252.000,00
- Vigas   R$ 378.000,00
Total das vendas   R$ 630.000,00

Proporção das vendas:

- Chapas = R$ 252.000,00 / R$ 630.000,00 = 40%
- Vigas = R$ 378.000,00 / R$ 630.000,00 = 60%

Resta-nos agora ratear os custos e despesas variáveis conforme os percentuais dos valores de vendas encontrados.

Itens	Chapas (40%)	Vigas (60%)	Total
Valor de venda	R$ 252.000,00	R$ 378.000,00	R$ 630.000,00
Custo materiais	(R$ 50.000,00)	(R$ 75.000,00)	(R$ 125.000,00)
Custo transformação	(R$ 22.000,00)	(R$ 33.000,00)	(R$ 55.000,00)
Custos adicionais	(R$ 50.000,00)	(R$ 112.000,00)	(R$ 162.000,00)
*Margem de contribuição	R$ 130.000,00	R$ 158.000,00	R$ 288.000,00
Custos/despesas fixas	(0,00)	(0,00)	(0,00)
*Lucro líquido	R$ 130.000,00	R$ 158.000,00	R$ 288.000,00

Margem Líquida (ML) = Lucro Líquido (LL)
Vendas Líquidas (VL)

ML (chapas) = R$ 130.000,00 / R$ 252.000,00 = 0,5159 = 51,58%

ML (vigas)= R$ 158.000,00 / R$ 378.000,00 = 0,4148 = 41,48%

6) D

R$ 2,00 × 100.000 → custo fixo

R$ 4,00 × 80.000 → variáveis

R$ 200.000,00 → CF

R$ 320.000,00 → CV

R$ 520.000,00 → CT

R$ 520.000,00 – R$ 515.000,00 = R$ 5.000,00 → favorável

Exercícios de avaliação

1) B

I. Falso. A indústria apresentou uma **variação positiva** de R$ 0,95 por unidade produzida em relação ao custo-padrão.

O custo efetivo total (custo real) foi R$ 0,95 superior ao custo-padrão estabelecido.

Logo, houve uma variação negativa de R$ 0,95 em relação ao custo-padrão.

Custo-padrão = R$ 12,00

Custo real = R$ 12,95 (variação negativa de R$ 0,95)

II. Verdadeiro. A indústria apresentou uma **variação positiva nos materiais diretos**, decorrentes da redução do custo unitário dos materiais em relação ao custo-padrão.

O custo efetivo total dos materiais sofreu uma redução em seu valor, ou seja, uma variação positiva decorrente da redução de seu custo unitário de R$ 3,20 (custo-padrão) para R$ 3,00 (custo real).

Custo-padrão = R$ 4,80

Custo real = R$ 4,50 (variação positiva de R$ 0,30)

III. Verdadeiro. A indústria apresentou uma **variação negativa na mão de obra direta**, em decorrência do aumento da quantidade de tempo consumido na fabricação do produto, apesar da variação no custo da mão de obra.

Vejam que, apesar de o custo real da mão de obra ter seu valor reduzido de R$ 8,00 para R$ 7,00 em relação ao custo-padrão, a quantidade consumida de mão de obra na fabricação de cada produto em minutos foi considera-velmente superior à prevista (custo-padrão). Foram previstos 30 minutos e efetivamente foram consumidos 45 minutos. Isso acarretou um custo real de MOD superior em R$ 1,25, conforme a seguir.

Custo-padrão = R$ 4,00

Custo real = R$ 5,25 (variação negativa de R$ 1,25)

2) B

Capítulo 10

Questão de múltipla escolha

1) A

Exercícios propostos

1) B

R$ 10.000,00 × 1,20	R$ 12.000,00
18% de ICMS	R$ 2.160,00
10% de IPI	R$ 1.200,00
Total da nota fiscal	**R$ 15.360,00**

2) D

$100\% \, PV = 10,00 + 66,65\%$

$100\% - 66,65\% = 10 \, PV$

$10 \, PV = 33,35$

$PV = 10 \, / \, 33,35$

$PV = 0,2998 \times 100$

$PV = 29,99$

3) A

$MCu = PVu - CVu$

Logo,

$R\$ 145,00 = PVu - (R\$ 176.000,00 \, / \, 1.100 \text{ unidades})$

$R\$ 145,00 = PVu - R\$ 160,00$

$PVu = R\$ 305,00$

Exercícios para avaliação

1) B
2) E
3) D

Capítulo 11

Questões de múltipla escolha

1) B
2) B
3) A
4) A
5) E
6) C
7) B

Exercícios propostos

1) D

Outubro = (R$ 390.000,00 + R$ 425.000,00 + R$ 415.000,00) / 3

Outubro = R$ 410.000,00 × 1,10

Outubro = R$ 451.000,00

Novembro = R$ 451.000,00 × 1,10 = R$ 496.100,00

Dezembro = R$ 496.100,00 × 1,10 = R$ 545.710,00

Vendas a prazo = R$ 545.710,00 × 0,60 = R$ 327.426,00

2) C

Qe = CF / % MC

Orçamento 1

Qe = CF / %MC

Qe1 = R$ 1.795.500,00 / 40%

Qe1 = R$ 1.795.500,00 / 0,40

Qe1 = R$ 4.488.750,00

Orçamento 2

Qe2 = R$ 4.752.000,00 / 60%

Qe2 = R$ 4.752.000,00 / 0,60

Qe2 = R$ 7.920.000,00

3) B

CPV = Ei + C – Ef

Adaptando tal fórmula, temos:

Vendas = Ei + produção – Ef

Isolando o termo "produção", temos:
Produção = vendas – Ei + Ef

Basta, agora, resolvermos a equação:
Produção = 1.485.000 – 412.500 + 294.000
Produção = 1.366.500 unidades

4) E

Vendas (Q) = 500.000 unidades

Preço (P) = 2,5

Receita total (R) = P × Q
R = 2,5 × 500.000 → R = 1.250.000
Temos que,
Margem operacional = lucro operacional / receita operacional líquida

0,02 = L / 1250000 → L = 25.000

5) A

Ponto de equilíbrio = custo fixo / margem de contribuição

13.000 unidades = R\$ 65.000,00 / margem de contribuição

Margem de contribuição = R\$ 65.000,00 / 13.000 unidades
Margem de contribuição = 5

Ponto de equilíbrio = R\$ 77.000,00 / 5
Ponto de equilíbrio = 15.400 unidades

Exercícios para avaliação

1) E
2) C
3) C

Janeiro:

Total de vendas: 10% × 200.000 unidades = 20.000 unidades

Devoluções: (−) 5% × 20.000 unidades = (1.000 unidades)

Vendas efetivadas = vendas totais − devoluções

Vendas efetivadas = 20.000 unidades − 1.000 unidades

Vendas efetivadas = 19.000 unidades

Receita bruta: 19.000 unidades × R$ 30,00.........................	R$	570.000,00
(−) Tributos: 20% × R$ 570.000,00 (receita bruta)...............	(R$	114.000,00)
Receita líquida...	**R$**	**456.000,00**

Fevereiro:

Total de vendas: 5% × 200.000 unidades = 10.000 unidades

Devoluções: 5% × 10.000 unidades = (500 unidades)

Vendas efetivadas = vendas totais − devoluções

Vendas efetivadas = 10.000 unidades − 500 unidades

Vendas efetivadas = 9.500 unidades

Receita bruta (9.500 unidades × R$ 30,00).........................	R$	285.000,00
(−) Tributos: 20% × R$ 285.000,00.......................................	(R$	57.000,00)
Receita líquida...	**R$**	**228.000,00**

Março:

Vendas: 20% × 200.000 unidades = 40.000 unidades

Devoluções: (−) 5% × 40.000 unidades = 2.000 unidades

Vendas efetivadas = vendas totais − devoluções

Vendas efetivadas = 40.000 unidades − 2.000 unidades

Vendas efetivadas = 38.000 unidades

Receita bruta: 38.000 unidades × R$ 30,00	R$	1.140.000,00
(−) Tributos: 20% × R$ 1.140.000,00	(R$	228.000,00)
Receita líquida...	**R$**	**912.000,00**

Totalizando as receitas líquidas no trimestre:

Receita líquida do 1º trimestre = janeiro + fevereiro + março

Receita líquida do 1º trimestre = R$ 456.000,00 + R$ 228.000,00 + R$ 912.000,00

Receita Líquida do 1º trimestre = R$ 1.596.000,00

Referências bibliográficas

ATKINSON, A. A.; BANKER, R. D.; KAPLAN, R. S.; YOUNG, S. M. *Contabilidade gerencial*. São Paulo: Atlas, 2010.

BACKER, M.; JACOBSEN, L. E. *Contabilidade de custos*: um enfoque para administração de empresas. Tradução de Pierre Louis Laporte, v. 2. São Paulo: McGraw-Hill do Brasil, 1973.

COMISSÃO DE VALORES MOBILIÁRIOS. Deliberação CVM nº 575, de 5 de junho de 2009. Disponível em: http://www.cvm.gov.br/export/sites/cvm/legislacao/deliberacoes/anexos/0500/deli575consolid.pdf. Acesso em: 4 ago. 2017.

CONSELHO REGIONAL DE CONTABILIDADE DE SÃO PAULO. *Curso de contabilidade de custos*. São Paulo: Atlas, 1995.

CONSELHO REGIONAL DE CONTABILIDADE DE SÃO PAULO. *Curso de contabilidade gerencial*. São Paulo: Atlas, 1993.

CONSELHO REGIONAL DE CONTABILIDADE DE SÃO PAULO. *Custo como ferramenta gerencial*. São Paulo: Atlas, 1992.

COOPER, R.; KAPLAN, R. S. *Activity-based systems in service organizations and service functions*. The design of cost management system. Englewood Cliffs. Prentice, 1991.

CREPALDI, S. A. *Curso básico de contabilidade*: atendendo às novas demandas gerenciais. 7. ed. São Paulo: Atlas, 2013.

CREPALDI, S. A. *Curso básico de contabilidade de custos*. São Paulo: Atlas, 2010.

CREPALDI, S. A.; CREPALDI, G. S. *Direito tributário*. 4. ed. Rio de Janeiro: Forense, 2014.

CREPALDI, S. A.; CREPALDI, G. S. *Contabilidade gerencial*: teoria e prática. 8. ed. São Paulo: Atlas, 2017.

FARIAS, Y. *Contabilidade de custos para Exame de Suficiência*. Suficiência Contábil. s/d.

FERRARI, E. L. *Contabilidade de custos*: teoria e questões resolvidas. Rio de Janeiro: Impetus, 2015.

GUERREIRO, R. *A meta da empresa*: seu alcance sem mistérios. São Paulo: Atlas, 1996.

HORNGREN, C. T. *Contabilidade de custos*. São Paulo: Atlas, 1986.

HORNGREN, C. T. *Introdução à contabilidade gerencial*. Rio de Janeiro: Prentice Hall do Brasil, 1985.

JOHNSON, H. T.; KAPLAN, R. S. *Contabilidade gerencial*: restauração da relevância perdida. São Paulo: Campus, 1994.

JOHNSON, K. A.; JOHNSON, D. E. Methane Emissions from Cattle. *Journal of Animal Science*, v. 73, p. 2483-2492, 1995.

JOHNSON, H. T. *et al. A relevância da contabilidade de custos*. São Paulo: Campus, 1995.

KAPLAN, R. S.; COOPER, R. *Custo e desempenho*. São Paulo: Futura, 1998.

LEONE, G. S. G. *Curso de contabilidade de custos*. São Paulo: Atlas, 2010.

LEONE, G. S. G. *Custos*: planejamento, implantação e controle. São Paulo: Atlas, 1985.

LEONE, G. S. G. *Custos*: um enfoque administrativo. São Paulo: FGV, 1974.

LUZ, O. S. da; ROCCHI, C. A. de. Estrutura e funcionamento dos sistemas de apuração e análise de custos. *Revista do Conselho Regional de Contabilidade do Rio Grande do Sul*, Porto Alegre, v. 27, nº 93, p. 21-30, abr./jun. 1998.

MARTINS, E. *Contabilidade de custos*. 9. ed. São Paulo: Atlas, 2003.

MATTOS, José Geraldo. *Sistemas de custeio*. Disponível em: http://www.gea.org.br/scf/sistemas.html. Acesso em: 4 ago. 2017.

NAKAGAWA, M. *ABC*: custeio em atividades. 2. ed. São Paulo: Atlas, 2001.

NASCIMENTO, D. T. do. *Bases para a eficácia de sistema de custeio para gestão de preços*. Tese (Doutoramento em Controladoria e Contabilidade) – Departamento de Contabilidade e Atuária da Faculdade de Economia e Administração da Universidade de São Paulo, São Paulo, 1989.

PARECER NORMATIVO CST nº 6, de 26 de janeiro de 1979. Disponível em: http://normas.receita.fazenda.gov.br/sijut2consulta/link.action?idAto=87004. Acesso em: 17 jan. 2023.

PINON, M. *Contabilidade de custos*. São Paulo: Gran Cursos Online, 2019.

RESENDE, J. F. B. *Como elaborar o preço de venda*. Belo Horizonte: Sebrae MG, 2010.

RESOLUÇÃO CFC nº 1.170, de 29 de maio de 2009. Disponível em: http://www. normaslegais.com.br/legislacao/resolucaocfc1170_2009.htm. Acesso em: 4 ago. 2017.

RESOLUÇÃO CFC nº 750, de 29 de dezembro de 1993. Disponível em: https://www2. cfc.org.br/sisweb/sre/detalhes_sre.aspx?Codigo=1993/000750&arquivo=RES_750. DOC. Acesso em: 17 jan. 2023.

ROCCHI, C. A. Comparação das atuais doutrinas e práticas operativas da contabilidade de custos. *Revista do Conselho Regional de Contabilidade do Rio Grande do Sul,*
Porto Alegre, v. 27, nº 92, p. 10-18, jan./mar. 1998.

SANTOS, R. V. dos. Modelagem de sistemas de custos. *Revista do Conselho Regional de Contabilidade de São Paulo,* ano II, nº 4, p. 62-74, mar. 1998.

SHANK, J. K.; GOVINDARAJAN, V. *Gestão estratégica de custos:* nova ferramenta competitiva. Rio de Janeiro: Campus, 1995.

ZORZO, C. *Contabilidade de custos.* São Paulo: Estratégia Contábil, 2019.

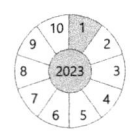